臺灣歷史與文化 研究輯刊

五 編

第 22 冊

戰後臺灣的語言政策（1945～2008）
——從國語運動到母語運動

蔡 明 賢 著

花木蘭文化出版社

國家圖書館出版品預行編目資料

戰後臺灣的語言政策（1945～2008）——從國語運動到母語運
動／蔡明賢 著 — 初版 — 新北市：花木蘭文化出版社，2014
〔民 103〕
目 4+184 面：19×26 公分
（臺灣歷史與文化研究輯刊 五編：第 22 冊）
ISBN：978-986-322-654-3（精裝）
1. 語言政策 2. 國語運動 3. 母語 4. 臺灣
733.08 103001775

ISBN-978-986-322-654-3

臺灣歷史與文化研究輯刊
五 編 第二二冊 ISBN：978-986-322-654-3

戰後臺灣的語言政策（1945～2008）
——從國語運動到母語運動

作 者	蔡明賢
總 編 輯	杜潔祥
副總編輯	楊嘉樂
編 輯	許郁翎
出 版	花木蘭文化出版社
社 長	高小娟
聯絡地址	235 新北市中和區中安街七二號十三樓
	電話：02-2923-1455／傳真：02-2923-1452
網 址	http://www.huamulan.tw 信箱 hml810518@gmail.com
印 刷	普羅文化出版廣告事業
初 版	2014 年 3 月
定 價	五編 24 冊（精裝）新台幣 48,000 元

戰後臺灣的語言政策（1945～2008）
——從國語運動到母語運動

蔡明賢　著

作者簡介

蔡明賢，1982 年生，臺灣臺南市人。國立中興大學歷史學系畢業、國立中興大學歷史學系碩士班畢業。目前為國立中興大學歷史學系博士班研究生、修平科技大學博雅學院兼任講師。曾任國中歷史代課教師、歷史學系研究助理、國中小作文科教師、高職歷史科教材學習單編輯。

提　　要

　　國民政府接收臺灣後，禁絕日文日語，臺灣本土方言得以恢復，並以方言輔助國語教學，成立臺灣省國語推行委員會，政府遷臺後，學校利用《國語日報》與注音符號推行國語，開始禁絕方言，學校也懲罰校內說方言的學童。政府公務單位獨尊國語，查禁羅馬拼音文字，文教界發行《中國語文》月刊推廣國語，國語運動也結合威權體制查禁方言歌曲，廣電相關法令制定與修正，限制不少方言電視節目。國語電影則可得政府獎勵。

　　黨外本土化運動批判國語運動，討論母語教育方案，省議會與立法院也有語言衝突。電影創作者嘗試以多元語言安排劇情，本土方言文學也開始被重視。

　　1988 年 12 月客家族群發動「還我母語」運動，要求開放客語節目、建立多元語言政策，客語運動除了批判國語政策外，也要反對「福佬沙文主義」；原住民運動喚起自身主體意識，要求實施「雙語教育」。

　　1990 年代後，地方政府開始編輯國中小鄉土語言教材。教改運動後，推廣鄉土語言教學與各族群母語認證，立法院有不少母語教育的教材爭議，客家、原住民語師資供應不足，各母語研究的補助與獎勵也被發起，亦廢除限制方言節目的法案。在尊重多元族群文化下，行政院客家委員會、客家電視台成立； 行政院成立原住民族委員會，立法院通過「原住民族教育法」。原住民族委員發起母語認證與升學優待辦法，但未解決部落族語流失的問題，「母語」與「認同」間的差異值得思考。

目次

表　次

第一章　緒　論

一、研究動機與範圍

戰後以來，臺灣歷史的發展經歷各式各樣的時空變化，這些時空背景的轉變，是一個相當值得回顧與探索的領域。對歷史研究者而言，今日臺灣各種領域的發展，就是臺灣歷史的最好見證，不論在政治、社會、經濟與文化等方面，戰後初期以來的各種政策，決定今日臺灣發展的方向，歷史研究者更必須扮演一位「再現」歷史的引門人，讓這段歷史生動、如實地呈現在世人面前。

1895 年清廷在甲午戰爭戰敗，簽訂馬關條約以來，臺灣正式進入日治時期。在日治中期，殖民政府開始在臺灣推行「同化政策」，將同化政策視為教育臺灣人成為日本人的手段。〔註 1〕這對日治中期以後成長的臺灣新生代而言，產生相當深遠的影響。後來日本政府也紛紛鼓勵臺灣人民改日本姓名，並組成所謂的「國語家庭」，使臺灣人民在意識型態上認為自己是個「日本人」。

在 1945 年的統計中，臺灣的日語普及率高達 70%，可見日本殖民當局對語言政策的重視，也深知語言能充分影響國民的日常生活習慣，使戰後許多新生代的臺灣青年，無法流利使用方言，無論是閩南語、客家語與原住民語言都無法完全使用，形成戰後臺灣推行國語運動的時代背景。〔註 2〕

〔註 1〕 派翠西亞・鶴見（E. Patricia Tsurumi），《日治時期台灣教育史》（臺灣宜蘭：仰山文教基金會，1999 年），頁 76。

〔註 2〕 當時臺灣話已經退到僅在家庭中使用，中年人與年輕人無法完全會使用，社會上普遍使用日本語。參照張博宇，《臺灣地區國語運動史料》（臺北市：臺

　　在大陸的中華民國政府，不少愛國之士爲求民族革命與國家統一大任，也大力推廣國語運動，早於 1913 年（民國 2 年）袁世凱主政時，各省研究語言文字的知識菁英，召開了「讀音統一會」，希望藉由清末以來的切音運動等成就進行審定國音，並落實語同音的統一大任，由吳稚暉（字敬恆）等人主導，推動讀音統一運動，並與多人共同研發創造「注音字母」。1919 年北洋政府教育部成立「國語統一籌備會」〔註 3〕，也修訂注音字母，公佈國音字典，是爲當時推展國語之重要工作。

　　戰後初期的臺灣省行政長官公署，十分重視臺灣人民的語言教育，早於戰後第二年（即 1946 年），行政長官公署就在教育處下成立「臺灣省國語推行委員會」，以主管全省的國語推行工作。戰後初期，行政長官公署也全力查禁日本領臺時發行之書刊與電影片〔註 4〕，禁止學校與公共場所內使用日語，銷毀一切日文標語與文書雜誌。由此可知，戰後初期國語運動的主要目標，鎖定在杜絕日語、日文。這時本省方言受到鼓勵，方言的恢復與國語的推行被視爲是相輔相成之工作。〔註 5〕

　　1949 年後，中央政府遷臺，不僅繼續杜絕日語、日文，對方言的限制也轉趨嚴格，使國語運動轉而以貶抑臺灣方言爲目標，在學校內也開始出現積極鼓勵說國語而限制使用方言之措施〔註 6〕，社會上的方言歌曲與電影也受到打壓。〔註 7〕1956 年時，規定各機關、學校與公共場所一律使用國語，校園內學生若是說方言將會受到懲罰。〔註 8〕可見 1950 年代以後，國語運動逐漸發展到高峰，對戰後 60 多年的語言政策產生極大影響。現今臺人的國語普及

灣商務印書館，1974 年），頁 51。

〔註 3〕詹瑋，《吳稚暉與國語運動》（臺北市：文史哲出版社，1992 年），頁 99。

〔註 4〕〈台灣接管計劃綱要〉，選自黃英哲，《「去日本化」「再中國化」戰後臺灣文化重建 1945～1947》（臺北市：麥田出版；城邦文化公司，2007 年），頁 30。

〔註 5〕1946 年 6 月 25 日《新生報》「國語副刊」中，發表了〈從臺灣話學習國語〉一文；《現代週刊》第 12 期，發表了〈台語音係還魂說〉一文；1946 年 4 月 7 日《新生報》「星期專論」，發表「恢復臺灣話應有的方言地位」；1946 年 5 月 28 日《新生報》「國語副刊」中，發表了〈何以要從臺灣話學習國語〉，作者是魏建功。參照張博宇，《臺灣地區國語運動史料》（臺北市：臺灣商務印書館，1974 年），頁 52。

〔註 6〕張博宇編，《慶祝臺灣光復四十週年臺灣地區國語推行資料彙編（上）》（臺灣臺中：臺灣省教育廳，1987 年），頁 216、225～226、416。

〔註 7〕陳郁秀編，《台灣音樂閱覽》（臺北市：玉山社出版公司，1997 年），頁 129。

〔註 8〕洪惟仁，《台灣語言危機》（臺北市：前衛出版社，1992 年），頁 19。

率與使用率，證明國語運動推行之成功，帶給臺人另一個新的文化認同，其中「中國人」、「中華民族」等文化認同，不僅去除掉日治時期的殖民認同，在國語的推行中，亦帶有「去本土化」與「去多元化」，進行「中國化」獨尊的文化認同。

除了文化認同之外，政府遷臺以來的國語運動，歷經 1967 年的「中華文化復興運動」，推行國語也成為「復興中華文化」的任務之一，直到 1980 年代，國語運動才受到本土化運動之挑戰。1987 年解嚴後，臺灣政治、社會、文化、教育等發展逐漸趨於多元與開放，母語教育受到教育改革人士的肯定，政府開始檢討 40 多年來的語言政策。不論是閩南語、客家語與原住民族母語都開始得到應有的尊重，其中 1988 年 12 月客家族群發起的「還我母語」大遊行，客語運動已經進行到高峰，也爭取到客語電視節目；學校教育方面，1990 年代後期推廣的九年一貫與鄉土教學，也成為母語教育發展的領域與平台。

雖然母語運動在 1987 年解嚴以來就已受到各界重視，但是國語運動數十年來已經嚴重傷害各族群的母語。據統計資料顯示，1990 年代以後，國語在臺灣已經普遍被使用，新一輩年輕人也習慣使用國語交談，以致於許多兒童無法與祖父母輩溝通〔註9〕，可見戰後數十年間的國語政策，對臺灣人民平日使用的語言產生不容小覷的影響，至於母語運動在解嚴後的發展中，結合本土化運動與多元文化的精神，在學校與社會各領域中開始復興。

解嚴以來，政府開始推行本土化政策，在語言政策方面，由多年來獨尊國語的一元化政策，轉變成重視各族群母語的語言政策，以多元化的角度來思考語言政策的推行，並結合本土化、多元化的精神，希望臺灣能繼續保存其多語的文化特徵。國語與母語兩大運動的得失等變化過程，值得歷史研究者思考，藉由本書研究，使戰後臺灣語言政策發展的歷史意義，並結合歷史研究者的歷史解釋，提出更清晰、條理的呈現。

研究範圍方面，本書主要探討戰後臺灣的語言政策，研究的時間範圍由 1945 年國民政府接收臺灣，歷經 1949 年中央政府遷臺，以及 1960 年代末期的「中華文化復興運動」，包含 1987 年 7 月的解除戒嚴，以及 2000 年第一次政黨輪替，母語運動的時期也包含 2000～2008 年民主進步黨執政期間，到 2008 年中國國民黨再度執政，作為研究的終止範圍。

〔註 9〕洪惟仁，《台灣語言危機》，頁 19。

　　本書以 1987 年解除戒嚴，作為國語運動與母語運動兩大運動的分界，雖然在解嚴以前黨外運動人士已有不少批判國語政策的意見，但為求時代趨勢階段的界定，仍以解嚴作為兩大運動的分界，解嚴以前主要是以國語政策的討論為主，1987 年解嚴以後，則正式進入母語復興運動的階段。

　　在戰後臺灣語言的政策中，包括兩大語言政策的角力與轉換，可見國語運動與母語運動為戰後臺灣語言政策的重要脈動，1987 年作為兩大運動互動消長的分界，也可從中得知母語運動進行的時間較短，但是由於涉及的領域較廣，年代也較近，所以亦有充足的資料與專書可進行研究與討論，其中也包括閩南語、客家語和原住民各族語言的復興。

二、前人研究的回顧

　　前人相關研究中，已有多領域的學界專業涉入，不僅只有歷史研究涉獵，國內的政治學、社會學、教育學與三民主義研究所等碩士論文，都已有不少相關的研究。〔註10〕

　　在關於國語運動的學位論文中，卓文義的〈民國初期的國語運動〉為最早討論此主題的學位論文，以民國初年推行國語作為討論的範圍；李良熙〈台灣光復後推行國語教育問題研究〉為最早關於臺灣國語運動的學位論文，該論文以國語教育推行的機構、人員、綱領、法令、教材與教法作為討論重點，

〔註10〕國語運動方面，卓文義，〈民國初期的國語運動〉（臺北市：中國文化大學史學系研究所碩士論文，1972 年）；李良熙，〈台灣光復後推行國語教育問題〉（臺北市：國立臺灣師範大學教育研究所碩士論文，1982 年）；史穎君，〈我國國語運動之研究〉（臺北市：國立政治大學教育研究所碩士論文，1984年）；志村雅久，〈中華民國台灣地區推行國語運動之研究〉（臺北市：國立臺灣大學三民主義研究所碩士論文，1993 年）；夏金英，〈台灣光復後之國語運動（1945～1987）〉（臺北市：國立臺灣師範大學歷史學系研究所碩士論文，1995 年）。語言政策方面，專書例如陳美如，《臺灣語言教育政策之回顧與展望》（高雄市：復文圖書出版社，1998 年）；語言政策的學位論文中，李惠敏，〈國族主義影響下的語言政策與華語教學〉（臺北市：國立臺灣師範大學華語文教學研究所碩士論文，2000 年）；吳美慧，〈解嚴後臺灣語言教育政策之研究〉（臺北市：國立臺灣師範大學社會科學與文化行政研究所碩士論文，2005 年）。母語運動與母語教育政策方面，蔡真宜，〈臺灣母語教育政策之研究——以閩南語教育為例〉（臺北市：國立臺灣師範大學三民主義研究所，2001 年）；陳宏賓，〈解嚴以來（1987～）台灣母語教育政策制定過程之研究〉（臺北市：國立臺灣師範大學三民主義研究所，2001 年）；黃嘉政，〈戰後以來台灣台語教育發展之研究（1945～2002）〉（臺北市：國立臺灣師範大學教育研究所，2002 年）。

並總結出國語運動的障礙、成果、檢討與改進之處。史穎君的〈我國國語運動之研究〉中，討論的時間較長，空間包括中華民國大陸時期與臺灣時期，時間從民國初年到戰後臺灣的國語運動，從國語運動的意義與性質，包括時代背景與及其經過、中小學國語教育與師資培育等。

志村雅久在〈中華民國台灣地區推行國語運動之研究〉中，探討從光復前臺灣的語言使用情況，包括日治時期殖民的文教發展概況，以及光復前臺灣人的母語保存，並從統一語言的重要性、注音符號與臺灣的國語運動發展之前身——「國語研究會」出發，討論臺灣光復後國語運動的發展，並探討國語運動的檢討與海峽兩岸「國語」與「普通話」之比較。夏金英的〈台灣光復後之國語運動（1945～1987）〉，研究的時間斷限集中在臺灣光復後到1987年解除戒嚴，由國語運動推行的背景出發，探討到國語推行組織的設置，以及國語推行人員師資培育，也探討到一元化語言政策之實施；在國語運動的開展上，也從學校與社會方面來討論，最後再總結國語運動的成效與影響。

在語言政策的專書方面，陳美如的《臺灣語言教育政策之回顧與展望》，是以教育專業來討論的專書，從戰後的時代背景、語言教育政策的影響因素，論述了語言教育政策的內涵，包括了去日本化與恢復中國化，也討論了貫徹國語推行凝聚國家意識的計畫貫徹時期，也探討到多元開放後多語言多文化並行的時期，並總結出語言教育政策的執行面，包含了師資的調派與培訓、課程與教學的實施、各類學習經驗及相關資源的配合等，並提出對語言政策的檢討與展望。

語言政策的學位論文方面，李惠敏在〈國族主義影響下的語言政策與華語教學〉的學位論文中，以華語文教學研究的角度來探討語言政策。吳美慧在〈解嚴後臺灣語言教育政策之研究〉中，從語言教育政策的理論基礎出發，探討到語言教育政策的相關理論，也討論了多元文化社會中的語言教育，同時也提出了母語教育相關理論；本書也提及解嚴前後臺灣的語言教育政策的各面向，最後再進行總結與研究建議。

在母語教育的論文方面，蔡眞宜在〈臺灣母語教育政策之研究——以閩南語教育爲例〉中，提到母語教育的理論基礎，包括了母語教育的意義、族群平等原則下語言環境的重建與多元文化中的母語教育；本書也論述到教育權主體及權限劃分之理論下的母語教育，提出了母語教育在分權理論中的定

位；該論文也從日治前後作為時代背景進行討論，並論述到光復到解嚴前後閩南語教育的發展；最後再討論臺灣母語教育政策中，在課程內容、理論到制度層面的檢視。

　　陳宏賓在〈解嚴以來（1987～）台灣母語教育政策制定過程之研究〉的研究中，以政策制訂過程、參與者及相關母語教育的理論之研究來進行討論，並從解嚴以來的母語教育政策中，分別將背景、分期教育政策內容來進行探討，並從行政機關首長、立法委員與母語運動團體等作為主要母語教育政策制訂的參與者，也充分探討了「鄉土教學活動」與「九年一貫課程」的母語教育政策。黃嘉政的〈戰後以來台灣台語教育發展之研究（1945～2002）〉的學位論文中，概述日治時期的臺語教育發展與戰後的分期，分別以臺語教育的衰弱期（1945～1986）、振興期（1987～1994）與推行期（1995～2002）來進行討論，探討了臺灣推行國語教育之背景，包括「恢復台語，廢除日語」和「獨尊國語，壓制台語」的背景與影響；臺語教育之振興期（1987～1994）中，探討了「獨尊國語，壓制台語」的反動，以及對臺語文學運動和臺語教育的論述與省思；最後討論臺語教育之推行期（1995～2002）的執行面，包含臺語教育政策制訂、師資培育與音標、文字之制定。

　　這些相關領域的研究中，歷史研究的專業涉及較少，本書將以歷史研究的角度探討兩大運動發展軌跡，呈現出其歷史意義，提供相關研究與教學之參考。

三、研究資料與方法

　　本專著以官方與民間的資料作為研究的基礎，依官方與民間各個層面進行綜合的研究，並以國語運動與母語運動的過程與影響進行討論。在研究方法方面，以歷史學研究法為主，重建史實，並以歸納、比較、綜合、分析等方法對史料進行研究。〔註11〕

　　在官方資料方面，所有的官方資料一律視為基本史料，包括政府公文、計畫報告書、相關法規彙編等。在國語運動時期的官方資料中，主要的參考資料包括了張博宇編輯的《臺灣地區國語運動史料》、《慶祝臺灣光復四十週年臺灣地區國語推行資料彙編》與方師鐸著《五十年中國國語運動史》等書，在其他的官方資料中，還包括行政院研究發展考核委員會編印的《國語推行

〔註11〕杜維運著，《史學方法論》（臺北市：三民書局，2001 年），頁 67～140。

政策及措施之檢討》、《立法院公報》、《臺灣省政府公報》與臺灣省政府新聞
處編印的《臺灣光復三十年：文化建設篇》等；而在母語運動的官方資料中，
必須利用中央相關部會的資料，才能呈現官方推動的歷史面貌，例如《臺灣
省議會公報》、《教育部公報》、《立法院公報》與臺灣省文獻委員會編印的《臺
灣客家族群史：語言篇》等資料，另外關於九年一貫的母語教育理念，也可
在教育部網站與相關教育研究專書中，得到充分的資料並進行討論，成為本
研究中不可缺少的官方資料。

　　在民間資料方面，在國語運動時期，相關的報章雜誌也是相當重要的基
本史料，例如《中國語文》月刊，同時批判國語政策的相關民間報刊，也是
十分多元，例如《台灣春秋》季刊、《新潮流》月刊與代表客家族群運動的《客
家風雲》雜誌，都可看到不少批評國語政策而號召母語運動的聲浪，在這些
發行的刊物中，也反思不少母語流失的問題，都是值得參考的民間資料。

　　在母語運動的初期，也正逢 1980 年代末期到 1990 年代初期，正是威權
體制受到挑戰之時，許多本土派學者與作家，不僅反思國語政策帶來母語流
失等問題，更進一步將母語教育納入教育改革的項目中；社會各領域發展的
資料中，也可從《中華民國電視年鑑（2003～2004）》、「客家電視台」與「原
住民電視台」網站中，找到母語（方言）節目與電視台發展的軌跡，幫助本
書從學理與歷史中獲得訊息，也成為本研究中不可或缺的基本史料。

　　另外，本書利用相關社會背景，成為歷史研究的參考資料，例如戒嚴下
的威權體制、黨外運動、本土化運動、教育改革運動、語言教育的方法與理
論等，使本書在相關歷史背景與文獻資料上都能充分地運用與配合，並結合
具有歷史意義的歷史解釋，清楚地呈現歷史的脈動。

四、章節安排

　　第一章為緒論，以研究動機與目的為主，並整理前人相關研究，第二章
從臺灣推行國語運動前的背景進行討論。第一節討論中華民國北洋政府與國
民政府時期的國語運動，當時國語運動的領導人為吳稚暉，主要是以「注
音字母」（今注音符號）進行標準國語的推廣。第二節則討論日治時期臺灣面
臨日本殖民政府推動的國語（日語）運動，作為戰後臺灣推動國語前的時代
背景。

　　第三章則分兩小節，第一節探討戰後初期臺灣的國語運動，主要討論戰
後初期禁用日文與恢復方言，利用方言發音學習國語。第二節則從政府遷臺

後，探討到解嚴前國語運動在學校的推行，包含了各級學校內進行的工作，以及在校推動時的影響，進行各方面的研究與討論。

第四章亦分成兩小節，第一節討論到國語運動在社會層面的進行，包括相關政策、文化團體與查禁羅馬拼音文字等。第二節則探討社會影響層面，包含查禁方言唱本與電視節目中的爭議，也由立法院內對方言的爭議與電影方面的政策進行討論，探討國語運動在社會各領域的影響層面。

第五章的兩小節中，第一節探討解嚴前後母語運動的興起，包括批評國語運動與提出母語的教育方案，也探討解嚴前後臺灣省議會與立法院內的方言爭議，同時論述此階段的電影發展突破國語政策限制，亦探討臺灣文學對本土方言的定位。第二節以客家語與原住民語的復興，由 1988 年 12 月的「還我母語」客家運動，討論到客語電視與廣播節目，進一步探討「福佬沙文主義」對客語的威脅；本節也探討原住民母語運動的發起，以及省政府對原住民母語的推動。

第六章探討母語教育的成熟發展。第一節討論九年一貫政策下的母語教育，探討地方上的縣市長到中央的教育部對母語教育的方案。第二節從社會各領域層面來論述，包括知識份子與廣播電視領域中的討論，也探討客家語與原住民母語的教育政策，並進行相關文化傳承工作的檢討。

第七章為結論。整理戰後臺灣語言政策的發展歷程，包含國語運動與母語運動兩大政策方向，進行各階段語言政策的探討，並總結論述。

第二章　臺灣推行國語運動的背景

　　戰後以來臺灣的國語運動，可追溯到中華民國大陸時期的國語運動。近代中國面臨內憂外患，各地方言歧異，成為中國人無法團結的原因之一，也因此清末民初之際開始有人倡導語言統一。當時主要的領導人物為吳稚暉、王照等，吳氏等人透過民國初年「讀音統一會」討論時的共識，再加上自行研究，結合各家說法而創立了「注音字母」，吳氏本人也獨撰出「國音字典」，這些都為民初國語運動打下紮實的基礎。吳氏也建議國民政府訓練國語人才，「國語統一籌備委員會」與上海國語師範學校也在吳氏等人發起下成立，抗戰期間「國語師資培訓班」也在重慶開辦，並設立「國語專修科」，為日後臺灣的國語運動提供專業人才。

　　臺灣受日本殖民統治 50 年，臺灣總督府在統治初期並未強制實施日語政策，民政長官後藤新平對臺施政則採用「無方針主義」。日治中期以後為求同化臺人，則開始推行國語（日語）運動，公學校中也將日語視為重要學科，社會中選拔「國語家庭」與「國語部落」，1937 年皇民化運動後，報刊中的漢文欄也被廢除，日語、日文遂成為為全島統一的標準語，成為戰後臺灣推行國語運動的背景。

第一節　中華民國大陸時期的國語運動

　　國語運動的推行，即是要求全國「語同音」。秦朝以來，中國就已經「書同文」，但「語同音」的工作始終並未落實，各朝各代的語言始終未統一。中國幅員廣大，各地方言發音不同，除了官話之外，各地人民無法以統一的語

言溝通，故推行統一的國語，有其時代必要性。孫中山也認為，語言是民族起源的天然要素之一，也同化一個民族的重要工具。〔註1〕這些討論也成為自清末以來推行國語的時代背景。

「國語」一詞的源起，最早可以追溯到《論語・述而篇》所提到的「雅言」，「雅」即普遍之意，「雅言」自然為「正言」之意，此與現代的標準語意思相近。〔註2〕南宋時女真人稱該族的語言為「國語」，蒙古與滿清等外族統治中國時，蒙古文與滿文在當時也被稱為「國書」，「國語」亦為滿蒙等外族所使用的語言，所以「國語」曾長期被當成統治中國的外來民族之語言。民國成立之後，「國語」一詞被稱為公用的標準語言，並為中華民國的人民共同採用。〔註3〕

民國成立以來，滿清在官吏間通用的「官話」，被視為是現今「國語」的前身。〔註4〕清末以來具有維新思想教育的有志之士，紛紛都以西方和日本的先進語文教育為借鏡，為了推行官話而借鑑西方拼音文字的方法，制定並拼寫官話字母，例如提倡切音簡字的盧戇章、創立官話合聲字母的王照與制定簡字全譜的勞乃宣。

盧戇章（1854～1928），字雪樵，福建省同安縣人，累積十餘年的研究，在 1892 年（清光緒 18 年），選定 55 個記號，製成一套橫行拼寫，兩音以上的詞都用連號的羅馬字式字母，定名「中華第一快切音新字」，盧氏潛心編著新字課本，福建廈門一帶學習者眾，學習半年即可為文表達意見，效果非凡，但當時朝廷並未重視。〔註5〕

〔註 1〕 孫中山在民族主義第一講中提到：「民族的起源不得不歸功於血統、生活、語言、宗教和風俗習慣這五種力，而語言乃第三大力，如果外來民族得了我們的語言，便容易被我們感化，久而久之，遂同化成一個民族。再反過來，若我們知道外國語言，也容易被外國人同化，如果人民的血統相同，語言也同，那麼同化的效力，便更容易，所以語言也是世界上造成民族很大的力。」參照黎明文化事業公司發行，孫中山著，《三民主義》（臺北市：黎明文化事業，1981 年），頁 4～5。

〔註 2〕 方師鐸，《五十年中國國語運動史》（臺北市：國語日報出版社，1969 年），頁 2。

〔註 3〕 方師鐸，《五十年中國國語運動史》，頁 122。

〔註 4〕 韓立群，《中國語文革命》（中國北京市：中央編譯出版社，2003 年），頁 28。

〔註 5〕 當時京官林輅存呈請都察院代奏，請用盧氏的切音新字，以便學問。軍機大臣於 1898 年 7 月面上諭「著總理各國事務衙門調取盧戇章等所著之書詳加考驗具奏」，但當時戊戌政變發生，接著庚子拳亂，朝廷自然難以重視。參照祁

　　王照（1859～1933），字小航，河北省寧河縣人。王照曾參加戊戌新政，戊戌政變時逃往日本，1900 年（光緒 26 年）始回國。王照在回國當年於天津完成「官話合聲字母」，完全模仿日本片假名，並採取漢字的某一部份，作爲字母，其中聲母 50 個，韻母 12 個，總計共 62 個。王氏並於 1903 年（光緒 29 年）創立「官話字母義塾」，以木刻活字排印其書，其「拼音官話報」與相關刊物，都以左排漢字，右注字母的形式排列，其形式與後來的「注音國字」編排相同。〔註6〕

　　勞乃宣（1842～1921），字季瑄，號玉初，浙江省桐鄉縣人。勞氏有鑑於王照的官話字母專以京音爲限，可在北方廣爲流行，但是在南方卻不容易推廣。勞氏乃於 1905 年（光緒 31 年）便以王照的官話字母原譜爲本，增加六母三韻及一入聲符號，增訂合聲簡字譜一卷，即寧音譜；以此譜增入七母三韻即一濁音符號，成重定合聲簡字譜一卷，即吳音譜；更於吳音譜外，加入二十母二韻，定爲閩廣音譜。〔註7〕勞氏的簡字全譜，幾乎囊括了全國各地的方音，也將王照的「官話字母」發揚光大。〔註8〕

　　從盧戇章、王照與勞乃宣等人的努力中，制定並拼寫官話字母的工作獲得不可抹滅的成就，雖然清廷因故未能大力與長期地推廣使用，但是這些有志之士的努力，也爲民國初年以後的讀音統一與推行國語運動，奠定了紮實的基礎，盧戇章、王照等人也是 1913 年讀音統一會中的重要人物。〔註9〕

　　近代中國面臨列強瓜分，內憂外患不斷，有志之士早引以爲憂，民族主義思潮也躍然而起，統一語言的「國語」一詞，亦導因於民族主義思想，語同音既可促使民族統一覺醒，尤可促成國家統一。〔註10〕1903 年（光緒 29

　　　　致賢，《國語教育》（臺北市：國語報出版部，1973 年），頁 51。

〔註 6〕方師鐸，《五十年來中國國語運動史》，頁 11；也參照祁致賢，《國語教育》，頁 52。

〔註 7〕寧音與吳音都爲長江下游的方言，其中吳語的範圍包含江蘇省鎮江以東各縣，範圍含闔崇明島、南通、海門、啓東、靖江等縣，以及浙江省大部分地區。參照袁家驊，《漢語方言概要》（中國北京市：語文出版社，2001 年），頁 57。

〔註 8〕史穎君，〈我國國語運動之研究〉（臺北市：國立政治大學教育研究所碩士論文，1994 年），頁 51；方師鐸，《五十年中國國語運動史》，頁 13；也參照祁致賢，《國語教育》，頁 53。

〔註 9〕關於 1913 年「讀音統一會」的與會人員名冊，參照方師鐸，《五十年來中國國語運動史》，頁 18～21。

〔註 10〕湯承業，《吳敬恆述傳（四）》（臺北市：世界書局，1987 年），頁 2094。

年）京師大學堂學生何鳳華等人，上書北洋大臣直隸總督袁世凱，其中呈文主旨提到：「請奏明頒行官話字母，設普通國語學科，以開民智而救大局」。〔註11〕至於最早的「國語統一」的觀念，始於1906年朱文熊所著「江蘇新字母」自序，文中提到：「他日國語統一的目的能達」，爲最早具有國語統一觀念者。〔註12〕

　　中國幅員遼闊，方言林立，統一國語的理想終於在清末民初之際得以實現，而北京語之所以成爲標準國語的基礎，乃根據1932年南京國民政府教育部正式公佈的「國音常用字彙」資料中，以政治與文學力量的角度，藉此來定北京語爲國語，在政治上，北京在六百年來一直是政治中心，是歷代帝王建都最久之所在地。知識階層所說的「官話」既然長久以來都是優勢語言，也自然成爲全國人民樂於仿效或採用，所以官話的通行區域最廣。在文學上，北京既爲政治中心，自然也成爲了文化薈萃之地，明清以來許多作家多以接近北京話的白話文來寫文學作品，例如羅貫中的《三國演義》、吳承恩的《西遊記》、吳敬梓的《儒林外史》、曹雪芹的《紅樓夢》、劉鶚的《老殘遊記》等，都早已在民間流傳已久，深入民心，這些影響深遠的文學鉅著，對於國語標準的確立自是居功甚偉。〔註13〕

　　民國建立以後，統一語音的工作仍持續進行，孫中山也體認國語統一之重要性，並將統一國語之設計與執行工作，交由對音韻極有研究的吳稚暉來負責。吳稚暉（1865～1953），名朓，幼名紀靈，字稚暉，後改名敬恆，江蘇無錫人，少時貧困，有感平民教育之重要，14歲讀春秋左氏傳，善於史論與文學桐城派筆法。1889年入南菁書院，有感中國文字不能普及大眾，並於1894年發明「豆芽字母」作爲輔助中國文字的拼音字母，共計子音共57個，母音共18個，合爲75個字母。1902年赴日求學，回國後思想趨向革命，欣羨西方文明，並於1905年於英國會孫中山，1907年吳氏與張靜江、李石曾等人共同籌備《新世紀週刊》，主張使用世界語統一語言，後放棄世界語，轉而鼓吹「注音字母」與漢字結合，藉音字來輔助漢字。〔註14〕

〔註11〕　王爾敏，《中國近代知識普及化之自覺及國語運動》，《中央研究院近代史研究所集刊》第11期（1982.7），頁37。
〔註12〕　詹瑋，《吳稚暉與國語運動》（臺北市：文史哲出版社，1992年），頁68。
〔註13〕　魏岫明，《國語演變之研究》（臺北市：國立台灣大學出版委員會，1984年），頁13。
〔註14〕　「豆芽字母」乃吳氏自創的拼音字母，分別是「格吉古居　克吃苦去　辦及

　　1912 年 5 月，袁世凱於北京當政，任蔡元培爲教育總長，對國語統一之事十分重視，蔡元培在歐洲時即與吳稚暉時相往來，也請吳氏擔任研究國語注音字母之工作，吳氏也欣然接受此職。〔註 15〕

　　1912 年 11 月吳氏組織「國語讀音統一會」，隔年 1 月，吳氏任國語統一會會長，召集全國文字學、音韻學、語言學等權威人士 44 人，奉教育部命令，籌組「國語讀音統一會」，在這些專家中包括了具有文字學知識的章炳麟，也包括具有歐美字母拼音、日本片假、平假名專業能力的盧戇章等人，集聚各界語言菁英，由 1913 年 2 月起三個月的時間，開啓了全國讀音統一的討論，會中一共審定約六千五百多字的國音〔註 16〕，爲近代中國推行國語揭開了序幕。

　　「國語讀音統一會」會中一共審定約六千五百多字的國音，吳稚暉綜合大會的討論，歸納各方改革意見，也根據審定後的六千五百多字，再增添約六千多字，於 1918 年成功編著民國以來第一部的「國音字典」，奠定了未來編印國語教材的基礎。〔註 17〕這部國音字典收錄共約一萬三千多字，由當時北洋政府教育總長范源濂撥款編印，吳氏以康熙字典的部首編排順序來編制，皆將已審定之字，準音而注，完成後正式定名爲「國音字典」。1919 年由錢玄同、黎錦暉、汪怡重新修訂吳氏的「國音字典」，是年 12 月正式由北洋政府教育部公布，這部國音字典曾一度成爲全國讀音之標準。〔註 18〕

　　1918 年 1 月，吳稚暉會面國學大師錢玄同，討論了注音字母與國語讀音的統一問題，也研究了發音、音韻與國語讀音統一的問題上。1918 年 11 月，北洋政府教育部正式公布注音字母〔註 19〕，吳氏也於《新青年》雜誌發表「補救中國文字之方法」一文，提出以注音字母輔助文字的重要性。〔註 20〕在民

　　咕拒　忤業瓦尼　得的脫貼　特敵納　諸處儲　不畢潑撒　勃別姆密　勿佛未　子節次切　斯雪是習　輸樹　黑呼吸虛　合移糊葉　立兒（以上乃子音）。翁盎衣宇　烏阿愛恩　淹菴煙澳　蝸杏歐惡　阿厄　（以上乃母音）」。其他關於吳氏的生平事蹟，參照詹瑋，《吳稚暉與國語運動》，頁 12～55。

〔註 15〕詹瑋，《吳稚暉與國語運動》，頁 75。
〔註 16〕陳洪、陳淩海，《吳稚暉先生大傳》（蔣枋、許師慎獨立發行），頁 70。
〔註 17〕陳洪、陳淩海，《吳稚暉先生大傳》，頁 70～71。
〔註 18〕詹瑋，《吳稚暉與國語運動》，頁 140；方師鐸，《五十年中國國語運動史》，頁 44。
〔註 19〕陳洪、陳淩海，《吳稚暉先生大傳》，頁 80。
〔註 20〕劉紹唐主編，吳稚暉著，《國音國語國字第二集》（臺北市：傳記文學社，1970 年），頁 157～183。原文刊錄於《新青年》雜誌，第 5 卷第 5 期，1918 年 10

國初年國語運動推行的過程中，相關機構的成立也相當重要。1918 年，吳氏也促成教育部組成「國語統一籌備會」，由 1913 年的「讀音統一會」舊成員黎錦熙、錢玄同等人為籌備會人員，1916 年由陳懋治、陸基、董瑞椿、吳興讓、朱文熊、彭清鵬、汪懋祖、黎錦熙等人倡議，於北京成立「中華民國國語研究會」，國語推廣遂由個人鼓吹進入組織化推廣的階段。〔註 21〕1918 年12 月，「教育部國語統一籌備會規程」14 條公布，1919 年 4 月 21 日，「國語統一籌備會」也正式成立〔註 22〕，1919 年 5 月，北京青年學生發起五四運動，各種文化、教育、政治、社會等相關議題受到各界討論，國語統一運動也在這段時間飛躍成長。

1920 年 11 月，吳稚暉赴江蘇第二師範學校演講，講題為「國音問題與國語文字問題」，也發表「國音問題」專論，對眾多人士批評注音字母的言論，提出新的看法，認為雖然注音字母「狗屁不值一錢」，但注音字母神聖不可侵犯，也認為中國的注音字母並不會落後於西方的拼音文字。〔註 23〕由此可見，在國語運動推行的手段與目標中，全國只要能要求讀音統一，即可迅速幫助文盲學字，注音字母是推行國語運動不可或缺的工具，也深得語言和文字學家的重視。

「注音字母」與「國音字典」的頒布是國語運動的重要大事，國內掀起了「語同音」的討論，吳氏也在「二百兆平民大問題最輕便的解決法」一文中提到，認為注音字母的推行，除了要求普及國語之外，在平民識字教育中，也必須與平民教育的千字課合作，使平民能快速識字，可見國語運動也包括了掃除文盲等歷史意義。〔註 24〕

民國成立以後，「國語讀音統一會」的國音審定與討論，雖然成為日後國語運動遵循的標準，但是仍出所謂的「國音」與「京音」的爭議。顧名思義，京音乃是北京地區說話的語音，國音乃完全根據 1913 年讀音統一會所審定的讀音。由於讀音統一會與會人員來自全國各省，所以討論出的國音乃綜合各

月 15 日。

〔註 21〕王爾敏，〈中國近代知識普及化之自覺及國語運動〉，《中央研究院近代史研究所集刊》第 11 期（1982.7），頁 36。

〔註 22〕方師鐸，《五十年來中國國語運動史》，頁 38。

〔註 23〕陳洪、陳淩海，《吳稚暉先生大傳》，頁 84。

〔註 24〕劉紹唐主編，吳稚暉著，《國音國語國字第二集》，頁 203～206。原文刊錄於《吳稚暉先生全集》卷五，1924 年 1 月。

省發音，因此國音成為無人可正確發出的怪音，也使各地國語機關的教員無所適從。「國音」與「京音」的爭論不休的問題，歷經國語統一籌備會幾次的討論，仍無確定結果，最後王璞與趙元任錄製國音留聲機片，基本上按照京音陰、陽、上、去四聲聲調錄製，1921 年，黎錦暉在教育部國語統一籌備會中，提出以北京聲調為標準，雖未獲得大會同意，但是此後的爭議不再，形成所謂的「國音京調」的國語。〔註 25〕

　　1924 年 2 月，吳氏為訓練國語人才，在上海創立國語師範學校，由吳稚暉任校長，兼教授國語概論，校董為黎錦熙、汪怡、王雲五、黃炎培、王顯華、高孟旦，方毅為教務長，這些開辦創校者不是當時國語運動之健將，就是當時的國學大師，該校創立的宗旨主要為已學會國語者與要求深造者，設立高等科學府，提供專門國語人才，修習六個月結業；也設普通科部門，為現任、曾任小學教員與師範畢業生進行預備教育，修習三個月結業，每科 50人一班，每日三小時，研習二小時，自修一小時，並可提供該校的師範生實習。〔註 26〕

　　由此可見，上海國語師範學校的成立，目的在於養成高等專業國語教育人才，並要求普及國語與注音字母，解決中國文盲的識字問題，國語推行勢必為國家基本之要務。

　　1928 年 6 月國民革命軍攻克北京，北伐統一中國指日可待。是年，南京國民政府教育部成立「國語統一籌備委員會」，聘請吳氏為主席，國語運動也橫跨了北洋與南京國民政府兩大時期，成為文化界中不可或缺的議題。「國語統一籌備委員會」的重要工作中，除了提倡語體文與標準語之外，也包括了公佈國語羅馬字與推行國音字母（後來的注音符號）等工作，也規定了漢字注音原則與增製方言字母。在教材的編纂工作中，也大規模編輯辭典並鑄造注音漢字銅模，這些工作不僅為國語教學提供了客觀化的標準，也補強了相關教學的教材與設備。〔註 27〕

　　1930 年，南京國民政府訓令行政院改「注音字母」為「注音符號」，並附推行辦法三則，黨部政府人員及學生民眾均需學習注音符號。〔註 28〕這

〔註 25〕方師鐸，《五十年來中國國語運動史》，頁 46～50。
〔註 26〕陳洪、陳淩海，《吳稚暉先生大傳》，頁 143～144。
〔註 27〕行政院研究發展考核委員會編印，《國語推行政策及措施之檢討與改進》（臺北市：行政院研究發展考核委員會，1982 年），頁 16～17。
〔註 28〕祁致賢，《國語教育》，頁 65～66。至於推行辦法三則分別是：第一、令行各

項政策推行乃由全國最高行政機關下令，也開創國語運動的新紀元。注音符號以簡單爲原則來掃除文盲與統一國語，這也才是推動注音符號的主要目標。

1930 年以後，可說是注音符號推行最熱烈的時代，各地小學已開始採用注音符號教學，注音符號將視爲是統一國音的利器。1932 年 5 月南京國民政府教育部頒布國音常用字彙，1934 年「國語統一籌備會」呈請教育部鑄造注音漢字之銅模，1935 年 8 月教育部公佈國語推行委員會組織章程，於是國語統一籌備會改組爲國語推行委員會，是年 9 月，教育部公佈促進注音漢字推行辦法九條，並於隔年 4 月修正。〔註29〕

1937 年 7 月，中日戰爭爆發，國民政府各項教育與文化工作被迫中斷。1941 年，對日抗戰方殷，年屆 76 歲的吳氏在西南大後方仍然接受國語委員會邀請，受聘於重慶市郊舉辦的「國語師資培訓班」。該班乃由各地中學以上的國語教員組成。〔註30〕當時正處於兵馬倥傯的抗戰狀態，然而國語運動仍持續進行，也可見在重慶的國民政府重視推行國語之工作。

1941 年，吳氏參與中國國民黨第五屆八中全會，並向大會提案大量印發注音符號漢字通俗書報之刊物，提供已經認識注音符號之民眾閱讀，俾能發揮宣傳及訓練功效。吳氏也提出積極推行注音符號運動，期望於 5 年內普及注音識字，徹底掃除文盲，並促成抗戰必勝，建國必成之意識。〔註31〕吳氏對國語與識字運動之提案，皆在該大會中通過。從抗戰期間的「國語師資培訓班」到國民黨第五屆八中全會中的提案，在抗戰方殷的艱困環境中，吳氏都能堅守崗位，積極執行推行國語的各項工作。

民國成立到抗戰期間，吳稚暉在國語運動上的努力，大致包括了審定全國國語重要書籍，並頒布成國定本，也積極訓練推行國語人才，除了 1924 年

級黨部，使黨部人員一體採用，以增宣傳黨義上之便利。第二、知照國民政府令行各機關人員，應一律熟記，藉以周察失學民眾疾痛之助。第三、教育部令行各級教育機關師生，皆應傳習，協力助民眾補習教育，容易進行。此三項推行辦法乃吳稚暉於中央第 88 次常會提出「改訂注音字母名稱爲注音符號及推行辦法案」，提出改訂「注音字母」爲「注音符號」，認爲其功能在於「注字音，足以音注，以符名實，不稱字母，以避免歧誤」。參照湯承業，《吳敬恆述傳四》，頁 2197；也參照劉紹唐主編，吳稚暉著，《國音國語國字第二集》，頁 262～264。

〔註29〕 祁致賢，《國語教育》，頁 66～67。
〔註30〕 湯承業，《吳敬恆述傳四》，頁 2147。
〔註31〕 陳洪、陳凌海，《吳稚暉先生大傳》，頁 291。

開辦的上海國語師範學校之外，並於各地國立師範院校開辦國語專修科。另外也倡導語文的科學研究，使文字、語言、文法等學術研究現代化，促使平民教育通俗化與簡易化。〔註 32〕雖然國語運動在大陸時期無法如期達成目標，但是由這些成就可知，國語運動在吳稚暉等人的領導下，奠定了未來臺灣推行國語的基礎。

1944 年 3 月，重慶國民政府教育部舉辦全國「國語運動宣傳週」，頒布了五條「全國國語運動綱領」，如下所列：

一、實行國字讀音標準化，統一全國讀音。

二、推行國語，使能通行全國，並作外人學習我國語言的標準。

三、推行「注音國字」，以普及識字教育，奠定民主基礎。

四、推行注音符號，以溝通邊疆語文。

五、研究國語教學法，以增進教育效率。〔註33〕

由「全國國語運動綱領」的內容可知，國語運動欲杜絕土語方言的侷限，以訂定出一個標準的國音，並推行全國的標準國語，也藉由注音符號的推行與普及，推動識字教育。更可利用國字加入注音符號，使邊疆民族能讀懂國字，以四行課本讓邊族的語音以注音來拼出，各族也能彼此溝通，成為推行注音的基本目標，進一步藉著統一國語，作為統一整個國家的工作之一。

抗戰末期，重慶國民政府仍十分重視國語運動，在 1944 年，教育部指定國立西北師範學院（校址於甘肅蘭州）、國立社會教育學院（校址於四川璧山）、國立女子師範學院（校址於四川白沙）三學院，以紀念吳稚暉從事國語運動 30 年，並與中央國語推行委員會與中央識字運動委員會合作，於三學院中增設「國語專修科」，第一屆國語專修科畢業生，於 1946 年結業後，多半赴剛光復的臺灣推行國語。〔註 34〕這也證明日後臺灣推行的國語政策，可視為中華民國大陸時期國語運動之延續。

〔註32〕湯承業，《吳敬恆述傳四》，頁 2148。原資料刊於張文伯，〈吳稚暉先生光輝的一生——一代完人、百世師表〉，《中央日報》，1964 年 3 月 25 日。

〔註33〕方師鐸，《五十年中國國語運動史》，頁 130。

〔註34〕張博宇，《台灣地區國語運動史料》（臺北市：台灣商務印書館，1974 年），頁41。

第二節　日治時期的國語（日語）運動

　　1895 年（光緒 21 年），清廷在甲午戰爭中戰敗，並與日本簽訂馬關條約，條約中規定割讓臺灣、澎湖給日本，從此臺澎爲日本帝國的殖民地，直到 1945 年日本在第二次世界大戰中戰敗，才將臺灣、澎湖移交給中華民國政府。日治時代 50 年中，日本殖民者對臺灣人民所推行的語言教育政策，即將推廣日語之運動，亦稱之爲國語運動，成爲戰後初期中華民國政府在臺灣推動國語運動之背景。

　　日本殖民臺灣，以逐步強化的同化政策爲其統治方針，歷任總督的施政標榜由「無方針主義」到「同化主義」，進而提倡「內地延長主義」到強調「皇民化政策」。同化政策之目的，無非是要求使臺人成爲「順良的日本人」，甚至更進一步企圖使臺人成爲「利害與共的日本國民」。在貫徹這些政策當中，「國語普及」爲最重要之工作，總督府將「國語普及」視爲同化的根本，也抱持的語言同化主義的態度，所以在領臺不久即制定「國語普及」政策，透過學校教育、社會教育，甚至社會動員等途徑，積極展開日語教育，企圖達成消滅臺語，並且普及日語爲最終目標。〔註35〕

　　在探討日本殖民政府當局對臺的推行國語（日語）之前，先以日本統治者對漢文教育的態度來進行了解。日本殖民政府在臺推動日語的同時，起初並不限制漢文教育，甚至以當時的公學校內設漢文科，鼓勵臺灣士紳接受新式教育〔註36〕，同時也不限制臺灣人前往中國大陸，日本人所辦的《台灣日日新報》，仍設有漢文欄〔註37〕，所以日治初期臺灣漢文的教育與使用，並未因受到日本統治而中止，但日本殖民政府當局的教育目標，始終將普及日語視爲重要目標，這只是當時總督府面臨臺人在文化上的反抗心理時，所不得不放寬而做出的妥協。〔註38〕

〔註35〕吳文星，《日據時期臺灣社會領導階層之研究》（臺北市：正中書局，1992 年），頁 305～306。

〔註36〕日治初期，台灣總督府未利用地方有力人士協助募集學生，一方面順應臺灣社會的實際需要，對傳統的書房教育採溫和的漸進政策，准許士紳繼續開辦書房，利用社會領導階層之力成立公學校，並在公學校設漢文科，並延聘八名士紳爲公學校與國語學校之漢文教師。參照吳文星，《日據時期臺灣社會領導階層之研究》，頁 132。

〔註37〕張博宇，《台灣地區國語運動史料》（臺北市：台灣商務印書館，1974 年），頁 13。

〔註38〕當時公學校希望藉由加入漢文教育，吸引臺人就讀，這是民政長官後藤新平

　　1898 年以後，設立臺灣兒童就讀為主的公學校，普遍設立漢文科，甚至一度將漢文科視為必修，直到 1922 年「新台灣教育令」頒布後才改為隨意科（選修）〔註39〕，到了 1937 年皇民化運動如火如荼地展開，日本殖民政府才在學校內正式廢除漢文科，明文禁止學生使用方言，報章雜誌的漢文欄也正式取消。〔註40〕

　　雖然臺灣在日本的皇民化運動下，無法在公開場合使用方言，但在 1937 年以前，學校的漢文科與報紙的漢文欄，仍受到殖民政府的允許。當時許多臺人也能接受到中國大陸的五四新文學運動，開始使用白話文式的漢文來寫作〔註41〕，可見日治中期以前漢文與漢字仍然被普遍使用。

　　日本殖民政府設立的「國語學校」（包括附屬學校）與「國語傳習所」，希望短期間能訓練通譯與普通教育之人才，國語學校即為師範學校之前身，附屬學校與各地之國語傳習所，即為公學校之前身。至於日人最早在臺灣推行日語，於 1895 年 7 月時，日軍進臺北城不久後，在當時文風鼎盛的士林地區，成立芝山巖學堂，招募鄉紳子弟前往就讀，以傳習國語（日語）為主要目標，此為日人在臺灣推動日語教育之嚆矢。〔註42〕

　　　　順應臺灣民情的治臺方針，後藤認為在統治臺灣人的過程中，必須因地制宜，並舉出「鯛魚不可能一夜之間變成海中的比目魚」之比喻。參照，派翠西亞‧鶴見（E. Patricia Tsurumi），林正芳譯，《日治時期台灣教育史》（臺灣宜蘭：仰山文教基金會，1999 年），頁 17、33。
〔註39〕派翠西亞‧鶴見（E. Patricia Tsurumi），林正芳譯，《日治時期台灣教育史》，頁 81～82。
〔註40〕張博宇，《台灣地區國語運動史料》（臺北市：台灣商務印書館，1974 年），頁 13。黃宣範，《語言社會與族群意識：台灣語言社會學研究》（臺北市：文鶴出版公司，2001 年），頁 93。
〔註41〕日治時代臺灣青年黃朝琴在《臺灣雜誌》第四年一、二號提出了「漢文改革論」，文中堅持提出以白話文來寫信與發表議論，極力宣傳白話文；黃呈聰也在《臺灣雜誌》第四年第一號，發表「論普及白話文的新使命」，文中批探社會並無普遍文體，以致於民眾不易看書報與寫信著書；張我軍也對舊詩人展開批判，於《臺灣民報》第 2 卷第 7 期（大正 13 年 4 月 21 日），批判舊文學體制，提出「舊詩人只做似是而非之詩，做詩韻合璧的奴隸，講八股文章，替先人保存臭味。」等觀點。參照蔡培火，《臺灣民族運動史》（臺北市：新亞出版社，1971 年），頁 327～329。
〔註42〕第一任台灣總督樺山資紀到任後，於總督府民政部下設「學務部」，任伊澤修二為學務部長，伊澤十分積重視在臺推行日語的問題，但由於義民抗日事件不斷，臺北大稻埕地區因戰亂而殘破，對推行殖民教育的環境不利，於是轉而在文風冠全臺的士林地區，設立芝山巖學堂。參照，派翠西亞‧鶴見

　　1896 年 5 月，日本殖民政府將「芝山巖學堂」的模式，在全臺各地設 14 個國語（日語）傳習所，開辦國語學校，下設師範部與語學部，招收具有紮實漢文基礎的臺灣學生。國語傳習所分成甲、乙兩科，甲科修業期限為半年，主要是以教授日語與讀書作文為主；乙科也教授日語，但也包括讀書作文、習字、算術、歷史、地理、唱歌、體操與裁縫等課程，修業年限長達四年。由此可見，國語傳習所主要目的除了訓練通譯人才，一方面也為將來的普通教育鋪路。〔註 43〕

　　日本殖民政府認為對臺灣人進行教育前，必須先進行縝密的科學研究，後來發現同化主義最適合臺灣，故有心要求在臺灣普及國語（日語）。第四任總督兒玉源太郎，以及當時的民政長官後藤新平，對臺施政採用「無方針主義」，後藤也在各種殖民政策上採「生物學原則」來統治，尊重臺灣舊慣〔註 44〕，也屬於無方針主義的一環，但是無方針並非完全無原則，在 1903 年後藤新平發表教育的無方針主張中，曾經明確表示：「雖說教育無方針，但並不能代表現今公學校即無任何目標，況且教育方針也尚在研討之中。設立公學校之目的乃是日語之普及……」。〔註 45〕可見後藤在生物學政治的原則領導下，對國語教育之重視，日語的普及也因此成為了公學校教育的重要目標。〔註 46〕

　　日治時期，初等教育可分成兩部分，第一是日本人子弟的學校教育，即 1898 年後的小學校，第二是對臺灣人子弟的教育，即 1898 年後的公學校，公

　　　　（E. Patricia Tsurumi），林正芳譯，《日治時期台灣教育史》，頁 11～12；參照許佩賢，《殖民地臺灣的近代學校》（臺北市：遠流出版公司，2005 年），頁 28。

〔註 43〕這 14 個國語傳習所分別在臺北、淡水、基隆、新竹、宜蘭、臺中（位於彰化）、鹿港、苗栗、雲林、嘉義、臺南、鳳山、恆春、澎湖。參照，派翠西亞・鶴見（E. Patricia Tsurumi），林正芳譯，《日治時期台灣教育史》，頁 14；許佩賢，《殖民地臺灣的近代學校》，頁 30。

〔註 44〕後藤新平在臺任職的 8 年又 8 個月期間，將人類進化原理視為其統治臺灣的行政基礎。認為若社會進化不依自然法則，而直接激進地去進行並賦予個人權利義務時，就會產生孱弱的個人，悖逆人類進化原則，所以後藤新平提倡「尊重舊慣」的統治方針。參照陳培豐著，王興安、鳳氣至純平編譯，《同化的同床異夢：日治時期臺灣的語言政策、近代化與認同》（臺北市：麥田出版社，2006 年），頁 108～109。

〔註 45〕吉野秀公，《台灣教育史》（臺北市：南天書局，1997 年），頁 123～124。

〔註 46〕林茂生，《日本統治下臺灣的學校教育——其發展及有關文化之歷史分析與探討》（臺北市：新自然主義公司，2000 年），頁 111。

學校亦是由國語傳習所改制而成。〔註47〕

　　1898 年 8 月臺灣總督府制定「臺灣公學校規則」，規則第一條的教育目標中，即要求對臺籍子弟實行德教，陶冶日本國民性格，精通國語（日語）為其教育本旨之一；第三條中規定教授科目包括了修身、國語、作文、讀書、習字、算術、唱歌、體操等學科，修業年限為六年。〔註48〕

　　由公學校設立的規則可了解，公學校設立的目的除了品德教育外，也希望藉由對臺灣兒童進行國語（日語）教育，使日語能逐漸在臺灣普及，在日臺語言的溝通、發展文化與同化的目的上，日語普及的確具有指標性的意義。1898 年 7 月，總督府雖然發佈「臺灣公學校」令，正式確立「國語普及教育」的方向，但在初期成效頗為不彰，甚至到了 1915 年時，全臺懂日語者僅只有 11,270 人，佔臺人總人口的 1.63%，公學校設立並未達成國語普及之目的，總督府仍必須尋找公學校之外的管道來推廣日語，日人於是積極鼓勵臺灣的社會領導階層。〔註49〕

　　1915 年，臺灣總督府開始鼓勵臺灣各廳社會領導階層組織「國語普及會」，以促進臺人的同化，激起不少各地社會領導階層的響應，不僅積極參與國語普及運動，也以身作則學習日語，1915 年 10 月，臺灣總督府民政長官下村宏先後召集紳商辜顯榮、林熊徵等人，勸其學習日語以為社會表率。〔註50〕

　　1920 年代，日本殖民政府也開始對過去的日語運動提出檢討與建議，後來各地「國語講習所」紛紛設立，臺北州制訂「國語講習所要項」與「簡易

〔註47〕 1899 年 10 月所有的國語傳習所正式廢除。參照林茂生，《日本統治下臺灣的學校教育——其發展及有關文化之歷史分析與探討》，頁 117。參照派翠西亞・鶴見（E. Patricia Tsurumi），林正芳譯，《日治時期台灣教育史》，頁 15～28。

〔註48〕 1896 年 10 月，全島設國語傳習所，1898 年 7 月敕令 178 號及第 179 號頒布臺灣公學校官制及「臺灣公學校規則」。參照林茂生，《日本統治下臺灣的學校教育——其發展及有關文化之歷史分析與探討》，頁 116～117。也參照魏德文發行，臺灣總督府臺灣教育會編著，《臺灣教育沿革誌》（臺北市：南天書局，1995 年），頁 261。

〔註49〕 吳文星，〈日據時期臺灣總督府推廣日語運動初探〉，選自國立臺灣師範大學中等教育輔導委員會編輯，《認識臺灣歷史論文集》（臺北市：國立臺灣師範大學中等教育輔導委員會，1996 年），頁 264。

〔註50〕 吳文星，〈日據時期臺灣總督府推廣日語運動初探〉，選自國立臺灣師範大學中等教育輔導委員會編輯，《認識臺灣歷史論文集》，頁 266～267。

國語講習所要項」，命令轄內各市、街、庄設立講習所，首開公立日語講習機構。1931年臺灣總督府公布「關於臺灣公立特殊教育設施令」，正式在街、庄設立國語講習所，國語講習所遂為常設之機關。1930年代以降，各州將地方諸多的民間社教團體，結合成「教化聯合會」，作為部落教化的聯絡統一機關，國語普及也為其主要事業，更是部落教化的首要任務，在社會上表揚人人說日語的風氣，也選拔「國語家庭」與「國語部落」，1937年皇民化運動興起後，徹底普及日語和普遍常用日語也成皇民化之重要目標，使日語普及運動推向高峰。〔註51〕

　根據1937年4月的統計，全台已經有2,812所「國語講習所」，共有學生185,590人，在皇民化運動期間，使用日語是臺灣人成為「真正日本人」的必要條件，日語運動因此出現新的精神意涵，當時只要受過公學校教育的臺灣人，到公家機關或對日本人談話時，通常都以使用日語為主。根據《台灣日日新報》的報導中，專賣局下開設的菸草工場，已經下令禁止臺語；高雄州公車中內也出現禁用臺語的宣導標語，不難理解皇民化運動下日語運動不僅要求臺人完全使用日語，更進一步獨尊日語，壓抑本土語言，藉以貫徹皇民化運動的目標。〔註52〕

　以日本殖民政府的角度而言，國語（日語）普及教育的目的，大致上可分為三項目的，分別是將國語視為交談的工具、文化發達的手段與同化的武器等。〔註53〕殖民當局始終認為，臺灣多語林立，族群複雜，日語作為統一的標準語，可成為不同民族溝通思想的媒介，也使統治者與被統治者的溝通更加方便。在文化發展上，日語作為標準語有助現代文化內容的豐富，日文書籍對臺灣知識階層的西化有很大幫助，臺灣人在思想上、風俗習慣上也因為日語普及而漸趨一致，同時也實現同化政策之目標，可見日語普及對臺灣在思想、文化、社會生活上產生不可抹滅之影響，也使戰後臺灣展現出不同中國大陸的新面貌。

　臺灣是一個多族群、多語言的島嶼，在臺灣住民之中，可區分成漢人與原住民，漢人之中又可區分閩南與客家兩大族群，原住民也更是多族多語林

〔註51〕吳文星，《日據時期臺灣社會領導階層之研究》，頁315～357。

〔註52〕周婉窈，〈台灣人第一次的「國語」經驗──析論日治末期的日語運動及其問題〉，《新史學》第6卷第2期（1995.6），頁120～127。

〔註53〕矢內原忠雄著，周憲文譯，《日本帝國主義下之臺灣》（臺北市：海峽學術出版社，2002年），頁180。

立，在如此語言紛雜的環境中，日語是臺灣第一個統一的標準語，在日治時期普及日語的運動下，造就戰後臺灣語言政策的特殊背景。日語普及也壓抑本省方言，各族群的母語受到嚴重壓抑。因此戰後初期，本土方言（即母語）出現危機﹝註 54﹞，這成為戰後接收臺灣的國民政府，在推行國語（北京語）之前，必須面臨不同中國各省狀況之問題。

﹝註 54﹞臺灣方言已經退到僅在家庭中使用，中年人與年輕人不完全會使用，社會上普遍使用日語。參照張博宇，《臺灣地區國語運動史料》，頁 51。

第三章　解嚴前國語運動之發展

　　臺灣長期淪爲日本殖民統治，語文早已日本化，不少臺籍志士希望光復後，當局能緩進推行中國語文，但國民政府接收臺灣後，爲增強民族意識，廓清奴化思想，強力禁絕日文日語，引起若干臺籍人士的反感；在推行國語的過程中，重視臺灣本土的方言恢復，並以方言輔助國語教學，成效斐然；相關機構與組織也陸續成立，例如臺灣省國語推行委員會，將國語運動的行政一元化，奠定了日後推行國語成功的基礎。

　　1950 年中央政府遷臺後，國語運動也進入一個全新的局面，學校開始廣泛利用《國語日報》與注音符號來推行國語，另一方面，除了繼續禁絕日語、日文之外，也開始轉變成以壓抑、禁絕方言爲目標，除了利用獎勵與國語文競賽之外，校方也利用規訓與懲罰的手段，迫使學童習慣說國語，壓抑了臺灣本土方言，原住民的語言文化認同也產生危機。

　　從調查中發現，城鄉在教育資源的差距，也影響不同地區學童在國語文能力的表現，顯示了各地國語文能力的程度不均；另外，從學童出身的家庭中，家長職業與教育程度成爲「是否常使用國語」的兩大指標，顯示出國語的使用有著濃厚的階級性，成爲國語運動無法克服的障礙。

第一節　戰後初期臺灣的國語運動

　　戰後初期的臺灣日語與日文已經普及，在國語推行前必須要恢復方言，同時禁止社會上繼續使用日文與日語，臺灣各族群方言也因此與國語推行相輔相成，方言恢復被視爲是國語推行時的必要工作，同時臺灣省國語推行委

員會成立，指導戰後臺灣的國語推行工作。

一、禁用日語日文

　　對日抗戰期間在重慶指揮的國民政府，在 1943 年開羅宣言後，就已經積極擬定接收計畫與研究制度設計，1944 年中央設計局設立「臺灣調查委員會」。〔註1〕其中身兼中國國民黨臺灣直屬黨部執行委員與臺灣調查委員會委員的丘念台，於 1944 年 8 月 1 日，擬呈中央執行委員會秘書長吳鐵城，提出「復臺大計管見」等函，其中在教育文化政策上，丘氏認為臺人久處日本殖民政府的日語政策下，自己的語言與文字被逐漸消滅，所以復興語文成了復臺後的重要課題，以下表 3-1-1 為丘氏在「復臺大計管見」中，在語言、文字與文化上的教育要綱。〔註2〕

　　由丘氏提出的「教育要綱」中，可以得知臺灣調查委員會在復臺前，對於臺灣久處殖民統治下，語言和文化無法自由發展，但已有在大陸參與國民政府的臺籍人士，在抗戰方殷時仍不忘思考恢復臺灣的祖國文化，甚至已有復臺後的初步建設藍圖，誠屬可貴。

表 3-1-1：「復臺大計管見」中的教育要綱（節錄）

原有 特徵	(1) 消滅文字：自民四各小學廢止中文後，島內禁閱中國報，禁設中文塾，即回祖國臺人，亦在各埠設校收容，以滅其文字。 (2) 消滅語言：自皇民化運動後，民二十七設有國語講習所八千，識日語者佔全人口40%。 (3) 強迫同化：民國二十五年以後，因欲徹底同化意識語文，剝削物力，設皇民奉公會；計有一中文本部，八州廳支部，六十二郡市支會。 (4) 國魂永在：臺民初欲以文化協會臺灣民報詩社等組織，暗抗文化摧殘，而卒不可，唯意識亦勇不滅；蓋祖宗種族不同，一言一動均存舊文化，且差別待遇，最足增強嫉恨，雖高唱同化無益也。
目的	(1) 恢復語文：復合後，中國國民應具之文字、語言，當先普及。 (2) 充識強志：島民民族意識，本甚高漲，無待恢復，只須以祖國史地智識國際政治智識，使之更健全充實耳。
辦法	(1) 日文漸廢：欲使學校不停頓，故語文可採漸變辦法；日文一科，固應即改授國文，用語可先用閩粵語，一年內文件、文告、科學課本可兼用日文。

〔註1〕 魏永竹主編，《抗戰與台灣光復史料輯要》（臺灣南投：臺灣省文獻委員會，1995 年），頁 16。

〔註2〕 秦孝儀主編、張瑞成編輯，《中國現代史史料彙編（第二集）：臺籍志士在祖國的復臺努力》（臺北市：中國國民黨中央委員會黨史委員會，1990 年），頁365～381。

> (2) 刊中文報：收復後即日發行中文報章，一年內並準發中日文合版報。
> (3) 組訓民眾：皇民奉公會及日語講習所等改爲民眾宣傳、訓練及補習國語國文機
> 　　關。

資料來源：秦孝儀主編、張瑞成編輯，《中國現代史史料彙編　第二集　臺籍志士在祖國的復
　　　　臺努力》（臺北市：中國國民黨中央委員會黨史委員會，1990 年），頁 378～381。

另外，同年（1944 年）7 月 21 日在中央設計局臺灣調查委員會座談會中，臺人謝南光在會議中認爲，臺灣人普遍受日本化教育，對於國文素養尚差，故建議在考試方面，將來應以十年爲期，實行特別考選制度，由考試院在臺劃定爲特別考選區，准予以日文應試，因爲由中學改授國文至大學畢業，需時十年，所以建議光復十年之後，再撤銷以日文應試的考選制度。〔註 3〕

　　謝氏的建議，誠然是了解臺灣本地知識份子的特殊情況，若要糾正過去政治上臺人的不平等待遇時，復臺後必先要重用臺人，以臺人作爲治理臺灣的中間份子，1940 年代臺灣具有中學校以上（包含留學）學歷的社會領導階層者高達 70%。〔註 4〕這些領導階層普遍接受日式教育，理應成爲戰後臺灣社會的領導精英，所以必須提供這些已日本化的菁英出路，所以復臺後的考選制度不能以語文作爲限制，必須循序漸進地改變。由此可見，謝氏的評估與考量，有其時代的必要性。

　　1945 年 8 月，日本戰敗投降，10 月 25 日臺灣光復，國民政府任命陳儀爲臺灣省行政長官，成立了臺灣省行政長官公署（以下簡稱行政長官公署），負責接收臺灣的各種工作。行政長官公署並邀請中央教育部派專員協助，在當時教育部下的「國語推行委員會」根據全國《國語運動綱領》的理想，有鑒於臺灣受日本長期統治 50 年的特殊狀況，評估臺灣的國語學習環境，而假定「閩南話」尚能通行臺灣社會各階層，而足以替代日語以全部生活的需要；也假定臺胞在光復後，痛心於使用日語，在尚不能講國語時，會自覺恢復使用方言——閩南話與客家話，而這兩種語言也是文化上值得重視的中國方言；並假定去臺的公教人員，深知珍惜這時代的榮耀，重國語以尊國體，而在臺灣能塑造優勢的國語環境，承繼重慶政府的戰鬥姿態，在精神上給臺胞

〔註 3〕秦孝儀主編、張瑞成編輯，《中國現代史史料彙編（第四集）：光復臺灣之籌畫與受降接收》（臺北市：中國國民黨中央委員會黨史委員會，1990 年），頁 69。

〔註 4〕吳文星，《日據時期臺灣社會領導階層之研究》（臺北市：正中書局，1992 年），頁 156。

鼓舞安慰，自然能打擊日語，促使臺胞使用國語。〔註5〕

　　中央教育部的「國語推行委員會」預想臺灣必須先要放棄使用日語，並自覺使用臺灣方言，然後再進一步影響臺人學習國語，去臺推行國語者若能在民族意識上鼓勵臺人，推行國語就自非難事，所以根據上述的假定，教育部「國語推行委員會」也總結出幾個推論，認為國語在臺灣的推行絕不會像日本人推行日語一樣，需耗上幾十年的工夫；而對臺胞學習國語要求需較嚴格，而希望工作人員能通曉閩南語，至少能研究方音方言者為佳；同時去臺的國語工作人員至少應有共識，認為推行國語就是宣揚祖國文化，甚至一舉一動皆有模範作用。〔註6〕

　　在教育部國語推行委員會對臺灣推行國語的假定與推論中，首要工作集中在方言的恢復、民族精神鼓舞、相關的機構與教員的編制上，臺灣方言的恢復使用受到官方肯定，改變臺人使用日語、日文的習慣，乃接收臺灣前後時國語運動的主要目標。

　　行政長官公署為了改變臺人使用日語和日文的習慣，屢頒禁令，根據1945年3月14日修正核定的「臺灣接管計畫綱要」中，規定接管後的公文書、教科書與報紙都一律禁用日文，在同時進行的文化建設中，則以增加民族意識、廓清奴化思想、普及教育機會與提高文化水準等為原則。〔註7〕

　　1946年7月，行政長官公署電令各省級以下學校，宣布於該年度起各中小學教師施教應一律使用國語，亦可使用本省方言講授，除了日籍教師之外都一律禁止使用日語講授。〔註8〕同時也查封日本殖民政府或民間經營之報社、出版社、電影製片廠與廣播電台，由行政長官公署接管，在文化宣傳事業上打擊殖民時代的文化毒素，電令本省各地停收日文電報，也查禁日人

〔註5〕　張博宇，《臺灣地區國語運動史料》（臺北市：臺灣商務印書館，1974年），頁27。

〔註6〕　當時在公務機關接收的外省人，多半來自福建、廣東兩省，外省與本省公務員仍可以使用閩南語溝通，參照蕭富隆主編，《走過兩個時代的公務員續錄》（臺灣南投：國史館臺灣文獻館，2008年），頁30、67、97、167。張博宇，《臺灣地區國語運動史料》，頁28。

〔註7〕　參照「臺灣接管計畫綱要」第4、7條，取自臺灣省行政長官公署法制委員會編纂，《臺灣省單行法令彙編　第一編》（臺北市：臺灣省行政長官公署法制委員會，1946年），頁2。

〔註8〕　《臺灣省行政長官公署公報秋字》（臺北市：臺灣省行政長官公署，1946年），頁263。

遺毒書籍、唱片與樂譜。〔註9〕1947 年 2 月底，二二八事件爆發，行政長官陳儀遭到撤換，是年 4 月，臺灣省政府正式成立，由文人出身的魏道明出任首任省主席，臺灣省政府也承續長官公署時代的禁用日文政策，且禁用的領域更加廣闊，除了繼續收繳並禁止日語歌曲與唱片之外，也禁止販賣該年度（1947 年）出版的全日文版書籍，並嚴令取締日本語文之招牌廣告，禁止工商業單據、商品與食物名稱使用日本文字等，可見省政府杜絕日文之決心。〔註10〕

　　行政長官公署爲求杜絕日文使用的習慣，計畫在最短的時間內，肅清日本化教育的遺毒，並積極宣揚三民主義等中國固有道德精神，以「去日本化」、「再中國化」進行一連串的文化重建工作。〔註 11〕但現實上又不得不正視臺灣被日本統治 50 年的歷史事實，臺人在回歸中國後需要時間適應中文，情形特殊，於是行政長官公署到 1946 年 10 月 25 日以後，才正式廢除報紙與雜誌日文版，這段時間也作爲日文與中文兩種語文使用下的過渡時期。〔註12〕

　　這段時間中，不少地方人士對長官公署的一年內廢除日文的要求，紛紛提案請求延期，例如高雄市與花蓮縣參議會，分別於 1946 年 8、9 月間提出

〔註 9〕　當時被認定的遺毒書籍，主要內容包括了讚揚日本皇軍戰績、鼓勵人民參與大東亞戰爭以及報導佔領我國土地情形而炫耀日本武功者、宣揚皇民化奉公隊之運動者、詆毀總理總裁及我國國策者、曲解三民主義者、損害我國權益者、宣揚犯罪方法妨礙治安者，參照《臺灣省行政長官公署公報春字第 8 期》（臺北市：臺灣省行政長官公署，1946 年），頁 133。也參照薛化元、楊秀菁、林果顯編註，《戰後臺灣民主運動史料彙編（九）言論自由（一）》（臺灣臺北：國史館，2004 年），頁 87、94～95、331。也參照陳雲林總主編，中國第二歷史檔案館、海峽兩岸出版交流中心合編，《館藏民國臺灣檔案彙編第 149 冊》（中國北京市：九州出版社，2007 年），頁 124～125。

〔註10〕　薛化元、楊秀菁、林果顯編註，《戰後臺灣民主運動史料彙編（九）言論自由（一）》，頁 162、177、184、228、229、231。

〔註11〕　臺灣省行政長官公署宣傳委員會編纂，《臺灣省行政工作概覽》（臺北市：臺灣省行政長官公署宣傳委員會，1946 年），頁 41。黃英哲，《「去日本化」　「再中國化」戰後台灣文化重建 1945～1947》（臺北市：城邦文化事業，2007 年），頁 17、223。

〔註12〕　當時新竹縣參議會於 1946 年 7 月 25 日向臺灣省行政長官公署建議，以本省淪陷 50 年爲由，請求准許各報紙雜誌刊行日文版，行政長官公署則於是年 8 月 2 日回覆，決定以一年爲期，自 1946 年 10 月 25 日起，本省報紙雜誌之日文版必須一律廢止，未能再予延長。參照《臺灣省行政長官公署公報秋字第 31 期》（臺北市：臺灣省行政長官公署，1946 年），頁 489。

日文廢止延遲一案，以公函與建議書方式向長官公署提出，而長官公署卻
仍堅持報章雜誌的日文版終將迄於是年 10 月 25 日，無法再有任何的延期。
〔註 13〕

　　行政長官陳儀以堅決的態度禁止日文，產生很大的爭議，使許多臺籍菁
英不滿，語言不通的問題也成爲二二八事件的原因之一。〔註 14〕但是陳儀的
省政團隊中，卻帶來一個陣容堅強的班底，即是中國大陸上著名的國語推行
專家魏建功、何容，入臺復原方言與推行國語。〔註 15〕在禁用日文後，臺人
被迫放棄使用日文日語，也間接促成國語運動的發展。

二、以方言學習國語

　　抗戰勝利前夕，對於收復臺灣的任務，各方討論不休，其中枲紹在重慶
的《臺灣民聲報》中，發表〈臺灣人民之中心信仰與地域觀念〉一文，對於
收復臺灣後的語言和文字的轉換中，建議接收當局宜採用緩進漸進政策，一
方面普及國語國文，一方面也仍須承認與閩南語相通的臺灣話爲暫時（10 年
或 8 年）公用語（Official Language）。〔註 16〕1945 年 8 月 15 日，日本戰敗投
降，國民政府即將接收臺灣，枲紹也在《臺灣民聲報》中，發表〈公理勝利

〔註 13〕高雄市與花蓮縣參議會呈請日文緩禁等案，高雄市部分參照李福鐘、楊秀
　　　　菁、薛化元編註，《戰後臺灣民主運動史料彙編（七）新聞自由》，頁 47；花
　　　　蓮縣參議會於 1946 年 9 月 2 日呈請臺灣省參議會，建議政府日文廢止期限
　　　　延長一案，也於 9 月 21 日由省參議會電送臺灣省行政長官公署，將日文廢止
　　　　期限延長建議書送達長官公署，長官公署民政處並於 10 月 7 日電覆省參議
　　　　會，省參議會再電覆花蓮縣參議會，表示已經決定實行，相關單位查照爲
　　　　荷，參照歐素瑛編，《臺灣省參議會史料彙編：教育篇一》（臺灣臺北：國史
　　　　館，2004 年），頁 241～246。而正式向各縣市政府宣布，則於 10 月 1 日宣
　　　　告，以本省光復以達週年，爲執行國策，宣告於是年 10 月 25 日撤除新聞紙
　　　　雜誌內的所有日文版。參照《臺灣省行政長官公署公報冬字第三期》（臺北
　　　　市：臺灣省行政長官公署，1946 年），頁 45。也參照臺灣省行政長官公署編
　　　　印，《臺灣省行政長官公署施政報告》（臺北市：臺灣省行政長官公署，1946
　　　　年），頁 281。
〔註 14〕許雪姬，〈台灣光復初期的語文問題〉，《思與言》第 29 卷第 4 期（1991.12），
　　　　頁 176～184。
〔註 15〕戴國煇、葉芸芸，《愛憎二二八　神話與史實：解開歷史之謎》（臺北市：遠
　　　　流出版公司，1992 年），頁 99。
〔註 16〕秦孝儀主編、張瑞成編輯，《中國現代史史料彙編（第三集）：抗戰時期收復
　　　　臺灣之重要言論》（臺北市：中國國民黨中央委員會黨史委員會，1990 年），
　　　　頁 308。原文摘錄自《臺灣民聲報》第 8 期，1945 年 8 月 1 日。

聲中提論臺灣人民合理要求〉一文，提出臺灣人民十點合理要求，其中關於語言文字的政策中，要求政府接收時能對語言文字採用漸進政策，認為臺灣話本是中國話的一種，而文字亦用漢字，所以語言文字隔閡不多，故希望政府接收時能法定臺灣方言為暫時（5 年或 8 年）公用語，並規定方言與日文並用的期限。〔註 17〕

　　由此可見，日本殖民統治 50 年的臺灣，在總督府積極推廣日語的背景下，臺灣早已普及日語日文，日治末期的皇民化運動又獎勵「國語（日語）常用者」與「國語（日語）家庭」等日式生活習慣，成為既定的歷史事實。〔註 18〕所以臺灣人民在戰後初期，面對不同政權所帶來的語言調適問題，唯一避免適應不良又能符合民族意識的辦法，就是以臺灣話作為通用語，並在一定過渡的時間內通用日文，才能降低語言調適不良所帶來的傷害。

　　在日本殖民政府的皇民化運動後，許多臺灣青年在戰後無法使用流利的方言交談，傳統的閩南語與客家話退到僅在家庭中使用，也只有老年人會完全使用。〔註 19〕由此可見，臺灣方言的恢復成為戰後初期的重要工作，行政長官公署在教育處下成立「國語推行委員會」，也開始重視這個問題，並聘請中國大陸的語言文字學者魏建功擔任主任委員〔註 20〕，魏氏有感當時的「全國國語運動綱領」並不適用於臺灣，認為方言恢復的重要性高，魏氏也於 1946 年 5 月 21 日發表「臺灣省國語運動綱領」共六條，其綱領原文如下：

1. 實行臺語復原，從方音比較學習國語。
2. 注重國字讀音，由「孔子白」引渡到「國音」。
3. 刷清日語句法，以國音直接讀文，達成文章還原。
4. 研究詞類對照，充實語文內容，建設新生國語。
5. 利用注音符號，溝通各族意志，融貫中華文化。
6. 鼓勵學習心理，增進教學效能。〔註 21〕

〔註 17〕秦孝儀主編、張瑞成編輯，《中國現代史史料彙編（第三集）：抗戰時期收復臺灣之重要言論》，頁 318。原文摘錄自《臺灣民聲報》第 9、10 期合刊本，1945 年 10 月 7 日。
〔註 18〕吳文星，《日據時期臺灣社會領導階層之研究》，頁 357。
〔註 19〕張博宇，《臺灣地區國語運動史料》，頁 28。
〔註 20〕方師鐸，《五十年中國國語運動史》（臺北市：國語日報出版社，1969 年），頁 118。
〔註 21〕其中所謂的「孔子白」，乃出自於閩南語中白話音與文言音的差異，閩南語具

魏建功等人在臺推行國語，是以臺人的方言復原出發，提出以方言學習國語作為方法，成為國語運動在臺初期的重要原則。臺灣既然由日本殖民者手中回歸中國，成為中華民國的一個省份，推行國語運動自有地方特殊性，主要目標以杜絕日語、日文為主，所以臺灣當地的方言並未受到限制，當局甚至鼓勵臺灣人士藉由閩南語來學國語，成為臺灣國語運動史上方言與國語學習相輔相成的特殊階段。

　　由上述的「臺灣省國語運動綱領」中，「實行臺語復原，從方言比較學習國語」成為學習國語的重要綱領，臺語復原也為此階段國語運動的重要目標之一，甚至進一步提出恢復臺灣話的方言地位，當時任行政長官公署教育處國語推行委員會副主任委員的何容，也曾撰文闡明此義，認為推行國語不應消滅方言，因為方言和國語是由一種語言演變而成的不同支派，彼此的語法是大致相同，且有演變的系統可循，兩者是同系的語言且有關係，可用比較對照的方法來學習國語；何容也認為，臺灣社會不應該再繼續使用日語，而在恢復臺灣話應有的方言地位之前，也必須改變外省人和本省人對臺灣話的心理態度，主張將臺灣話和其他區域的方言同等看待。〔註22〕

　　由此可見，恢復臺灣話的方言地位成為推行國語不可或缺的工作，國語推行委員會主任委員魏建功，也在方言重要性與學習國語的討論中，提倡不少從臺灣話學習國語的原則，發表在當時《新生報・國語副刊》中，魏建功發現到臺灣人學國語，受到日本語音的影響，大都使用日本人學中國話的方法，且臺灣人使用方言能力不如日語，在公開交際場所不知不覺都用日本話。所以魏建功主張臺灣人需要在教育文化上精神復原，主張從臺灣話裡學習國語，就像中國其他外省各地人士自然從方言對照國語的方法，從方言尋

有一種漢字和兩種以上不同讀音的體系，白話音是閩南語生活用語的講話音，即是口語音；相反的文言音是過去為習讀古文經典所產生的語音，完全由字的字音而來，過去古文經典多為孔門之學，所以在廈門將文言音稱之為「孔子白」。參照許極燉，《台灣語概論》（臺北市：台灣語文研究發展基金會，1992 年），頁 130～131。參照魏建功著，葉笑春、戎文敏、周方、馬鎮與編輯，《魏建功文集（共五卷）肆》（中國南京市：江蘇教育出版社，2001 年），頁 317～318。原刊於《臺灣新生報・國語副刊》第 1 期，1946 年 5 月 21 日。

〔註22〕方師鐸，《五十年中國國語運動史》，頁 133～135。也參照「三十五年度臺灣國語教育施行概況」，參照張博宇編，《慶祝臺灣光復四十週年臺灣地區國語推行資料彙編（中）》（臺灣臺中：臺灣省政府教育廳，1987 年），頁 36～37。

求一條捷徑來學習國語。〔註23〕

　　由以上對臺灣國語學習環境的整理，魏氏認爲對本省同胞推行國語，基本上相異於教導外國人學習國語，而是以本國人自家學話的方法，藉由保存、使用方言來推行國語，更重要的意義在於恢復民族意識，建設學習心理。〔註24〕

　　除此之外，國語推行委員會爲實驗從方言學習國語，於 1946 年 10 月 1 日成立示範國語推行所，隔年 8 月研究工作結束，其後完成了不少方言與國語對照的相關著作，例如朱兆祥於 1946 年 10 月主編的《臺灣省適用注音符號十八課》等著作，該書也由國語推行委員會印單行本發行，成爲當時推行國語不可或缺的教材之一。〔註25〕

三、相關機構與組織運作

　　政府接收臺灣後，首要工作需安定人心，並透過教育作爲親民的基本途徑，並且發揚臺灣人民的民族意識，在精神上與祖國完全融合，其中語文既然爲民族融合的重要工具，所以普及國語自有其重要角色。薛人仰在〈臺灣教育之重建〉一文，提到重建臺灣教育之原則，認爲語文爲維持民族向心力之基本條件，亦爲一切政治之基本工具，日本殖民政府藉由推行日語來消滅臺人的民族意識，所以在臺灣光復後，應該給予臺人複習祖國語文之機會，所有的日語傳習所應全改爲國語傳習機關，各社會教育機關應協助國語之推行，至於公教人員部份，應該以身作則，形成有利的國語學習環境，並拒用日人編製的華語教材，以注音符號與方音符號編排教材學習國語，開本省以注音符號學習國語之先聲。〔註26〕

　　在法令條文上，根據 1945 年 3 月「臺灣接管計畫綱要」關於教育文化第

〔註23〕 魏建功著，葉笑春、戎文敏、周方、馬鎮興編輯，《魏建功文集（共五卷）肆》，頁 319～321。原刊於《臺灣新生報・國語副刊》第 2 期，1946 年 5 月 28 日。

〔註24〕 同上註。

〔註25〕 當時省國語推行委員會也編印了《國臺字音對照錄》（1947 年 9 月）、《臺灣方言符號》（1948 年 10 月）、《廈語方言符號傳習小冊》（1948 年 3 月）；也由朱兆祥主編臺語羅馬字，雖未印單行本，但供 1948 年發行的《國語日報》語文乙刊上使用。參照張博宇編，《臺灣地區國語運動史料》，頁 88。

〔註26〕 秦孝儀主編、張瑞成編輯，《中國現代史史料彙編（第三集）：抗戰時期收復臺灣之重要言論》，頁 301～304。原文刊於 1945 年 8 月 25 日的《臺灣重建協會成立大會特刊》。

44 條規定中提到，政府接管臺灣後，應確定國語普及計劃，並限期逐步實施。中小學的國語科為必修科，公教人員應首先使用國語。各地原設之日語講習所，應即改為國語講習所，並訓練國語師資。由「臺灣接管計畫綱要」中的規定可知，薛氏的建言與接管後國語政策不謀而合，可說是受「臺灣接管計畫綱要」之影響。其中要求公務員務必使用國語，影響臺人參與政治甚大，不少臺籍受日式教育的菁英，無法在戰後發揮長才，再加上行政長官公署用人政策不當與省籍歧視，成為二二八事件衝突的導火線之一。〔註27〕

再者，除了加緊設立國語的教學機構，相關組織與條文，也受到行政長官公署的重視。1946 年 4 月 2 日，行政長官公署公佈了「臺灣省國語推行委員會組織規程」，在行政長官公署教育處下成立「國語推行委員會」，將在臺的國語運動行政單純化。

在國語推行委員會的工作人員名單與執掌中，主要的分工如表 3-1-2 與表 3-1-3。

表 3-1-2：1946 年臺灣省國語推行委員會委員名單

職　　位	幹　　部　　名　　單
主任委員	魏建功
副主任委員	何容
常務委員	方師鐸、李劍南、齊鐵恨、孫培良、王玉川
委員	馬學良、黎錦熙、林紹賢、龔書熾、蕭家霖、徐敘賢、周辨明、張同光、朱兆祥、沈仲章、曾德培、葉桐、嚴學宭、吳守禮、王潔宇、王炬

資料來源：張博宇編，《慶祝臺灣光復四十週年臺灣地區國語推行資料彙編（上）》，頁 7～8。

表 3-1-3：國語推行委員會委員各組室主管人員姓名職掌一覽表

組　　室	組室主任	職　別	辦　　公　　事　　項
秘書室	林紹賢	秘書	文書、人事、紀錄。
調查組	王玉川	常委	國語方言之調查研究、國語推行方案計劃事項。
研究組	朱兆祥	組長	－

〔註27〕鄭梓，《戰後臺灣的接收與重建——臺灣現代史研究論集》（臺北市：新化圖書，1994 年），頁 177～227。

編輯審查組	孫培良	常委組長	國語書報、字典、教材教法之蒐集審查、編輯。
訓練宣傳組	齊鐵恨	常委組長	國語師資之訓練、語文教育之視導考核、宣傳。
總務組	張宣忱	組長	—

資料來源：參照張博宇編，《臺灣地區國語運動史料》，頁 30～31。

　　從國語推行委員會組織規程中，可以得知本省的方言調查研究的地位趨重要，也可從方言調查的重視來得知方言地位的恢復。1947 年 2 月，二二八事件爆發，不久後行政長官公署遭撤銷，臺灣省政府正式於是年 5 月 16 日成立，省政府承襲長官公署時代的體制，只將省府各處室名稱稍進行調整，例如將教育處改爲教育廳，原有的國語推行委員會直屬省政府，除了委員名單有異動之外，其組織編制、精神與前期大同小異，分組分掌各項事務，雖然如此，調查研究組的工作仍略有調整，其詳細條文如下：

調查研究組：
　　一、關於本省方言之調查研究整理事項；
　　二、關於山地同胞語文教學之設計事項；
　　三、關於國語臺語比較類推教學法及直接教學法之研究實驗事項；
　　四、關於國語臺語對照字彙詞典之編輯事項；
　　五、其他有關國語及方言問題之研究審議事項。〔註28〕

由臺灣省政府公佈的「臺灣省國語推行委員會組織規程」可知，行政長官公署時期重視由方言對照學習國語的原則，已經完全被官方接受與承襲，成爲當時學習國語的主流。

　　除了相關組織籌設之外，國語推行員數量的補充也十分重要，1946 年 3 月，省縣市的國語推行機構預估，必須要再補充 156 人，先前只派來 33 名國語推行員，分別是從廈門市政府教育局督學柯遜添所帶領。後來也從上海聘請齊鐵恨與陳士駿參加臺灣的國語推行工作，臺大語言學者吳守禮也受聘爲推行員。國語推行委員會還呈請教育部承辦的國語專修科學員，招募了國立西北師範學院 6 名、國立社會教育學院 5 名、國立女子師範學院 18 名學員來

〔註28〕根據 1948 年 11 月 6 日行政院修正備案，1949 年 10 月 26 日公佈臺灣省政府主席陳誠公佈的「臺灣省國語推行委員會組織規程」，參照張博宇編，《慶祝臺灣光復四十週年臺灣地區國語推行資料彙編（上）》，頁 8～9。也參照臺灣省政府秘書處法制室總纂，《臺灣省單行法規會編（第一編）》（臺北市：臺灣省政府秘書處發行，1953 年），頁 63。

臺服務，雖然後來邀約赴臺者約 80 餘名，但是多半未能說標準國語，未能熟悉注音符號，仍須加以訓練。〔註29〕

　　1945 年本省接收之後，臺灣省行政長官公署隨即在臺北舉辦「國民學校教員國語講習班」，培育國民學校國語教員，各縣市國語推行所也開班教授國民學校教員，教育處也招考國民學校國語教員，並在省訓團進行訓練，學習國語因而在教育界中蔚為風尚。〔註30〕

　　1946 年 10 月，魏建功主委到北平（今北京市）招考國語推行員，錄取者到省國語推行委員會和各縣市國語推行所服務；同年，各縣市也成立國語推行所。隔年撤銷，但國語推行員仍在各縣市工作，由省國語推行委員會管理，1948 年國語推行員才又改為隸屬於各縣市，由各縣市長指揮。〔註31〕

　　1946 年 10 月，臺灣省行政長官公署提出「中華民國三十六年度臺灣省行政長官公署工作計畫」，在教育領域中，也特別只提出加強國文國語教育的計劃，突顯出國語文教育的重要性。1947 年 4 月，行政長官公署重新完整提出該年的長官公署工作計畫，在其施政方針中，提出國語教育應從學校擴充到公務員辦公，要求全省公務員未通國語國文者，必須在辦公時間內學習國語國文二小時，期望一年之內，能有兩萬公務員能聽說國語，亦能閱讀與寫作國文；在「長官公署工作計畫」的行政部門與事業部門的教育計劃中，分別提出以充實地方圖書館國語文書報與國語輔導叢書，並製作國語留聲片與國語教育有聲影片，並加強國語廣播等作為施政計畫綱要。〔註32〕

　　至於行政長官公署的工作計畫、行政部門與事業部門的細部計劃項目，在國語推行中，除了師資等設備、教材外，方言與國語的對照學習也是教學重點，如表 3-1-4 至 3-1-6。

〔註29〕 張博宇編，《臺灣地區國語運動史料》，頁 38～39。
〔註30〕 張博宇編，《臺灣地區國語運動史料》，頁 64～65。
〔註31〕 張博宇編，《臺灣地區國語運動史料》，頁 34、39。
〔註32〕 臺灣省行政長官公署編製，《中華民國三十六年度臺灣省行政長官公署工作計劃》（臺北市：臺灣省行政長官公署，1947 年），頁 6、13、207。選自陳雲林總主編，中國第二歷史檔案館、海峽兩岸出版交流中心合編，《館藏民國台灣檔案匯編（第 147 冊）》（中國北京市：九州出版社，2007 年），頁 58、65、254。

表 3-1-4：中華民國三十六年度臺灣省行政長官公署工作計劃表加強國文國語教育部份

號次	17
計劃項目	加強國文國語教育
新辦或續辦	續辦
過去辦理概況或創辦緣起	本省受日本統治五十一年，強迫施行奴化教育迄今，除年老者外，一般壯年青年臺胞無論男女均諳熟日本語文，在通常交際上亦均使用日語日文。光復以來政府推行國語國文之激，勸加之台胞自動努力之學習，已有相當成效。
計劃限度或要點	1.加強推行國語機構。 2.充實國語教材。 3.編纂國語圖書。
實施方法	1.加強各縣市推行國語教育機構以利進行。 2.廣製國語留聲片。 3.設置國語有聲影片。 4.加強國民學校國語教學。 5.輔導師範學校國語國音課目。 6.編印國語書籍，分國語講習用書、推行國語參考用書、臺語國語比較學習用書、小學說話教本、國語小叢書等。 7.舉辦國語演講競賽及國文論文比賽等活動。
完成期限	分月辦理於本年底完成。

資料來源：臺灣省行政長官公署編製，《中華民國三十六年度臺灣省行政長官公署工作計劃》（臺北市：臺灣省行政長官公署，1946 年），頁 21。選自陳雲林總主編，中國第二歷史檔案館、海峽兩岸出版交流中心合編，《館藏民國台灣檔案匯編（第 147 冊）》（中國北京市：九州出版社，2007 年），頁 26。

表 3-1-5：中華民國三十六年度臺灣省行政長官公署工作計劃行政部門——教育類（節錄）

號次	5
計劃項目新辦或續辦	（一）推行國語加強國語廣播教育——新辦。 （二）加強各縣市推行國語機構——續辦。 （三）師範學校增設國音國語科目——新辦。 （四）加強國民學校國語教學輔導——新辦。
過去辦理概況或創辦緣起	用電化教育方式補救師資缺乏，並可推廣社會教育。 1.各縣市國語推行負調國語推行委員會訓練，及格後擬回縣市服務，受縣市指揮推行國語文工作。 2.派員赴北平選邀合格人員一百名分發各縣市任用。 師範學校為培養國民學校師資，其畢業生不但須用國語教學，但須有關於國語國音之知識；國民學校國語師資缺乏，短期內不能招致培養語音正確之國語教師，用分區輔導辦法，加強國語教學之效果。

計劃限度或要點	由教育處在臺北市設教育廣播電臺一所，通令各縣市各學校普遍裝置收音機；調訓各縣市國語推行員加強國語推行工作；於師範學校國文科目內添加國音國語講授時間；依縣市行政分區，每區設國語指導員一人，巡視區內各校指導正音，並爲解答有關國語之問題。
實施方法	由教育處專家設計決定；調訓推行員及格後在分發各縣市工作；擬定國語科目內容並編定教材綱目通令施行；派專人赴北平招致能標準語而有教學經驗者六十人，充任國民學校國語指導員。
完成期限	六月底以前。

資料來源：臺灣省行政長官公署編製，《中華民國三十六年度臺灣省行政長官公署工作計劃》（臺北市：臺灣省行政長官公署，1947年），頁91～92。選自陳雲林總主編，中國第二歷史檔案館、海峽兩岸出版交流中心合編，《館藏民國台灣檔案匯編（第147冊）》，頁140～141。
資料說明：臺灣省行政長官公署於1946年10月和1947年4月，都各自編製了《中華民國三十六年度臺灣省行政長官公署工作計劃》，雖然兩者的基本綱目相同，但1947年4月頒發的工作計劃中，補充了行政部門與事業部門各領域的施政計劃表。

表3-1-6：中華民國三十六年臺灣省行政長官公署工作計劃事業部門──教育類（節錄）

號次	5
計劃項目新辦或續辦	推行國語教育──新辦 一、籌設推行國語教育之設備 二、編印國語書籍
過去辦理概況或創辦緣起	一、籌設推行國語教育之設備方面 （1）以國語留聲機片爲國音標準示範。 （2）本省注音印刷甚爲急需，現只有向教育部借用之，銅模兩副將借用，教育部者送還擬增製兩副。 （3）推行識字教育，須用方言國音對照辦法，有方音符號使便於印製。 （4）因需要印刷大量注音讀物，需用注音國字印。 二、編印國語書籍方面 （1）過去各縣市舉辦國民學校教員國語講習，多由任課者自編講義，本年擬編國語講習用書，以爲此講習及國語教員專業訓練之用。 （2）過去已編成《國音標準彙編》一書，本年擬編印國語教員及國語推行員必要參考用書。 （3）本省漢文系統之方言有閩南、客家兩種，但本省人多有不知臺語與國語之關係者，實爲學習國語之一大障礙（礙），未便于比較學習，應設法解決。 （4）本省兒童多有只知日語而不會本省方言者，故初學國語須有適當教材。 （5）本省方言與標準語差別甚大，教學國語所發生之問題亦多，國語上之各種問題應有詳細之解釋。
全計劃限度或要點	一、籌設推行國語教育之設備方面 灌製國語留聲片、攝製國語教學有聲影片、添置注音國字銅模、製造方音符號銅模、設置注音國字排字房。

	二、編印國語書籍方面 　　國語講習用書、國語參考用書、臺語國語比較學習用書、小學說話教本、 　　編印國小叢書。
本年度完成限度或要點	一、籌設推行國語教育之設備方面 　　(1) 注重注音符號發音及簡單語句之說法。 　　(2) 注重注音符號發音口形及國音國語教學程序。 　　(3) 製五號及四號銅模各一副；製造四號銅模一副配注字音。 　　(4) 以能自行排版並打紙型為目的，並代商家鑄造注音鉛字。 二、本年編輯的領域 　　注音符號、國音練習、國語會話、國語文法、國語教學法、國語誦讀文選、 　　國語推行手冊、小學教員國語手冊、國語參考書使用法、注音符號註音國 　　語、國語補習課本、本省適用注音符號十八課、臺國適用詞彙、臺國對照 　　初彙、臺國比較會話。擬先用注音符號編為簡單語句，使學生認識注音符 　　號之音，並能說簡單語句，再視實際需要繼續編印；每一問題編印一冊， 　　用淺近文字詳細解釋。
實施方法	一、籌設推行國語教育之設備方面 　　(1) 由國語推行委員會編成教材，委託內地灌音公司，灌製由各縣市自行 　　　　購置。 　　(2) 編成腳本，委託宣傳委員會電影攝影場攝製。 　　(3) 委託本地或上海商家製造。 　　(4) 購製鑄字爐及紙型機，設在國語推行委員會或由該會與臺灣書店合 　　　　辦。 二、編印國語書籍方面 　　分期編印；本年暫編初級小學用四冊；每月編印國語小叢書一冊，本年編 　　印十二冊。
完成期限	本年底完成。

資料來源：臺灣省行政長官公署編製，《中華民國三十六年度臺灣省行政長官公署工作計劃》
　　　　　（臺北市：臺灣省行政長官公署，1947 年），頁 226～229。選自陳雲林總主編，
　　　　　中國第二歷史檔案館、海峽兩岸出版交流中心合編，《館藏民國台灣檔案匯編（第
　　　　　147 冊）》，頁 273～276。

　　1947 年 2 月，二二八事變爆發，行政長官陳儀遭撤換，5 月，臺灣省政
府成立，由魏道明任首任省主席，撤廢原有的行政長官公署編制，省教育處
改為教育廳，省國語推行委員會組織規程也重新修訂。〔註 33〕是年 12 月，
教育部命令臺灣大學文學院中設立「國語專修科」，隔年 4 月正式成立，由省
國語推行委員會主委兼任科主任，但由於臺大無公費編制，諸多不便，隔年
8 月轉由臺灣省立師範學院接手，並由臺灣省教育廳撥給公費，第一屆畢業
生於 1950 年元月底畢業，提供了不少國語推行的人才，1952 年 1 月第二屆
國語專科生畢業並不再續辦，這兩屆專科生畢業後多半從事國語文的相關工

〔註 33〕張博宇編，《臺灣地區國語運動史料》，頁 33。

作，例如擔任中學國文教師、從事相關研究或到新成立的《國語日報》社工作。〔註34〕

　　1948 年 2 月，臺灣省國語推行委員會擬定「臺灣省各縣市國語推行委員會組織規程」，受到省府核准施行，各縣市紛紛成立國語推行委員會，經費由各縣市教育經費項下籌撥。〔註35〕是年暑假，省國語推行委員會邀請北平市立師範學校畢業生，赴臺北女師附小、國語實驗小學，以「直接說話法」與「綜合法注音符號教學法」等實驗教學法來教授，當初北平師範畢業生為配合政府的注音符號推廣政策，才於 1947 年初開始學注音符號，赴臺後也是現學現教，有些畢業生有心赴臺成為小學教員，因而學習認真，日後也成為臺灣地區國語推行之師資。〔註36〕

第二節　政府遷臺後的國語運動──學校教育方面

　　1949 年中央政府播遷來臺，臺灣遂成為反共的最後堡壘，此時的國語運動於是揭露出新的面貌，包括推廣注音符號與《國語日報》，並在校內推行全面說國語運動，方言受到很大的壓抑與歧視。

一、相關政策的推行

（一）組織的沿革

　　政府遷臺後，原屬於教育部的國語推行委員會一直未恢復，所以國語推行工作由臺灣省國語推行委員會來主導，1959 年正值省政府精簡人事財政支出，將省國語推行委員會裁併入省教育廳，更名為「臺灣省政府教育廳國語推行委員會」（以下簡稱省國語會），但基本的工作內容大致維持原樣，辦公地點也轉移至臺中縣霧峰鄉，以致於不少相關人員不願前往。〔註37〕

　　在各縣市推行國語工作方面，原本各縣市的國語推行委員會，自 1948 年成立以來，雖然辦理不少推行國語的工作，但是自從 1959 年省國語會歸併至

〔註34〕張博宇編，《臺灣地區國語運動史料》，頁 41～42。
〔註35〕張博宇編，《臺灣地區國語運動史料》，頁 144。張博宇編，《慶祝臺灣光復四十週年臺灣地區推行資料彙編（上）》，頁 44～45。
〔註36〕張博宇編，《臺灣地區國語運動史料》，頁 39～40。
〔註37〕夏金英，〈臺灣光復後之國語運動（1945～1987）〉（臺北市：國立臺灣師範大學歷史研究所碩士論文，1994 年），頁 53～56。

省教育廳時，各縣市的國語推行委員會也併入地方教育科局，雖然明定相關單位繼續辦理，但行政層級已大不如前。1963 年 8 月，臺灣省政府有鑑於地方國語推行工作之重要，討論是否恢復花蓮、桃園、嘉義、雲林、臺南等五縣的國語會，最後決議以不增加預算與人員的原則下，各縣市可自行辦理國語推行委員會。〔註 38〕

1970 年 11 月，教育部將中華文化復興運動推行委員會，奉總統批准的「加強推行國語辦法」，分別函請中央與省市有關機關實施，其中提到將立即恢復「教育部國語推行委員會」（以下簡稱教育部國語會），以積極督導各級國語推行委員會的工作，可見中央政府已有心恢復教育部國語會，國語運動也成為中華文化復興運動的一環。〔註 39〕

1972 年第一屆國民大會第五次會議中，國大代表于斌、札奇斯欽等 495 人提請政府制定「國語推行法」，也建議恢復教育部國語會組織，以統籌督導全國國語推行事宜。〔註 40〕1973 年元月，行政院核定「國語推行辦法」，由教育部公佈實行，並將省縣市國語推行委員會一律更名為「推行指導委員會」，並在「省推行指導委員會中」，設置工作小組支援學術研究及重要政策研議，雖然如此，但「指導委員會」隸屬省教育廳第五科民教股，行政層級又被降低，編製規程更加簡化，也無專責辦事人員，所以指導委員會兼任副主任委員何容曾要求教育廳長林清江，要求恢復實質編製且獨立經費的「臺灣省國語推行委員會」。〔註 41〕

1979 年 3 月，「教育部國語文教育促進委員會」成立，國語的推行重新以中央政府編製的層級來辦理，同樣也以加強國語文教育與宣導為目標，並由教育部政務次長施啓揚兼任主任委員。1981 年 2 月，教育部國語推行委員會重新恢復，承襲 1945 年大陸時期國語推行委員會的組織條例與編制，主任委員由當時國語日報董事長何容擔任，在加強各界國語文教育的討論中，

〔註 38〕 張博宇編，《慶祝臺灣光復四十週年臺灣地區推行資料彙編（上）》，頁 58～59。

〔註 39〕 臺灣省政府新聞處編印，《臺灣光復三十年：文化建設篇》（臺灣臺中：臺灣省政府新聞處，1975 年），頁 174。

〔註 40〕 參照〈本部聲明語文法尚在審慎研究中〉，《教育部公報》第 132 期（1985.12），頁 20。

〔註 41〕 行政院研究發展考核委員會編印，《國語推行政策及措施之檢討》（臺北市：行政院研究發展考核委員會，1982 年），頁 21～22。張博宇編，《慶祝臺灣光復四十週年臺灣地區推行資料彙編（上）》，頁 24～26。

決定強化「國語政策」之宣導，堅定民族歷史文化根本，以輔導各級教育行政機關加強推行國語文教育，也負責協調相關單位的廣播電視的播音語言。〔註42〕

由相關的推行組織變革中，可以發現國語推行單位在省縣行政層級與編制都每況愈下，而中央層級的「教育部國語推行委員會」卻在 1980 年代恢復，網羅國語推行的精英份子，在國語運動逐漸式微的年代中繼續堅持，在相關單位、組織的演變過程中，也可以見證到國語運動發展的興衰，包括在中央與地方政府的重視程度。

（二）注音符號教學的實施與討論

自 1946 年以來，省教育處國語會常委王玉川，負責指導省國語推行委員會附設國語實驗小學（今臺北市國語實驗國民小學），並於 1950、1951 年間，以本省籍一年級完全不懂國語的兒童爲對象，先以教說話及注音符號三個月，發現到第 12 週後即能聽說國語，也發現在國民學校一年級學習過注音符號的學生，在識字能力上比未學者高出 15%，默讀成績高出 28%，可見注音符號教學法之成功。1953 年省教育廳通令全省國校，要求國校一年級上學期先教 12 週的說話與注音符號，因此注音符號成爲國校一年級國語的必修課程，學童也開始透過注音拼音來學習說國語。〔註43〕

1953 年 10 月，張廣全、靈小光在高雄舉辦說話及注音符號講習，並採用新教材教學，隔年度各縣市分別舉辦講習與觀摩會。〔註44〕1960 年 6 月，省教育廳國語推行委員會舉行師範學校國語教師教學研討會，分別在屏師、中師、北師舉行教學觀摩會；並於是年 12 月假臺中師範學校，舉辦國語教學綜合研討會，由教育廳長劉眞主持，副主委何容和組長張廣權出席指導，各地國語教師與主任紛紛與會，決議出注音符號與發音學、國語正音、破音字用法、說話與注音符號教學法等原則。〔註45〕

由以上幾點的教學原則中的討論可知，上至教育廳長，下至國校教師，注音符號教學已經是國語教育的共識。除此之外，中央的教育部也重視注音

〔註42〕 張博宇編，《慶祝臺灣光復四十週年臺灣地區國語推行資料彙編（下）》，頁 836～845。
〔註43〕 祁致賢，《國語教育》（臺北市：國語日報出版部，1973 年），頁 31。
〔註44〕 張博宇編，《臺灣地區國語運動史料》，頁 70。
〔註45〕 張博宇編，《臺灣地區國語運動史料》，頁 68。

符號教育，1973 年元月，教育部公佈「國語推行辦法」，要求地方教育機關需設國語指導員；師範院校應加入國語科，以培訓國語師資；各區應定期舉辦國語演講比賽與注音識字運動之各種比賽，國小一年級新生應先教注音符號；兒童的課本與讀物，都需加上注音符號；各機關、公共場所與大眾傳播媒體應視情況加入注音符號，由此可見，中央政府也明文呼應注音符號與國語推行的重要性，注音符號遂被認為是推行國語不可或缺的工具。〔註46〕

（三）《國語日報》的發行

《國語日報》在臺發行的構想，最早源於 1948 年教育部長朱家驊、次長田培林來臺視查，見到臺灣地區國語運動之成功，應許臺灣省國語推行委員會主任委員的要求，同意在臺辦一個注音日報。教育部於是先在臺設立「教育部國語推行委員會閩台辦事處」，並以其名義開辦《國語日報》，教育部並訓令臺灣省國語推行委員會專任委員何容，負責發行推行國語之報刊，將北平開辦的《國語小報》移臺，改編成《國語日報》。

北平的《國語小報》內容以白話、充實、簡要、注音、附加頁碼為原則，且有五種副刊，可視為是《國語日報》之前身。1948 年 10 月《國語小報》兩部印刷機押運來臺後，是年 10 月 25 日《國語日報》正式於臺北創刊，當時社長為魏建功，副社長為王壽康，梁容若為總編輯。〔註47〕

1948 年 12 月，省新聞處長林紫貴認為《國語日報》是全省唯一「看得懂，買得起，用得著的報紙」，以站在國語文教育立場轉請教育廳要求各級學校廣為訂閱，可見《國語日報》對當時國語教育所扮演的角色。〔註48〕

1949 年，中國大陸國語運動重要領導人吳稚暉來臺，指示該報以社會事業來辦理，是年 3 月該報成立董事會，由本省籍的國語會副主任委員洪炎秋擔任《國語日報》社社長。《國語日報》社在洪炎秋主持下，最初發行量只有500 多份，到了 1953 年已發行超過 11,000 份，全省各縣市的分銷處也高達 85處。雖然辦報成績斐然，但經費始終拮据。於是報社在 1955 年 2 月改組成「國語日報股份有限公司」，擁有了法人名義，洪炎秋社長也決定以「財團法人國

〔註46〕張博宇編，《臺灣地區國語運動史料》，頁 36～37。
〔註47〕張博宇編，《臺灣地區國語運動史料》，頁 92～93。也參照方師鐸，《五十年中國國語運動史》，頁 161～171。
〔註48〕張博宇編，《慶祝臺灣光復四十週年臺灣地區國語推行資料彙編（上）》，頁525。

語日報社」爲名，繼續辦理各種業務，包括設立出版部，編印兒童注音讀物，提供了學生與老師學習國語的注音刊物。〔註 49〕

在國語運動發展史中，《國語日報》一直扮演著重要角色，國語運動推行要員何容認爲，《國語日報》對國語運動的貢獻主要在於，突破了印刷書刊與傳布的問題，普及了語文教育，提高國民運用本國與文字的能力，突破編印刊物，運費、印刷開銷種種困難，普遍流行到各校，省國語會也利用《國語日報》的印刷設備和發行網絡，解決了國語書刊印刷和傳布的問題。〔註 50〕

省教育廳在推廣國語運動時，曾一度要求各國校班級禁止向學生徵收《國語日報》的費用，該報遂幾近成爲免費的國語報刊，在發行普及率上一直居高不下，當 1980 年代本土化運動逐漸興起時，該報的發行量仍不受影響，1987 年時的發行總計已高達 25 萬份，可見《國語日報》已成爲學習國語文不可或缺的報刊。〔註 51〕

二、國語運動與壓抑方言

戰後初期，不論是行政長官公署與省政府，在推行國語上都是以消滅日語日文爲主要目標，方言得以恢復使用，甚至藉由方言恢復來學習國語。各級學校授課雖然規定是以國語爲主，但是師生多半仍不熟悉國語讀音，日語又被禁止，教學用語只好使用本省方言，所以當時國語運動中並不見壓抑方言等記載。〔註 52〕政府遷臺後，對國語的要求漸趨嚴格，國語運動的目標也出現變化，從省教育廳要求各校使用國語的電令得知，國語運動不僅繼續打擊日文日語，也開始朝向打擊方言的使用上，進入新的階段。〔註 53〕

〔註 49〕唐淑芬，〈洪炎秋的生平和事功研究〉（臺灣臺中：國立中興大學歷史學系碩士班碩士論文，1997 年），頁 127～133。張博宇編，《慶祝臺灣光復四十週年臺灣地區國語推行資料彙編（中）》，頁 257。

〔註 50〕方師鐸，《五十年中國國語運動史》，頁 173。

〔註 51〕張博宇編，《慶祝臺灣光復四十週年臺灣地區國語推行資料彙編（上）》，頁 527。夏金英，〈臺灣光復後之國語運動（1945～1987）〉（臺北市：國立臺灣師範大學歷史研究所碩士論文，1994 年），頁 127。

〔註 52〕許雪姬，〈台灣光復初期的語文問題〉，《思與言》第 29 卷第 4 期（1991.12），頁 164。

〔註 53〕政府遷臺以後，臺灣省政府仍制定不少限制日文的辦法，例如 1950 年 4 月 21 日公佈的「臺灣省日文書刊及日語電影片管制辦法」；1951 年 4 月制定「臺灣省日文書刊審查會組織規程」；1951 年 8 月 23 日又重新制定「臺灣省日文書

（一）國民學校（國民小學）部份

1951 年 2 月，臺灣省教育廳以各縣市國民學校在集會時，多半使用方言而產生隔閡為由，電令各級學校凡舉行各種集會口頭報告，必須使用國語，這也是教育廳官方正式排擠方言之始。〔註54〕1952 年 11 月，臺灣省教育廳訂定「臺灣省國民學校加強國語教育辦法」與「臺灣省師範學校輔導國民學校加強國語教育辦法」，開始對要求國民學校教員在校期間一律使用國語，尤其校長應以身作則，也開始要求教員在國語讀音上的標準化，要求發音不精準的教員多閱讀注音書報與收聽國語講座廣播節目，學校內也應該多舉辦國語文教育活動，學校內的佈告、標語等標有國字之設備，均應標上注音符號，辦公室、教室、走廊等處，應張貼有關國語之圖畫或標語。〔註55〕

在國民學校（小學）推行國語的過程中，最令後人詬病的問題，就是學校以嚴厲的懲罰方式來禁止方言，傷害不少學童對語文的學習自尊心，埋下日後省籍意識下語言衝突的種子。

1963 年 7 月，省教育廳為加強推行國語，要求各縣市中小學應組織國語推行委員會，其工作主要為籌畫、推行、糾察、考核與獎懲等相關國語推行之工作〔註56〕，成為校內處罰說方言學生的法源根據，各校校長、主任與教師，也面對督學督導等辦學壓力，在響應當局的國語運動下，就自然容易對使用方言的學生採取嚴厲處罰手段，例如罰錢（說一次約罰五角到一元）、掛狗牌、罰站等措施，也有些老師以同學之間彼此舉發的「榮星」制度，只要說方言者則減星來降級，全使用國語者則加星升級，透過同學之間彼此舉發與競爭，給不善使用國語的學童在心理上激烈打擊，這些都是後人對國語運動印象觀感不佳之處。〔註57〕

刊管理辦法」，各種日文書刊都不得私運進口與擅自銷售，都必須經過省政府審核才能購入。參照臺灣省政府秘書處編輯發行，《臺灣省政府公報夏字 62期》（臺北市：臺灣省政府秘書處，1950 年），頁 922。《臺灣省政府公報夏字第 3 期》（臺北市：臺灣省政府秘書處，1951 年），頁 34～35。《臺灣省政府公報秋字第 47 期》（臺北市：臺灣省政府秘書處，1951 年），頁 572。

〔註54〕 臺灣省政府秘書處編輯發行，《臺灣省政府公報春字 29 期》（臺北市：臺灣省政府秘書處，1951 年），頁 468。

〔註55〕 張博宇編，《慶祝臺灣光復四十週年臺灣地區國語推行資料彙編（上）》，頁366～367。

〔註56〕 張博宇編，《慶祝臺灣光復四十週年臺灣地區國語推行資料彙編（上）》，頁216。

〔註57〕 陳伯璋，〈國民教育的「迷思」──談延長十二年國民教育的「合理性」與

　　除此之外，學校內的佈告、標語除了當時反共國策的內容之外，處處都可見到「我要說國語，不說方言」、「模範國民說標準國語」、「說國語是愛國的表現」等標語，若說方言則會被形容成沒受過教育，學校內也由同學充當糾察隊，糾舉說方言的同學，校方也將說方言的同學打成是「壞學生」，形成獨尊國語的學習環境，造成學童對說方言產生羞恥與罪惡感。〔註58〕

　　一般認為，國語運動以打擊方言為號召，但事實上，國語運動可並不完全打擊各種方言，在面對省籍上仍有明顯差別待遇，所以禁絕的對象無非是閩南語、客家語和原住民各族語言。例如當局正全力推動國語運動，要求人民去除方言的同時，教育部長黃季陸本身卻仍帶有濃厚的四川鄉音，說著一口外省方音來推動國語運動，對本省人而言格外諷刺，當黃部長赴某一國校視察時，該校學童也根本聽不懂部長的一口四川話，也率真地一口咬定部長所說的不是國語，當局這樣言行不一的行徑，在國語運動的一貫邏輯中自相矛盾，完全無法自圓其說。〔註59〕

　　曾在國語運動推行最激烈時求學的管仁健回憶，當時班級中有幾位眷村同學，下課時習慣用四川話交談，有同學向老師告狀，但老師卻認為四川話不算方言，不需接受處罰，可見臺灣本省的方言，是受到如此不公平的對待。國語運動以壓抑方言作為號召，卻對本省和外省方言兩者進行雙重標準的對待，這種語言上的差別待遇，加深臺人語言的自卑感，使日後黨外運動人士堅持批判國語政策，促成母語運動興起的背景。〔註60〕

　　國語運動是在威權體制下執行，帶有濃厚的民族意識色彩，對臺灣本土的方言極大衝擊，在推行的過程中，整個教育體制成為塑造國語正統性地位的機器，在小學的國語教育中，透過國語演講比賽、國語文競賽與書法比賽

　　　　「合法性」〉，《台灣春秋》第 11 期（1989.11），頁 222。壁光，〈推行國語
　　　　應求切實做到〉，《中國語文》第 33 卷第 3 期（1973.9），頁 19。胡鍊輝，〈推
　　　　行說國語的一項好辦法〉，《中國語文》第 27 卷第 2 期（1970.8），頁 19～
　　　　21。
〔註58〕根據 1963 年教育廳頒布的「中小學加強推行國語注意事項」中，在獎懲方
　　　　面，學生平日使用國語的情形，列為學生操行成績之參考，所以常使用方言
　　　　會被定義成是「壞學生」，並不是不可能，參照張博宇編。《慶祝臺灣光復四
　　　　十週年臺灣地區國語推行資料彙編（上)》，頁 218。洪惟仁，〈台語文化的命
　　　　運與前途〉，《台灣春秋》第 14 期（1989.12），頁 321。
〔註59〕洪炎秋，《語言雜談》（臺北市：國語日報出版部，1978 年），頁 169。
〔註60〕管仁健，〈台灣的霸權國語與悲情方言〉，選自 http://mypaper.pchome.com.tw/
　　　　news/kuan0416/3/1281895814/20051231154803/（2008/10/12）。

中，都使得受官方文化薰陶下的外省子弟較容易獲得優勢，結果也造就了「使用國語」為躋身上層社會的標準之一，可見不平等的語言政策造成外省本省之間的鴻溝、對立乃至歧視，也就此種下了日後省籍對立的惡果。〔註61〕

照片 3-1-1

照片來源：http://mypaper.pchome.com.tw/news/kuan0416/
3/1281895814/20051231154803/（2008/10/12）

　　除了省籍鴻溝之外，全省各縣市小學的國語文能力，也隨著城鄉落差而呈現程度不一的狀態。根據 1975 年各縣市政府對國小舉辦的國語文能力競賽中，國語文成績最低的幾個縣市，正巧都是遠離都會的偏遠地區，例如澎湖、屏東、雲林、彰化、南投、基隆、宜蘭、花蓮、臺東等縣，這些地區包

〔註61〕國語演說比賽自 1946 年就已經開始，1965 年擴大舉辦成國語文競賽，包含演說、朗讀、作文、注音與書法比賽等項目，後來增設閱讀，本省籍學生在演說、朗讀與注音上自然趨於劣勢，參照張博宇編，《慶祝臺灣光復四十週年臺灣地區國語推行資料彙編（上）》，頁 3～199。解嚴後許多刊物紛紛報導語言政策上的問題，例如田欣，〈「外省人」的運動省思〉，《新潮流》第 7 期（1994.1），頁 24。也參照趙敏，〈「外省人運動」補述——回應田欣「外省人運動省思」〉，第 9 期（1994.3），頁 21。

括傳統農業鄉鎮、山地原住民部落與離島地區，反映出國語文教育資源城鄉分布不均的問題，成為國語運動難以突破的死角。各縣市國小的測驗成績如表 3-2-1 所列：〔註62〕

表 3-2-1：臺灣省各縣市政府六十四學年度（1975 年）國民小學國語文能力測驗成績一覽表

縣市別	測驗班數	平均成績	縣市別	測驗班數	平均成績
臺南市	7*	93.46	高雄縣	46	71.93
苗栗縣	18	80.99	宜蘭縣	12	68.94
新竹縣	14	78.89	澎湖縣	6	68.70
臺南縣	15	77.38	屏東縣	34	68.29
高雄市	51	76.60	雲林縣	20	66.51
桃園縣	12	76.30	基隆市	7	66.34
臺中市	8	75.90	彰化縣	32	65.91
臺中縣	21	74.36	臺東縣	15	64.24
嘉義縣	20	72.43	花蓮縣	11	60.61
臺北縣	29	71.97	南投縣	67	57.15

*測驗班數未達規定。
資料來源：參照張博宇編，《慶祝臺灣光復四十週年臺灣地區國語推行資料彙編（中）》，頁703。國小每一鄉鎮區最低測驗一校，其中臺南市的測驗班數未達規定。臺北市已於 1967 年 7 月 1 日改制為直轄市，故本表不包含臺北市成績。

　　國語文能力在地區上已有明顯落差，在不同家庭也會在家長職業、階層與階級上而出現差異，1982 年時，行政院研究發展考核委員會曾經以國小五年級學生為對象，以問卷方式徵詢其平時說國語的情形，也將學生的性別、家長職業與教育程度來加以分類，進行統計、分析與研究。在家長職業的指標中，軍公教家庭子弟與家人交談使用國語的比率最高，而工農家庭則是最低，反映了學生說國語的普及率與家長職業、階層與階級高低密不可分；在家長教育程度的指標中，學歷越高則其子弟在家使用國語的機會也相對較高，反映了高學歷、高知識份子的家庭中，國語是家庭中的通用語言，由此

〔註62〕張博宇編，《慶祝臺灣光復四十週年臺灣地區國語推行資料彙編（中）》，頁699～703。

以上家長職業與教育程度兩大指標統計可見，軍公教家庭子弟與高學歷的知識份子佔有國語程度上的優勢，「使用國語」或「使用方言」也就充滿著濃厚的階級性差異。〔註63〕

表 3-2-2：1982 年行政院研考會對國小五年級學童「學生與家人交談使用國語的情形」的問卷調查結果（節錄）

類　　別		經　常	時　常	有　時	很　少	從　不	人　數
性別	男	11.76	16.67	40.20	24.51	6.86	102
	女	14.58	16.67	47.92	19.79	1.04	96
家長職業	軍	60.00	0.0	40.00	0.0	0.0	5
	公	35.29	8.82	38.24	14.71	2.94	34
	教	17.65	29.41	47.06	5.88	0.0	17
	農	0.0	26.09	43.48	30.43	0..0	23
	工	0.0	14.29	50.00	28.57	7.14	28
	商	8.33	11.11	45.83	30.56	4.17	72
	自由業	0.0	28.57	71.43	0.0	0.0	7
	家管	0.0	25.00	50.00	0.0	25.00	4
	其他	25.00	50.00	0.0	12.50	12.50	8
家長教育程度	不識字	0.0	0.0	20.00	40.00	40.00	5
	小學程度	6.76	18.92	40.54	31.08	2.70	74
	初中（職）程度	9.76	14.63	51.22	21.95	2.44	41
	高中（職）程度	17.39	10.87	50.00	17.39	4.35	46
	專科程度	22.22	27.78	38.89	5.56	5.56	18
	大學以上程度	35.71	21.43	35.71	7.14	0.0	14
合　　　計		13.13	16.67	43.94	22.22	4.04	198

單位：%
資料來源：行政院研究發展考核委員會編印，《國語推行政策及措施之檢討》（臺北市：行政院研究發展考核委員會，1982 年），頁 125。

〔註63〕行政院研究發展考核委員會編印，《國語推行政策及措施之檢討》，頁 43、125。

（二）中等學校部份

1950 年 5 月，臺灣省教育廳頒布「本省非常時期教育綱領實施辦法」，要求各級學校應加強推行事項中，提到了加強推行國語運動，並要求各校對於國旗之升降、國歌播唱與國父遺像之懸掛，都必須適時適地隆重舉行，可見國語運動的實施與號召民族精神關係密切。〔註 64〕

除了國民學校之外，1956 年省教育廳為重視中等學校的國語教育，有鑒於當時國民學校學生升上初中後，在公車上與公共場所中仍大都使用方言交談，只有外省籍學生使用國語，這種現象不利推行國語，面對於此現象，省教育廳以「各級教育不能配合，影響社會風氣至深」為由，儘速令達各中等學校規導改正，要求學生在校與在外公共場所談話，應講國語而避免使用方言，以符政府提倡國語之旨意。〔註 65〕

1968 年開始進行九年國民教育，國中的國文教材也增列復興中華文化相關教材，1971 年教育部修訂的「高級中學課程標準」中，提出加強民族精神教育，增加我國固有文化教材，來提倡民族文化與精神，民族文化的復興也成為國語運動不可忽略的背景。〔註 66〕

（三）師範學校與教師的要求部分

教學過程中必須身教重於言教，故教師多被要求須以身作則。師範學校為培養教師，使師範生未來身為教師能作為學生表率，因此師範學校對於師範生使用國語的要求自然十分嚴屬，甚至也以規訓、懲罰方式來杜絕方言。根據 1963 年臺灣省立臺南師範學校訂立的「加強師範生國語文訓練辦法」、「推行國語運動方案」與「推行國語考核獎懲辦法」中，明文禁止該校學生使用日語與各種方言，且語言務必接近標準國語，並要求全校師生在學校、家庭與校外社區都全力使用國語或推廣國語，更以嚴屬懲罰的方式，對使用日語日文者，予以記過處分，使用閩南語或其他方言者，第一、二次先勸導，第三次以上警告並申誡輔導改進；為了紀錄學生使用方言次數，製定「請說國語」的紅布條簽條，由訓導處交導師轉發各班糾察股長保管，糾察股長

〔註 64〕 臺灣省政府秘書處編輯發行，《臺灣省政府公報夏字 51 期》（臺北市：臺灣省政府秘書處，1950 年），頁 772～773。

〔註 65〕 臺灣省政府秘書處編輯發行，《臺灣省政府公報夏字 51 期》（臺北市：臺灣省政府秘書處，1956 年），頁 628。

〔註 66〕 臺灣省政府新聞處編印，《臺灣光復三十年：文化建設篇》，頁 54～55。

若發現有同學使用方言，則應將紅布條請該學生佩帶，發現第二人時則轉由該同學佩帶，佩帶者都登記於紀錄表中；若教職員發現學生使用日語、閩南語等方言時，則將學生姓名學號抄錄交訓導處辦理，若有學生從不使用日語或方言者，則由校方頒獎表揚。〔註67〕

由以上對師範生方言使用的規訓與懲罰中，不難了解國語運動在師範學校內的操作，相較國民學校（國小）內壓抑方言的精神不遠，當局必先對師範生進行消滅方言的工作，才能使師範生未來爲人師表後能以身作則，方能使國語運動在國民學校（後改稱國民小學）內順利進行。

除了上述師範生的國語程度要求之外，1965 年 5 月省教育廳國語會對中部四縣市（臺中縣市、彰化縣、南投縣）國語教師進行國語能力抽樣調查，評審以國語中的四聲、輕聲、變調、板書、詞藻、基本發音、兒化、助詞、儀態、語調作爲評比標準，測驗結果發現，成績爲甲等比率約佔 5.71%，乙等約佔 30.74%，丙等約佔 51.82%，丁等約佔 11.72%，如此成績距離國語會所設定的目標仍有一段距離，國校教師作爲學習國語的楷模，理當以身作則，國語的標準要求甚嚴，也是國語運動發展的必經途徑。〔註68〕

國民中小學內教師若使用方言，也會受到批評或懲罰。1972 年正逢教育部公佈實行「國語推行辦法」之時，宜蘭縣多山鄉廣興國小也順應時勢，校長爲推行國語而約法三章，若校長說方言罰款 20 元，教師說方言罰款 10 元，學生說方言扣操行分數，這樣大刀闊斧地從校長自身與教職員下手禁絕方言的鐵腕政策，受到《中國時報》與《中國語文》月刊的報導與肯定。〔註69〕

在以獎懲推行國語的辦法中，推廣國語不遺餘力的《中國語文》月刊，也在 1973 年時也曾指出國民學校國語推行不力，當省督學蒞校視察時，建議校方加倍罰款，對教職員與學生建立更嚴格的罰則，抵制師生滿口方言的現象。〔註70〕是年，《中國語文》月刊也以〈老師先說國語〉爲題，猛烈批

〔註67〕　張博宇編，《慶祝臺灣光復四十週年臺灣地區國語推行資料彙編（下）》，頁347～351。

〔註68〕　張博宇編，《臺灣地區國語運動史料》，頁 70～71。

〔註69〕　《中國時報》於 1972 年 4 月 13 日報導這則新聞，標題爲〈請大家說國語——廣興國小約法三章，校長教師如說方言，罰款充作獎助學金〉。參照黃守誠，〈方言傳播——傷害國家、民族及文化的大敵〉，《中國語文》第 30 卷第 6 期（1972.6），頁 18～19。

〔註70〕　壁光，〈推行國語應求切實做到〉，《中國語文》第 33 卷第 3 期（1973.9），頁19。

評學校內教師使用方言的習慣，試圖導正中小學校的教師平日說方言的風氣。〔註71〕

由以上論述可知，不少教師平日仍以說方言為主，國語運動也無法滲透到教育體系中的每一個角落，但學校教師既然為人師表，在校內種種言行應為學生榜樣，再加上督學、校長、主任與教師自身辦學與升遷壓力，教師們也紛紛自行糾正方言習慣，以呼應當局國語運動的號召，也因此容易加重學校內推行國語的嚴厲程度，更是增加了國語運動的負面印象。

根據1982年行政院研考會的問卷調查與統計，針對教師平日交談使用國語的情形，從校長、主任、組長與一般教師中，平日交談完全使用國語者，僅佔7%到16%左右，但約70%以上的教師，平日「大部分」使用國語，只有約10%到17%的教師國語與方言各半，由此也可知，教師使用國語的機率也較一般民眾高，可見教師階層中推行國語的工作已見成效。〔註72〕

表3-2-3：1982年行政院研考會對國中、小、高中與大專教師「教師平日交談使用國語的情形」的問卷調查結果（節錄）

類 別		全 部	大部分	一 半	少部分	都不用	人 數
性別	男	13.88	70.61	10.61	4.90	0.0	245
	女	15.70	63.60	14.88	0.83	0.0	121
年齡	21～30	5.81	74.42	17.44	2.33	0.0	86
	31～40	13.61	72.11	10.88	3.40	0.0	147
	41～50	19.32	64.77	12.50	3.41	0.0	88
	過50	25.00	63.64	4.55	6.82	0.0	44
職稱	校長	12.50	75.00	12.50	0.0	0.0	8
	主任	8.82	70.59	11.76	8.82	0.0	34
	組長	7.50	75.00	17.50	0.0	0.0	40
	教師	16.20	69.01	11.27	3.52	0.0	284

資料來源：行政院研究發展考核委員會編印，《國語推行政策及措施之檢討》，頁153。

〔註71〕曾門，〈老師先說國語〉，《中國語文》第33卷第1期（1973.7），頁9。
〔註72〕行政院研究發展考核委員會編印，《國語推行政策及措施之檢討》，頁152～153。

（四）原住民區域學校部分

光復前民間多以「高山族」、「高砂族」、「蕃族」等來稱呼原住民，含有歧視意味，臺灣光復後省政府民政廳電令各級政府，要求一律改稱「山地同胞」，「高山族」的改名遂成融合文化的第一步。〔註73〕

1951 年省政府為糾正山胞使用日語的習慣，公佈「臺灣省各縣山地推行國語辦法」，要求赴各山地工作人員需開設國語講習班，在業餘時間講習國語，講習並以十個月為最長期限，至少需講習 100 小時，也須注意注音符號訓練，不熟悉時得延長講習時間；也要求任教山地學校的師範畢業生須從嚴通過國文統一考試，不及格者不得畢業；每年舉行山地國語講習，加強國語文與教學法的訓練，並廣發進修書刊，指導教師利用國語廣播，省縣督學應視察；在校期間只能直接以國語教學並禁用日語，違者免職；國語日報也大量進入山地，免費於山地國校贈閱；為解決國校招生困難，嚴格對山地進行強迫教育，各校教職員、鄉村長、警察必須督促學生入學，且不得輟學與曠課。〔註74〕

1952 年 1 月，省教育廳電頒定各縣市山地國校，要求以「直接教學法」為主，利用實物、圖表與模型等教具幫助學生了解。〔註75〕在教學用語上，除了低年級得酌用山地語外，其餘一律用國語，嚴禁使用日語，國語科也為各年級重要學科，低年級則注意說話教學。〔註76〕1973 年 1 月，正當中央教育部公佈「國語推行辦法」後不久，是年 6 月臺灣省政府也制定「臺灣省各縣山地鄉國語推行辦法」，總結並廢止過去的條文，已普遍推行國語，徹底糾正山胞使用日語、方言的習慣，藉以灌輸中國文化，增強國家觀念及提高山地行政效率為宗旨。〔註77〕

〔註73〕 張博宇編，《慶祝臺灣光復四十週年臺灣地區國語推行資料彙編上》，頁 90。

〔註74〕 張博宇編，《慶祝臺灣光復四十週年臺灣地區國語推行資料彙編（上）》，頁 96～99。

〔註75〕 「直接教學法」最主要適用於方言區與非漢語區的教學，其主要原理在於，利用實物、圖畫或模型、動作、情景、前後文、說明、類推等方法來示意教學，並以「命令動作法」、「形式會話法」、「演進法」與「講故事法」作為方法來練習，參照祁致賢，《國語教育》，頁 156。

〔註76〕 張博宇編，《慶祝臺灣光復四十週年臺灣地區國語推行資料彙編（上）》，頁 101。

〔註77〕 臺灣省政府秘書處發行，《臺灣省政府公報夏字 75 期》（臺灣南投：臺灣省政府秘書處，1973 年），頁 11。

　　1982 年，教育部委託花蓮師專調查東部三縣山地鄉國語文教育問題，山地原住民的國語聽說能力高達 80%，而 40 歲以下聽說國語的能力高，但是山地鄉在國語推行 40 多年以來，原住民母語能力逐漸喪失，許多 40 歲以下的族人無法使用流利母語與長輩深入交談。〔註78〕

　　1990 年代以後，原住民各族母語才受到政府重視，在東部阿美族部落傳教 30 多年的法國籍神父杜愛民（Antoine Duris）表示，在部落中的兒童都很少使用母語，只會說國語，家中父母也少用母語交談；在新竹縣泰雅族部落傳教的西班牙籍神父孫國棟（Gerardo Del Valle）也表示，泰雅族人多半只使用國語，而且也欠缺學習母語的動力，母語流失的情形令人擔憂。這些外籍神父在部落堅持以母語傳教，但是在 40 多年來的國語政策下，國語的普遍已經使原住民年輕一輩放棄母語，成為日後原住民母語運動所必須要克服的問題。〔註79〕

〔註78〕鄭惠美，〈台灣光復後語言政策之分析──以原住民為例〉（臺北市：國立政治大學民族學系碩士論文，1999 年），頁 64、77。

〔註79〕王蜀桂，《讓我們說母語》（臺灣臺中：晨星出版社，1995 年），頁 69～75、121～132。

第四章　國語運動對社會的影響

　　國語運動除了在學校推行之外，社會上的各領域中，也不難見到國語運動的影子，軍公教人員理所當然是首要普及國語者，利用各式各樣的考績壓力迫使軍公教人員普及國語；也在公共場所廣設標語，要求各級政府機關也必須使用國語；許多來自中國大陸的國學人士，為復興中國語文而成立文教團體，發行《中國語文》月刊，遂成為《國語日報》以外在社會上推行國語的刊物；當局為獨尊國語，也查禁羅馬拼音文字，使單純的宗教宣傳、讀經等活動受到波及，國語運動也成為社會各領域共同推行的運動。

　　在社會生活層面的影響中，國語運動更展現其鐵腕作風，並結合威權體制來查禁方言歌曲。另外，廣電相關法令的制定與修正，影響到電視中方言節目播出的時間，雖然方言節目在社會上廣受歡迎，但電視臺也不得不配合國語政策而壓抑方言節目，激起立法院內的激烈討論，展現出國語運動敵視本土語言的態度。在電影發展上，臺語電影明顯不受政府歡迎，且多被詆毀成低級、荒淫、暴力與迷信等負面形象，造成臺語電影的沒落，相反的國語電影多可得政府獎勵與鼓勵，成為國語運動在電影領域中的獨特面貌。

第一節　國語運動在社會的推動

一、相關政策

　　中央政府播遷來臺後，對臺灣社會日文日語充斥的狀況，省政府也繼續維持 1946 年時由行政長官公署發布的禁令，電令各縣市政府禁止報紙雜誌使用日文，隔年，省政府也以推行國語國文、發揚固有文化、恢復民族精神為

由，規定不得刊登日文廣告，並嚴加取締，成為政府遷臺後在社會上推行國語文的背景。〔註1〕

1951 年 7 月 6 日，蔣宋美齡主持「中華婦女反共抗俄聯合會總會」，開辦婦女國語講習班，由王壽康、齊鐵恨、王玉川、林良、柯遜添等人擔任國語課程教學，蔣中正總統視察後甚為滿意，並給予嘉許，足以見到蔣總統對國語教育的重視。〔註2〕

1952 年 7 月，臺灣省政府修正各縣市國語推行辦法，由各縣市國語推行委員會設計籌劃，並分期與分區舉辦公教人員與民眾的國語傳習班，每班人數最高 40 人，至少以兩個月為一期，每次上課需兩個小時，並以晚間上課為主，其中規定各縣市國語推行的工作，包括了傳習標準國語、解答國語疑問、輔導國民學校國語教學等，並協助當地機關學校辦理公教人員國語進修，辦理國語書報巡迴閱覽與國語教育運動等工作。〔註3〕

1966 年，中共政權於大陸發動文化大革命，破壞傳統中國文化，有鑒於此，蔣中正總統於是年 11 月 12 日，倡議推行「中華文化復興運動」。隔年 7 月「中華文化復興運動推行委員會」成立，蔣中正總統擔任會長，督導推行中華文化復興工作，並在全省設立分支機構，全力推動文化復興等工作。

國語運動本身就擁有濃厚民族主義的色彩，再加上中華文化復興運動的興起，自然產生加乘效果。1970 年 7 月，省教育廳頒發「臺灣省各縣市推行社會國語教育實施要點」受文給各縣市政府與各縣市國語推行委員會，以配合中央的文化復興運動，加強推行社會國語教育，以社會民眾為對象，達成普遍使用國語的風氣，規定各縣市鄉鎮區公所（含山地鄉），每年 6 月、9 月定期舉辦「國語擴大宣傳週」，要求各機關團體於適當的通衢要道與公共場所懸掛推行國語之標語，各縣市得以使用電台宣傳，鄉鎮區公所自行舉辦國語

〔註1〕 臺灣省政府於 1950 年 8 月 7 日再度電令各縣市政府，要求一般報刊禁用日文，除了臺東縣《臺東日報》以中日文對照行山地服務欄，僅佔報紙全面積的八分之一，經由省政府於 1950 年 1 月 25 日核准延長使用一年，准許該刊於年底撤除日文，其他報刊絕對禁止使用日文；1952 年 1 月 15 日，省政府電令省保安司令部，要求其嚴加取締報章雜誌之日文廣告，參照李福鐘、楊秀菁、薛化元編註，《戰後臺灣民主運動史料彙編（七）新聞自由》，頁 297～298、314～315。

〔註2〕 張博宇，《臺灣地區國語運動史料》（臺北市：臺灣商務印書館，1974 年），頁 65。

〔註3〕 張博宇編，《慶祝臺灣光復四十週年臺灣地區國語推行資料彙編（上）》，頁 153～154。

演講比賽，最後更進一步要求各地電影院，應放映幻燈片標語，參考標語十點如下：

1. 會說國語的人請說國語，不會說國語的人請學國語。
2. 學國語說國語，都是愛國的表現。
3. 大家說國語，到處都方便。
4. 語言相通，感情才能交流。
5. 做模範國民，說標準國語。
6. 接洽公事，請說國語。（懸掛機關與學校內）
7. 公務員應說國語為民表率。（懸掛各機關內）
8. 公共場所請大家一律說國語。
9. 說國語是我們的光榮。
10. 國語是全國一致使用的語言。〔註4〕

　　由以上宣導標語處處林立時可知，「中華文化復興運動」是國語運動推行的新一波高潮，不僅如此，在社會國語教育推行的過程中，也加強了山地同胞的國語教育，也對中年以上的民眾作為勸導學習的對象，在推行的機關中，除了一般人民團體與各級機關等辦公室之外，也要求地方民意代表開會時說國語，也倡導商店、市場、工場、礦場等場所來說國語，並在鄉村、工礦區、工廠進行加強國語的補習教育，可見在社會面的推行範圍廣闊。〔註5〕

　　在中華文化復興運動的浪潮中，各級政府也紛紛配合國語政策，1971年省政府令各縣市政府與機關，頒布「臺灣省加強推行國語實施計劃」，除了反覆強調推行國語可發揚民族精神與團結反共力量等之外，更是要求各級行政人員在辦公室洽談事務時，一律使用國語，並請各級主管人事人員，包括縣市、區鄉鎮長、校長與省縣市所屬的機關首長，將使用國語列入年終考績中，以考績壓力逼迫各級單位主管與行政人員使用國語，可見國語運動也深入基層行政組織，成為基層公務所必須使用的語言。〔註6〕

　　在其他社會領域方面，大眾運輸工具包含火車、公民營汽車，也必規

〔註4〕　臺灣省政府秘書處編輯室發行，《臺灣省政府公報秋字17期》（臺灣南投：臺灣省政府秘書處，1970年），頁3～4。
〔註5〕　張博宇編，《慶祝臺灣光復四十週年臺灣地區國語推行資料彙編（上）》，頁154。
　　　　臺灣省政府新聞處編印，《臺灣光復三十年：文化建設篇》，頁174～175。
〔註6〕　張博宇編，《慶祝臺灣光復四十週年臺灣地區國語推行資料彙編（上）》，頁158～161。

定一律使用國語，人民團體開會辦公、村里民大會、各級民意代表會議與各級運動會報告，都被規定要使用國語，就連街頭宣傳也嚴加勸導勿用方言，電影院也禁止使用方言翻譯，國語運動遂成為影響社會生活的全民運動。〔註7〕

　　1959 年 7 月，《中國語文》月刊也曾經對本省的老年人、地方民意代表與機關首長不會說國語而提出批評，認為機關首長或地方士紳不會說國語，會造成語言不通而妨礙工作之推行，因而降低工作效率，而且不能以身作則使用國語，無法獲得民眾的信任，因此認為本省籍的老年人或壯年人應該學習國語。〔註8〕由此可見，在社會生活中，「說國語運動」的宣導對象，不分年齡和身分，就連本省籍不會說國語的官員，也會遭到輿論的指責而備受壓力。

二、中國國語文學會

　　1949 年，中央政府播遷來臺，許多中國大陸上的文化界人士也因此到了臺灣，而臺灣久處日本殖民統治 50 年，文字和語言急需恢復，因而產生成立復興中國語文的文教團體之構想。

　　1952 年，由本省、外省籍語文、教育文化精英人士號召，包括了王壽康、毛子水、劉眞、丁治磐、包明叔、陳紀瀅、齊鐵恨、何容、李辰冬、王星舟、謝冰瑩、洪炎秋、孫邦正、朱介凡、張希文、高明、程發軔、趙友培等 50 多人，發起組織「中國語文學會」，並於 1953 年 5 月 31 日正式成立，由毛子水任常務理事，趙友培為總幹事，該學會以研究語文與推行國語為號召，主要會員不外乎是從事語文教育工作與相關研究者，會員也曾多達 400 多人。〔註9〕

　　1952 年 4 月，《中國語文》月刊開始發行，不久因故停刊，1958 年又恢復發刊，宣導中國語文協會的理念，根據該刊創刊號的發刊緣起中，該月刊

〔註 7〕 張博宇編，《慶祝臺灣光復四十週年臺灣地區國語推行資料彙編上》，頁 162 ～163。

〔註 8〕 陳天河，〈本省的老年人學習國語有困難嗎？〉，《中國語文》第 5 卷第 1 期（1959.7），頁 68。

〔註 9〕 方祖燊、鄭奮鵬、張孝裕撰，〈六十年來之國語運動史〉，選自程發軔主編，《六十年來之國學（二）》（臺北市：正中書局，1972 年），頁 551。臺灣省政府秘書處編輯發行，《臺灣省政府公報秋字 71 期》（臺北市：臺灣省政府秘書處，1957 年），頁 738。

成立的目的，乃爲培養青年閱讀與寫作能力，幫助教師增進語文教學技術，評介語文書刊及文藝著作，指導教育哲學與歷史、文藝知識，研究中國語文教育問題與革新計畫，進一步達成發揚民族文化精神、融會三民主義思想、統一語言文字、普及語文教育、指出中國語文所研究的正確途徑，最後以從事光復大陸語文消毒與語文重建工作的準備。〔註10〕由參與成員、刊物內容判斷，該刊與國語運動關係密切。

中國語文學會也參與各種輔導語文計畫，例如 1957 年臺灣省教育廳長劉眞，邀請當時爲中國語文學會的幹部師大教授趙友培和王壽康等人，輔導全國中小學國語文教育，輔導計畫甚爲成功。隔年，省教育廳廳長劉眞與中國語文學會常務理事毛子水，正式簽署三年的合作計畫，並總結出教育廳國語文教育合作紀要，成爲民間團體與官方合作推行國語成功的案例。〔註11〕

1973 年 10 月 21 日，中國語文學會成立 20 週年，蔣中正總統特頒訓詞，提出自民國創建之初，國語運動已經由「書同文」進步到「語同音」，甚至可以發展到「心同一」來消滅地域隔閡，促進民族團結，蔣總統也認爲臺灣光復以來推行國語成效卓著，指出語文是傳播思想、溝通思想的利器，亦是思想作戰的前趨。〔註12〕由蔣總統訓詞可見，國語運動與中國語文學會深受當局重視，去除地方意識也成爲國語運動的重要目標。

三、軍中的國語教育

軍隊中要求紀律嚴明，面對中國大陸各省國軍與本省籍義務役士兵語言和方音紛雜的狀況，在軍隊中將難以有效傳達，所以軍中統一語言的確是刻不容緩的工作。

1954 年省教育廳根據國防軍事機關之函請「加強國語運動以利國家動員作業之實施」，當即通知各縣市政府對應召入營之醫師及國民兵，勸導軍醫與官兵加入民眾補習班或國語補習班。

1957 到 1958 年間，全省普遍開辦失學役男補習班，使剛入伍的新兵入班接受國語教育，並由國防部總政治部負責辦理本省籍士兵國語補習，委託省國語會協助編輯新兵國語教材，1955 年編成國軍新兵國語政治課本甲乙兩

〔註10〕　參照該刊創刊號中的〈敬啓讀者〉，《中國語文》第 1 卷第 1 期（1952.4），頁 3。

〔註11〕　張博宇編，《臺灣地區國語運動史料》，頁 67〜68。

〔註12〕　臺灣省政府新聞處編印，《臺灣光復三十年：文化建設篇》，頁 175。

種，以及注音符號概論，在軍中正式予以採用；同時也培養軍中國語師資，1955 年舉辦政工人員國語講習，並邀國語會委員駐營輔導。〔註 13〕

四、羅馬拼音文字

羅馬拼音文字中，臺語羅馬字是臺灣 19 世紀以來最早的拼音文字，由臺灣基督長老教會傳教士巴克禮所推動，號召西洋傳教士研究臺灣信徒的母語，藉此翻譯聖經與傳教，並於 1885 年 6 月 12 日創《台灣府城教會報》的臺語羅馬字刊物，使臺灣地區的長老教會信徒人人都能讀羅馬字聖經，即使完全不識漢字的農夫，透過羅馬字的學習，很快就能閱讀與寫信，可見臺語羅馬字在教會的普遍程度。〔註 14〕

臺語羅馬字歷經清領後期多年的發展，主要也只在長老教會體系中流傳，對教徒發揮了文字普及的功能，但一般百姓與知識份子並未普及使用。日治中期，臺灣總督府推行「同化政策」時，出身於教會的蔡培火等人，也建議「臺灣文化協會」普及臺語羅馬字，但總督府正行「國語（日語）政策」而對羅馬字教育抱持反對態度，以致於官方不願推廣。1929 年初，蔡氏編成《羅馬字課本》一冊，並親自教習羅馬字，組成「羅馬白話字研究會」，卻遭當局禁止，1931 年春，蔡氏接受前總督伊澤多喜男之建議，以日本假名為主，另創一套臺灣白話字，其中有 28 個字母，19 個採自日本假名，6 個採自中國注音符號，3 個自創符號，更為容易學習，並準備在臺南開設講習會，亦遭到當局的查禁。〔註 15〕

戰後政府以注音符號推行國語，並壓抑方言而獨尊國語，自然不容許臺語羅馬字繼續普及，1954 年 7 月臺灣省政府下令，禁止教會召集未成年兒童以羅馬拼音來傳教，1955 年 10 月下令嚴加取締，當時臺南縣善化鎮耶穌基督教會全以羅馬字拼音傳教，不使用漢文，尤其使不識漢字的兒童反而崇拜羅馬字，更為國語運動所不容，當局遂以外國文字來破壞我國基本教育為由，禁止使用羅馬拼音傳教，並比照日文聖經處理辦法來查禁。〔註 16〕

〔註 13〕 臺灣省政府新聞處編印，《臺灣光復三十年：文化建設篇》，頁 178。

〔註 14〕 國立中央圖書館臺灣分館特藏資料編纂委員會編纂，《臺灣文獻書目解題（十八）第五種　語言類》（臺北市：國立中央圖書館臺灣分館，1996 年），頁 290～297。

〔註 15〕 吳文星，《日據時期臺灣社會領導階層之研究》（臺北市：正中書局，1992 年），頁 341～345。

〔註 16〕 薛化元、楊秀菁、林果顯編註，《戰後臺灣民主運動史料彙編（九）言論自由

　　1957 年 10 月，省教育廳函令各縣市政府，以教育部規定的羅馬拼音使用
範圍，並希望本省傳教士能用國語傳教，要求傳教文字應加注音符號，並與
省國語推行委員會列案管理。省教育廳要求教會禁止使用羅馬字，並邀請內
政部、外交部、臺灣省政府教育廳、民政廳等有關機關舉行羅馬字問題的座
談會，會中確定羅馬字聖經有礙推行國語政策，並由省國語推行委員會派員
協助聖經加注音符號，以便「宣傳教義」。1958 年 2 月省政府教育廳函各縣市
政府，決定羅馬字聖經在三年內暫准使用，以後需逐漸淘汰，並以政府對國
語教育繼續加強為由，鼓勵並協助私人撰寫標準國語聖經代替羅馬字聖經，
以符合政府提倡國語統一的宗旨。〔註 17〕1978 年 11 月，中華民國聖經公會申
請出版國語與閩南語羅馬注音對照聖經，臺灣省教育廳核准其印製，但限不
識字年長教友與初來我國之外籍傳教士之使用，並要求逐冊編號登記。〔註 18〕
可見羅馬字拼音受到當局嚴格的監控，本國人士不得在正式管道獲得羅馬字
聖經，外國傳教士也很難透過方言拼音符號來傳教。

　　羅馬字拼音的使用受到當局嚴加限制或禁止，使得外國教士不得使用母
語傳教，但是仍有教會將聖經翻譯成原住民母語，例如臺東縣長濱天主堂瑞
士籍神父彭海曼，廣泛地將彌撒經文利用拼音文字翻譯成阿美族母語，並以
母語拼音紀錄傳教工作，但這樣的工作卻被當局禁止，教會也常常遭受搜查，
相關查禁人員也反對神父學習閩南語，以貫徹執行國語傳教。〔註 19〕

　　1975 年 3 月，臺灣省教育廳以文教出版社所印行之《國語羅馬音詞典》
一書中，多頁出現「匪偽名稱」而內容不妥，根據「臺灣地區戒嚴時期出版
物管制辦法」，予以查禁與報繳，「國語羅馬字拼音」也因此被列入禁書內容
中，可見戒嚴體制與國語運動使不少拼音文字遭受杜絕。〔註 20〕

　　　　（一）》（臺灣臺北：國史館，2004 年），頁 608～610。
〔註 17〕薛化元、楊秀菁、林果顯編註，《戰後臺灣民主運動史料彙編（九）言論自由
　　　　（一）》，頁 610～613。
〔註 18〕臺灣省政府秘書處編輯室發行，《臺灣省政府公報冬字 38 期》（臺灣南投：臺
　　　　灣省政府秘書處，1978 年），頁 5。本文也選自薛化元、楊秀菁、林果顯編註，
　　　　《戰後臺灣民主運動史料彙編（十一）言論自由（三）》，頁 1595～1596。
〔註 19〕王蜀桂，《讓我們說母語》（臺灣臺中市：晨星出版社，1995 年），頁 107～
　　　　117。
〔註 20〕臺灣省政府秘書處編輯室發行，《臺灣省政府公報春字第 58 期》（臺灣南投：
　　　　臺灣省政府秘書處，1975 年），頁 15。臺灣省政府秘書處編輯室發行，《臺灣
　　　　省政府公報夏字第 2 期》（臺灣南投：臺灣省政府秘書處，1975 年），頁 3～
　　　　4。本資料也選自薛化元、楊秀菁、林果顯編註，《戰後臺灣民主運動史料彙

第二節　社會生活的層面

國語運動在社會生活的層面中影響不小，包括對方言歌曲的壓抑、廣電相關法令的限制、電視節目的製作等，都有不容小覷的影響，也激起了相關部會與立法委員的討論，成為一個影響全民生活的文化運動。

一、查禁方言歌曲

1950 年代以後，國語運動的展現漸趨嚴格，再加上戒嚴體制，查禁不少方言唱本，影響戰後方言歌曲的發展。

1953 年 1 月，臺灣省教育廳函送各縣市政府，以臺中市瑞成書局印行之方言唱本 102 種中，除了少數幾首包含忠孝節義與勸人為善者之外，其餘 92 種被以神怪、黃色、迷信、無意義與內容荒謬等理由，由保安司令部政治部、警務處、新聞處執行查禁。隔年 10 月，省教育廳也送函各縣市政府，查禁新竹市城隍廟口竹林書局印行的方言唱本，包括「雷峰塔烏白蛇歌」、「六十條手巾歌」、「雷峰塔白蛇西湖遇許仙」、「訓商路歌」、「石平貴王寶川」、「問錄相褒歌」、「呂蒙正彩樓配歌」七種，也以內容荒謬為由而查禁，使方言歌曲一度受到衝擊。〔註 21〕

表 4-2-1：1953 年 1 月查禁臺中市瑞成書局印行的方言唱本目錄

編號	唱　　本	編號	唱　　本	編號	唱　　本
1	採茶相褒歌	32	最新英臺埋喪歌	63	老鼠精鬧宋朝新歌
2	最新探哥歌	33	英臺祭靈獻子新歌	64	黃鶴樓新歌
3	最新探娘歌	34	英臺二十四拜新歌	65	連枝接葉新歌
4	自由戀愛歌	35	最新英臺拜墓歌	66	專勸少年好子新歌
5	排斥凍霜新歌	36	馬俊娶親新歌	67	最新苦侶鴛鴦歌

編（十一）言論自由（三）》，頁 1882～1884。

〔註 21〕當時只有「大明節孝歌」、「昭君和番歌」、「陳杏元和番新歌」、「陳世美不認前妻新歌」、「呂蒙正彩樓配夫新歌」、「中部大震災新歌下本」、「最新二十四孝歌」、「人心不足新歌」、「三國相褒新歌上下本」、「孔明獻空城計歌上下本」十種，因符合忠孝仁義與勸善而未被禁止，參照臺灣省政府秘書處編輯發行，《臺灣省政府公報春字 16 期》（臺北市：臺灣省政府秘書處，1953 年），頁179～182。也參照臺灣省政府秘書處編輯發行，《臺灣省政府公報冬字 12 期》（臺北市：臺灣省政府秘書處，1954 年），頁 158。

6	雲梅思君 重臺論別合歌	37	陰司對案新歌	68	茱瓜花鸞英爲君守節新歌
7	最新愛玉自嘆附姜女送寒衣歌	38	最新梁成征番歌	69	南洋遊歷新歌
8	最新爲夫伸冤歌	39	三伯顯聖新歌	70	孟姜女哭倒長城新歌
9	落陰相褒新歌	40	愿罰紙筆乎梁哥歌	71	最新修身歌
10	義僕救主新歌	41	士久別人心新歌	72	蔡端造洛陽橋新歌
11	龍頭寶劍新歌	42	三伯出山新歌	73	最新僥倖錢開食了（歌）
12	月台美女新歌	43	周公桃花女鬥法新歌	74	鄭元和三嬌會新歌
13	最新愛情與黃金歌	44	火燒紅蓮寺新歌	75	運河奇案新歌
14	最新貓鼠相告歌	45	忠孝節義白狀元新歌	76	文明勸世新歌
15	道光君斬子新歌	46	白賊七新歌	77	說天說地歌
16	一女配三婿新歌	47	生相大車褒歌	78	勸改賭博新歌
17	十月花胎新歌	48	出外風俗歌	79	勸世有孝忍耐新歌
18	自嘆烟花修善新歌	49	農場相褒新歌	80	乞食開藝旦新歌
19	最新大舜坐天新歌	50	最新守己安分歌	81	最新花柳纏身歌
20	三婿祝壽 桃花過渡合歌	51	金姑看羊新歌	82	最新苦嘆錢莊歌
21	最新英臺出世歌	52	買茶相褒新歌	83	最新戶繩蚊仔大戰歌
22	最新英臺留學歌	53	食茶講四句新歌	84	春閨春怨歌
23	英臺留學新歌	54	百花相褒新歌	85	十二門人新歌
24	三伯英臺游西湖歌	55	最新哪吒鬧東海歌	86	周成過臺灣新歌
25	三伯英臺賞花新歌	56	紂王造鹿臺新歌	87	難分難捨新歌
26	馬俊求親英臺思想新歌	57	孫悟空大鬧天宮新歌	88	楊本縣過臺灣歌販地理歌
27	英臺自嘆新歌	58	爸爸愛媽媽新歌	89	最新陳三五娘新歌
28	三伯探英臺新歌	59	劇情相褒新歌	90	石平貴回家新歌
29	三伯回家母親答歌	60	徐公奇案新歌	91	茶園相褒歌
30	三伯討藥方新歌	61	百菓大戰新歌	92	三伯出山湖頭唇歌
31	三伯歸天安人哭子新歌	62	清冥三會新歌 下附烟花功世歌	—	—

資料來源：臺灣省政府秘書處編輯發行，《臺灣省政府公報春字 16 期》（臺北市：臺灣省政府秘書處，1953 年），頁 179～182。

　　在威權體制下，國語運動不僅擔任壓抑方言地位的角色，情治系統更可以藉由思想與價值的檢查，執行當局語言一元化的政策。〔註22〕雖然從相關文獻中得知，查禁這些方言唱本的動機，並非以禁絕方言為主，但是在查禁政策的過程中，不可避免地會將當局國語政策帶進在執行面上；再者，當時各家電臺廣播必須宣傳反共抗俄等國策，國語政策也是當時的國策之一，在威權體制下，只要與當時的國策不符，方言歌曲、唱片就很容易會受到懷疑與排斥，成為國語政策與威權體制下的犧牲者。〔註23〕

　　然而根據表 4-2-1 可知，傳統漢人的臺語歌曲發展，依歌詞分類而言，不外乎以家庭倫理、工作、祭祀、敘述、諧趣、愛情與童謠等內容為主。〔註24〕故當局以神怪、黃色、迷信、無意義與內容荒謬等理由來查禁，無疑是針對坊間所有的方言歌曲，在官方嚴厲的查禁下，自然給臺語歌曲劇烈的打擊。

　　在戰後初期的臺語流行歌中，1946 年出現的「望你早歸」，以及 1949 年發行的「燒肉粽」，分別反映出婦女等待郎君的心聲與民生物資匱乏的愁苦，有濃厚社會寫實的色彩，所以這些臺語流行歌能盛行一時，但由於國語政策大力推行，種種不利本土母語文化的措施接踵而來，使得臺語流行歌逐漸陷入萎縮，到了 1960 年代，國語流行歌已成為強勢的音樂娛樂主流，並壟斷唱片市場，臺語歌曲只能淪為從屬地位。〔註25〕

〔註22〕1949 年以後，中央政府在國共內戰後被迫撤退至臺灣，1950 年蔣中正總統在臺北復行視事，遷臺初期即延續過去的「以黨治國」的體制，重建政府權威，賦予相關情治系統很大權力，為應付緊急危難狀態，1949 年 5 月 20 日臺灣進入戒嚴狀態，戒嚴法賦予臺灣警備總部有權限制人民自由，憲法中賦予人民的基本權力包括了言論、出版、講學、集會、結社等自由，都受到情治單位的限制，中國國民黨也利用 1950 年代初期的黨改造、透過國民黨、政府、軍隊、黨青年部與特務系統等組織，鞏固政權對臺灣社會的控制，成為國民黨政府威權體制之形成與運作。參照彭懷恩，《台灣發展的政治經濟分析》（臺北市：風雲論壇出版社，1991 年），頁 160～163。也參照蕭全政，〈臺灣威權體制轉型中的國家機關與民間社會〉，選自於中央研究院臺灣研究推動委員會主編，《威權體制的變遷：解嚴後的臺灣》（臺北市：中央研究院臺灣史研究所籌備處，2001 年），頁 68～69。

〔註23〕曾慧佳，《從流行歌曲看台灣社會》（臺北市：桂冠圖書公司，2000 年），頁130。

〔註24〕楊麗祝，〈台灣歌謠與生活〉，選自於蕭新煌總編，戴寶村主編，《台灣歷史的鏡與窗》（臺北市：國家展望文教基金會，2002 年），頁 336。

〔註25〕陳郁秀編，《台灣音樂閱覽》（臺北市：玉山社出版公司，1997 年），頁 126

二、廣播與電視節目

國語運動在社會面的推廣中，廣電領域面臨的衝擊最大，影響後來廣電節目的播放原則，廣電領域的爭議，也是國語推行過程中所面臨到的逆流，為後來母語運動興起播下種子。

（一）廣電相關法令及其修正

1946 年 1 月，南京國民政府行政院核准「廣播無線電設置規則」，由交通部公佈施行，其中播音語言部份，規定應以中國語言為主，對光復不久的臺灣而言，無疑是針對禁用日語廣播，對方言播音與推廣國語關聯不大。〔註 26〕

政府遷臺後，在廣播語言上漸趨嚴格，開始出現國語獨尊而壓抑方言的狀況，在 1959 年 12 月由交通部所公佈的「廣播無線電臺設置及管理規則」中，第 28 條規定：

> 廣播電臺除經政府賦予特殊任務者外，其播音語言，應以國語為主。〔註 27〕

同年 12 月，省政府新聞處公佈「廣播無線電臺節目規範」，其中第 4 條規定：

> 廣播電臺除經政府核定賦予特殊任務或有特殊原因經向政府主管機關報准有案者外，其播音語言應用國語；惟方言節目（如閩南語新聞等）得以方言播送，但其比率不得超過百分之四十。〔註 28〕

從方言廣播節目的比率限制中，可知方言逐漸受到排擠，成為國語運動所攻擊的對象，但由於臺灣本省人口比率甚高，方言廣播節目仍是廣播電台市場的大宗，省新聞處在面臨市場與政策衝突時，不得不對方言廣播節目進行妥協，但是仍制定相關政策限制方言廣播，1964 年 1 月，行政院新聞局公佈「廣播及電視無線電台節目輔導準則」，其中第 3 條規定：

> 電台對國內廣播，其播音語言應以國語為主，方言節目時間比率不

～129。

〔註 26〕 李福鐘、楊秀菁、薛化元編註，《戰後臺灣民主運動史料彙編（七）新聞自由》（臺灣臺北：國史館，2002 年），頁 127。

〔註 27〕 李福鐘、楊秀菁、薛化元編註，《戰後臺灣民主運動史料彙編（七）新聞自由》，頁 449。

〔註 28〕 李福鐘、楊秀菁、薛化元編註，《戰後臺灣民主運動史料彙編（七）新聞自由》，頁 453。

得超過百分之五十，如分設國語與方言兩廣播部分，其方言節目時

間之比率，合併計算仍以不超過百分之五十為限。〔註29〕

該「輔導準則」仍繼續對方言廣播節目的時間進行限制，但這並非是最嚴格
的限制，充其量只是要控制方言節目在一定的時間內播出，方言廣播節目仍
有不少生存空間。但在 1976 年 1 月由總統制定公佈的「廣播電視法」，其中
第 20 條，就可明顯看出壓抑方言節目的態度。第 20 條條文如下：

電臺對國內廣播播音語言應以國語為主，方言應逐年減少；其所佔

比率，由新聞局視實際需要定之。〔註30〕

「廣播電視法」第 20 條通過後，政府正式擁有法律效力的客觀準則來限制臺
語電視節目，自然也招惹不少民怨。〔註31〕1983 年 4 月，行政院新聞局發布
「廣播電視法施行細則」，國語播音的比例明顯壓倒性提高，當時的新聞局長
是宋楚瑜。第 19、20 條規定如下：

第十九條

電臺對國內廣播應用國語播音之比率，調幅廣播電臺不得少於百

分之五十五，調頻廣播電臺及電視電臺不得少於百分之七十。使

用方言播音應逐年減少，其所佔比率，由新聞局視實際需要檢討

制定。

第二十條

具有特種任務或為專業性之電臺所播放特種或專業節目之時間，

應佔百分之六十以上，其他各類節目時間及播音語言之比率，由

電臺自行訂定後，附具詳細理由及施行期限，送請新聞局核定後

實施。〔註32〕

由以上條文可知，1983 年的廣電法施行細則，壓抑方言自然不在話下，國語
已經是廣播與電視的主要播放語言，方言節目的時間已經被壓縮到低於 30%，

〔註29〕李福鐘、楊秀菁、薛化元編註，《戰後臺灣民主運動史料彙編（八）新聞自
由》，頁 85。

〔註30〕李福鐘、楊秀菁、薛化元編註，《戰後臺灣民主運動史料彙編（八）新聞自
由》，頁 212。

〔註31〕夏金英，〈臺灣光復後之國語運動（1945～1987）〉（臺北市：國立臺灣師範大
學歷史研究所碩士論文，1994 年），頁 93～94。

〔註32〕李福鐘、楊秀菁、薛化元編註，《戰後臺灣民主運動史料彙編（八）新聞自
由》，頁 264。

電臺與電視自然成爲國語節目的天下，許多只用方言的本省籍觀眾早就因此關掉電視，甚至也不收看只用國語播報的新聞報導。〔註33〕

（二）電視公司與電視節目

臺灣的無線電視臺於 1960 年代興起，到了 1971 年已經有三家電視臺，電視臺主要以收視率賺取廣告獲利，所以各家電視臺無不爭取收視率，製作優質節目吸引觀眾的目光。

戰後初期，雖然大量外省人口追隨政府遷移至臺灣，但外省人口在臺灣始終佔較小比例，絕大多數仍是土生土長的本省人，而本省人中大多使用閩南語，所以電視台在製作節目中，閩南語節目自然是提高收視率的必要選擇。

行之有年國語政策，正好與電視臺提高收視率的目標衝突，相關爭議也因此而起，電視臺爲吸引觀眾，製作不少閩南語電視劇、連續劇與布袋戲等節目，也廣受社會各界觀眾好評，例如台視在 1966 年 5 月推出的楊麗花歌仔戲，1971 年的「風雨夜歸人」、「阿公店」、「江湖兒女」、「西北雨」與「金瓜石」等閩南語連續劇，1974 年創下極高收視率的「傻女婿」，都成爲收視率的保證。〔註34〕

台視也邀請布袋戲大師黃海岱之子黃俊雄，自 1970 年 3 月起，把傳統布袋戲中「雲州大儒俠」主角「史豔文」的故事搬上銀光幕，這部「雲州大儒俠」的閩南語布袋戲推出後，以生動的劇情與黃俊雄精湛的口白，擄獲不少觀眾的心，週一至週五中午時間布袋戲一到，人人自動放下手邊工作，守在電視機前觀賞布袋戲，可見閩南語布袋戲受到全臺觀眾歡迎的程度。〔註35〕

〔註33〕 〈立法院教育、內政、外交三委員會第二次聯席會議紀錄（第六十五會期）〉，《立法院公報》第 69 卷第 64 期（1980.8），頁 11～12。

〔註34〕 李闡主編，《台視二十年：中華民國五十一年至七十一年》（臺北市：台灣電視事業，1982 年），頁 25。胡元輝發行，《台視四十年》（臺北市：台灣電視事業，2002 年），頁 25。

〔註35〕 胡元輝發行，《台視四十年》，頁 25。管仁健，〈台灣的霸權國語與悲情方言〉，選自 http://mypaper.pchome.com.tw/news/kuan0416/3/1281895814/200512 31154803/（2008/10/12），也參照黃俊雄，《掌上風雲一世紀——黃海岱的布袋戲生涯》（臺灣臺北：印刻出版公司，2007 年），頁 49～50。

表 4-2-2：1962～1975 年台灣電視公司（台視）平均每週節目語言比率表

年 度	國 語		英 語		閩 南 語	
	播出分鐘	百分比	播出分鐘	百分比	播出分鐘	百分比
1962	1430	62.86	715	31.43	130	5.71
1963	1645	64.26	745	26.10	170	6.64
1964	1570	57.30	835	30.47	335	12.23
1965	1595	52.29	1100	36.07	355	11.64
1966	1715	53.43	1080	33.64	415	12.93
1967	1760	52.54	1115	33.28	475	14.18
1968	2134	57.30	1120	30.08	470	12.62
1969	2425	58	1215	30	540	12
1970	2239	48.33	1525	32.90	870	18.77
1971	3451	62.53	1228	22.25	840	15.22
1972	3272	65.10	1055	21.10	692	13.80
1973	3207	73.35	745	17.05	420	9.60
1974	2423	71.31	648	19.07	327	9.62
1975	2293	66.83	691	20.14	447	13.03

資料來源：中華民國電視學會電視年鑑暨電視叢書編纂委員會編纂，董彭年發行，《中華民國電視年鑑》（臺北市：中華民國電視學會，1976 年），頁 23。

　　雖然方言節目屢屢創下高收視率的紀錄，但在國語政策下，三家電視臺也不得不配合國語運動，以台視為例，1976 年 1 月台視公佈修訂後的「台視節目規範」，對語言使用的規則中，規定播音員之播音、新聞報告、氣象報告、節目預報及兒童教育節目等，以使用國語為主；教育類節目也以國語為原則；戲劇雖然得視劇情需要來使用方言，但是以不影響觀眾對劇情之瞭解為尺度；純粹使用方言之節目，以娛樂節目為限，但仍須以國語說明之；訪問談話或接受訪問之人士，在事前應盡可能顧及其語言，以致能為一般觀眾所接受；外賓發言也應譯成國語。〔註36〕

　　再者，由表 4-2-2 中可知，台視在閩南語節目的播放比率始終偏低，就算是 1970 年到 1974 年閩南語布袋戲「雲州大儒俠」收視率到頂峰時，其播放

〔註36〕李瞻主編，《台視二十年：中華民國五十一年至七十一年》，頁 242。

比率充其量也不到 20%，雖然閩南語節目廣泛受到大眾的歡迎，但是時段長度終究是不敵國語節目，當局甚至還不停打壓閩南語節目，例如 1974 年 6 月 16 日，新聞局以「妨害農工正常作息」與「推行國語」為由，禁止台視與所有的電視布袋戲繼續播出，甚至要求布袋戲改為國語配音，成為政府當局打壓方言節目的最佳例證。〔註 37〕

　　在其他的電視臺方面，中國電視公司於 1969 年 10 月 31 日正式開播，在節目的語言比率上，開播之初國語比率僅佔有 57%，閩南語和英語節目佔了 43%，中視當局為配合國語政策，開始縮減方言節目，到 1975 年時國語節目比例已經提高到 75%；中華電視公司於 1971 年 10 月 31 日開播，閩南語連續劇也廣受好評，但 1972 年 4 月起，華視面對各方批評方言節目過多的問題，也採取「自律」的態度，聯合臺視與中視一起協議「自律」，要求方言節目不得超過全部節目時間的 16%。〔註 38〕

　　1972 年 12 月，三家電視臺於台視舉行「淨化」節目協議會議，由中國國民黨中央文化工作委員會副主任陳叔同主持，協議遵照教育部文化局所規定，每天只能有播出一小時的方言節目，並分為午間晚間各播半小時，即只准許兩個 30 分鐘的閩南語連續劇，並規定三臺每天只能播出兩首閩南語歌曲；中央文化工作委員會也在會中表示，希望閩南語演員演出國語連續劇時，能盡量說標準國語，藉由以上改革來「淨化」電視節目，以壓抑方言節目「過多」的問題。〔註 39〕

　　在當局的國語政策下，三臺不得不要求「自律」與「淨化」電視節目，雖然方言節目有極高的收視率，帶給電視公司極大廣告利益，但為求符合國語政策，還是減少方言節目的播出，甚至還將國語節目增加視為是該臺在行政上的「政績」，由此可見，方言節目要在國語政策與威權體制中生存，必須要面臨比國語節目還要嚴苛的考驗。

〔註 37〕台視推出的閩南語布袋戲「雲州大儒俠」系列於 1970～1973 年四年內連播 583 集，還曾締造 97% 的超高收視率，當時被禁播時節目名稱為「雲州四傑傳」。參照邱坤良，《真情活歷史：布袋戲王黃海岱》（臺灣臺北：印刻出版公司，2007 年），頁 149。也參照黃俊雄，《掌上風雲一世紀：黃海岱的布袋戲生涯》，頁 112、120、230。

〔註 38〕中華民國電視學會電視年鑑暨電視叢書編纂委員會編纂，董彭年發行，《中華民國電視年鑑》（臺北市：中華民國電視學會，1976 年），頁 24～27。《聯合報》，1972 年 4 月 13 日，第 7 版。

〔註 39〕《聯合報》，1972 年 12 月 6 日，第 8 版。

1980 年代初期，黨外運動逐漸興起，社會風氣開始出現變化，相關的電視節目規範不僅未見寬鬆，反而更加嚴格。在 1983 年 4 月新聞局長宋楚瑜發布的「電視節目製作規範」中提到，電視事業與從業人員對國家的責任包括了致力「三民主義統一中國」、「闡揚反共國策」等目標外，其中一項明白要求到「推行國語政策，統一全國語言」，可見國語政策與電視節目從業人員的工作緊扣，電視節目也深受國語政策的影響；另外，「電視節目製作規範」還限制了節目的編排和語言播出，各臺被要求每週至少安排 90 分鐘的「國劇」節目，以幫助文化復興運動的推行，此外還要求歌唱節目對方言歌曲的播唱，所佔的比例不得超過五分之一，也要求電視新聞與社教節目不宜任意使用方言訪問受訪對象。〔註40〕

總之，國語政策在 1980 年代所涉入的領域更加多元，影響層面涉及到電視節目工作人員、相關從業人員、節目主持人、電視演員、歌唱藝人與新聞記者，電視媒體只能臣服於國語政策才能生存。

此外，國語運動除了打壓方言節目外，也利用電視節目來推行國語文運動，例如華視在 1981 年 1 月起所推出的「每日一字」，每節三至五分鐘，以日常用字的發音、字型與字義上來介紹，製作嚴謹，廣受好評，也播「每日一辭」節目，說明成語典故出處與正確用法，利用成語故事編成戲劇配合演出，也受到社會各界的好評，行政院新聞局也頒獎嘉勉，相反的成為國語文運動下為政策推行而制定的電視節目。〔註41〕

（三）相關的報刊輿論

當方言電視節目播出，引起社會熱烈迴響時，許多推行國語運動的人士也開始對這現象提出批評，除了對學校要求使用國語更加徹底之外，也要求減少甚至取消方言節目，壓抑方言、獨尊國語的態度來捍衛國語運動。

當 1960 年代台視興起後，閩南語連續劇、布袋戲為廣大市場因應而生，推行國語不遺餘力的《中國語文》月刊，對方言節目廣為流行的現象，也進行批評，該刊於 1965 年 5 月以〈國語文時代的干擾〉為題，對方言節目提出許多意見，並以「一齊人傳之，眾楚人咻之」的觀念來批判方言節目，亦主張取消方言節目，希望憑藉傳播媒體擴大國語文教育的影響，使電視中的國

〔註40〕何貽謀，《廣播與電視》（臺北市：三民書局，1992 年），頁 253～254、265。
〔註41〕張天福主編，《華視十五年》（臺北市：華視文化事業公司，1986 年），頁 36。

語節目作爲國語文時代的主流。〔註42〕

　　在獨尊國語的立場下，方言節目亦有可能被認爲影響國語的推行，但毫無必要以禁絕方言節目的手段來推行國語，徒增省籍衝突之困擾。正當 1970 年代初期，台視所推出的閩南語布袋戲「雲州大儒俠」系列，正如日中天在電視節目中上演時，《中國語文》月刊也再度對方言節目提出批評：

> 政府推行國語當然是希望會了國語的就用國語，所謂用國語是指聽和說兩方面，也就是用耳聽到的都是國語，這在當初指的自然是廣播、電影、戲劇（電視臺以後才有）；用嘴說出的也都是國語……
>
> ……電視臺上的方言節目逐漸減少了，方言電影也逐漸減少了以至於無了，方言戲劇──歌仔戲、布袋戲也由城市中固定的戲院中退出，而變成鄉村酬神用的、不登大雅之堂的野臺子戲了。這表示已會國語文的臺省同胞都不願再欣賞落伍的方言玩意兒了。臺省同胞彼此之間也都是用國語交談，與外省人之間就更不消說了。
>
> ……大家都會用國語之後，方言就要停止使用。臺灣電視公司不懂政府的眞正用意，猶有可原，而執政黨營事業股份的中國電視臺，竟也不懂政府對語言比例的眞正用意，成立後比臺視使用的方言還要多。台視是老大哥，當然不甘示弱，本來一週一二次的方言節目，就改成天天有的節目了……中華電視臺則是教育部與國防部合作成立的，竟也有方言節目。有方言節目就是認爲還有一些人不會國語，也就是不承認國語推行已有成效。推行國語是國家的教育政策，各電視臺的節目都含有社會教育的意義，受過學校或補習教育的都已會國語……
>
> 本來方言（閩南語）電影已自行淘汰了，也就是閩南人都不看了；原來專映閩南語電影的戲院，老早就都改映國片或其他影片。但以台視爲首，中視相繼，華視跟進，又把方言玩意兒復興了，就是都加上閩南語電視劇和連續劇了……本來方言戲劇──歌仔戲、布袋戲也自行淘汰了，就是這種戲已不在城鎮的固定的戲院上演了，而退爲鄉村酬神用的戲劇了，也就是略有一點教育水準的都不看這種

〔註42〕該刊社論〈國語文時代的干擾〉，《中國語文》第 16 卷第 5 期（1965.5），頁 4 ～5。

戲了。但是各電視臺為之還魂了，也就是又在電視臺上上演了。這並不是說電視臺是落後的方言電影戲劇的救星，而是說電視臺如此做法乃在大開倒車！開倒車就是退步。使什麼退步？使國語退步。怎麼退步的？以國家電臺姿態出現的中國廣播公司，仍舊保留第二廣播部分，就是閩南語部分。他們保留閩南語廣播倒不是認為還有不會國語的，而是也和電視臺一樣認為用閩南語節目容易找到廣告客戶。這只是顧本身利益，不顧國家利益的作風！中廣是向電視臺看齊了，而若干民營電臺卻以中廣都還保留著第二部分為由，竟都全部使用方言廣播了。〔註43〕

從以上論述可知，國語政策對方言節目是抱持如此敵視態度，且舉出不符合事實的例證來攻擊閩南語節目，並將傳統以方言為主的歌仔戲與布袋戲打成是不登大雅之堂的落後戲劇，以獨尊國語的姿態，認為布袋戲與歌仔戲這種「方言玩意兒」是教育程度低者才看的「酬神戲劇」，藉此貶低方言節目的存在價值，所以很難不說本土傳統戲劇的沒落與國語政策無關。

　　再者，1971 年 10 月，中華民國政府退出聯合國，開始面臨外交困境，1970 年代初期時，除了延續「中華文化復興運動」的號召外，對本土文化的打壓也絲毫不放鬆，國語運動號召打壓方言，也必然是時空背景下的產物。

　　除了《中國語文》月刊的討論之外，1972 年 12 月，正當閩南語布袋戲與連續劇在電視台獲得高收視率之時，三家電視臺舉行「淨化」節目協議會議，預計將修改成每天只能播出一小時的方言節目〔註44〕，這樣大規模「淨化」電視節目的措施，也立刻引起當時呼籲政治革新的《大學雜誌》激烈討論〔註45〕，不少讀者為閩南語節目辯護而投書，其中一則在 1973 年

〔註43〕 王景華，〈與電視臺談方言節目——讀電視週刊四八三期一○八頁「關於方言節目」有感〉，《中國語文》第 30 卷第 6 期（1972.6），頁 12～13。

〔註44〕 關於電視公司「淨化」電視節目的部分，參照本書第四章第二節，頁 67～68。

〔註45〕 《大學雜誌》創刊於 1968 年。創立者為臺灣大學畢業的青年鄧維楨，參與編輯者為郭正昭、陳少廷、王曉波、張俊宏、張潤書等人，創辦初期偏重文藝、教育與思想，後來轉向以政治革新的言論為主，1971 年 10 月中華民國退出聯合國後，《大學雜誌》提出政治改革的〈國是諍言〉，深入探討國體、政體與法統等問題，並鼓吹自由民主等，許多主張被日後黨外運動吸納。參照薛化元主編，《臺灣全志卷四政治志‧民主憲政篇》（臺灣南投：國史館臺灣文獻館，2007 年），頁 67～69。

2 月以「說句良心話」爲題，認爲閩南語節目無礙於國語推行，該文摘錄如下：

> 閩南語是中國的重要方言之一，並非任何一種外國語。它在臺灣普遍存在……它並不妨礙國語的推行。只有在一種情形之下它才會，那就是學校不教國語，或禁止使用國語。否則絕不會因講閩南語而忘了國語。要使國語普遍推行，並不在消極的禁止閩南語，而是在於積極的去教與學……電視上那麼多英語節目，這些年來不懂英語的人看了也未必見得就能懂英語，所以閩南語節目不會妨礙國語的推行，而是有助於民族的團結……〔註 46〕

在獨尊國語的年代中，《大學雜誌》能包容不同意見誠屬難得，但也很難避免被獨尊國語人士的批判，1973 年 4 月亦有讀者投書，爲方言節目的增減。爭議激起筆戰，以「冷靜地想一想」爲題，堅持以捍衛國語的邏輯，對「說句良心話」一文展開批判，全文摘錄如下：

> ……似乎閩南語節目越多，就表示大家愈高興、愈團結，這眞是謬不可言……今天我們對國語的忽視已經到了怎樣可怕的地步！不要說是一般機關團體，就是被視爲最高學府的各大專院校，以閩南語交談似乎成了理所當然的事，大家都不注意這個問題……二十多年來，如果說本省仍然有許多的中年人不懂國語，那實在很難令人予以致信……可悲的是：竟然有許多人不能明瞭國語所代表的眞正意義，卻潛意識地以爲國語只是一種外省人的話……這是一種多麼保守的想法！……如今若干人竟不能體諒政府用心之良苦，反而有謂：「閩南語節目不會妨礙國語推行，而且有助於民族的團結」這種在根本觀念上所犯的錯誤，是任何一個明瞭現今國家處境的人所無法接受的！……要提醒大家：在這個時候，說國語比說方言要更具有意義！〔註 47〕

「說句良心話」與「冷靜地想一想」二文中，反映當時閩南語節目增減的爭議，獨尊國語的立場仍受到不少《大學雜誌》讀者的捍衛，但亦有讀者開始反省獨尊國語的問題，該刊讀者們以不同立場投書進行筆戰，使國語與方言的衝突一躍成爲知識份子之間的話題。

〔註 46〕草地人，〈說句良心話〉，《大學雜誌》第 62 期（1973.2），頁 47。
〔註 47〕二毛，〈冷靜地想一想〉，《大學雜誌》第 63 期（1973.4），頁 61。

（四）立法院內的討論

立法院內對於方言電視節目的爭議，也出現熱烈討論。1970 年 6 月 4 日，立法院教育委員會對電視節目方言節目「充斥」的問題十分關心，邀請教育部長鍾皎光、文化局長王洪鈞、台視與中視公司的代表與會，會中文化局長王洪鈞表示，將按照「節目輔導原則」第 3 條規定，要求電臺國內廣播，方言時間比率不得超過 50%；會中代表西安市的立委趙文藝卻嚴厲批評，電視中播放方言節目，將造成對國家統一國語政策背道而馳的現象，甚至批評方言播音佔 50%，將與國語節目「平分秋色」，要求文化局對此修正。〔註 48〕

同年 6 月 11 日，同樣議題在立法院再次討論，代表大連市且積極主張禁絕方言的立法委員穆超表示，閩南語的歌仔戲與布袋戲等地方戲劇都是落伍、低級趣味的節目，臺灣通行方言會造成本省人與外省人分裂，要求廣播電視應學習義大利政府，全面禁絕電視播放方言節目，雖然不反對布袋戲與歌仔戲的地方藝術性，但是需以國語播出，並認為方言電視節目違背國民生活須知，要求所有電視節目，連同廣告全都採取百分之百的國語播音，藉此統一國家語言，促進民族團結。〔註 49〕

立委穆超這種禁絕方言節目的主張，為所有本省與外省立委當中最激烈者，亦有部分委員支持，代表四川省的立委王純碧也認為電視方言節目太多，妨礙國語推行，電視節目使兒童「耳濡目染」，自然就不說國語，在方言猖獗下，政治野心家就利用語言隔閡來分化民族或割裂國土，也攻擊閩南語話劇對白低級，要求各電視臺布袋戲節目改用國語；代表山東省的立委楊寶琳也認為歌仔戲與布袋戲多哭啼神怪，電視臺的方言比例應該逐年下降，不出五年即可淘汰所有方言節目。〔註 50〕

在國語運動與威權體制下，大部分的立委不可能反對國語政策，只不過有些立委認為應以漸進方式改變，或只建議方言節目份量降低，例如代表天津市的立委溫士源認為，方言節目既有地方戲的色彩與特徵，若用國語配音

〔註 48〕〈立法院教育委員會第 45 會期第 12 次全體委員會議紀錄〉，《立法院公報》
　　　　第 59 卷第 50 期（1970.7），頁 7～21。

〔註 49〕〈立法院教育委員會第 45 會期第 13 次全體委員會議紀錄〉，《立法院公報》
　　　　第 59 卷第 56 期（1970.7），頁 13～16。

〔註 50〕〈立法院教育委員會第 45 會期第 13 次全體委員會議紀錄〉，《立法院公報》
　　　　第 59 卷第 56 期（1970.7），頁 21～24。

則失地方風味，所以並不主張反對方言節目，只提出方言節目不宜過多以符合國語政策；代表職業團體的立委王大任認爲，歌仔戲的問題雖多，但由於是以方言表達故備受指責，但又爲本省同胞普遍接受，所以建議需有限度保留，採取逐漸淘汰的溫和政策。可見並非所有立委（或說是所有外省立委）都主張立即禁絕方言節目。〔註51〕

本省籍立委對於方言節目的爭議，也面對方言布袋戲與歌仔戲在電視臺熱烈演出的盛況時，曾爲《國語日報》社長的本省籍立委洪炎秋，在立法院教育委員會第 45 會期第 14 次全體委員會議中，面臨諸多外省立委對方言節目的質疑下，也同意布袋戲怪刀亂神部分的確有需要改進之處，但是也認爲不該阻止布袋戲與歌仔戲的演出，嚴正聲名推行國語絕不可以採用秦始皇削平群雄、定於一尊的「霸道」方式，認爲在政府與學校等其他公共場所應提倡使用國語，十餘年後國語自然普及，到時只需遺留下少數方言節目，供老年人去觀賞，所以不宜立刻全部刪除方言節目。

洪氏身爲臺籍人士，了解若要閩南人一律改爲使用國語，乃非容易之事，所以在電視臺的政策中較爲折衷，甚至認爲布袋戲與歌仔戲可使用方言，以保留鄉土色彩。另一位臺籍立委何景寮也受到臺灣省民的委託，認爲推行國語不需減少閩南語節目，方言娛樂節目也應該給予尊重。〔註52〕

1975 年 3 月，無黨籍出身、以增額立法委員身分的臺籍立委黃順興提出質詢，對電視臺將臺語電視節目「傻女婿」改爲國語發音一案，對新聞局表示不滿，認爲電視節目應檢討其他的不當內容，而不是只一味「熱心」地限制臺語節目；同年，黨外出身且由臺北市選出的立委康寧祥表示，國語運動已經在年輕一輩有成效，當局不需再以各種措施干擾民眾感情，電視台節目已經減少掉許多方言節目，「傻女婿」、「圓環阿郎」等鄉土滑稽和市井小民生活劇情的電視劇，改成國語發音後使得全省觀眾反感，康寧祥並指出，「善爲政者，必如河川順勢而下，若逆勢而上，萬般施政必事『倍』而功『潰』」，可見不少民意代表已經對國語政策反感，建議政府必須重視觀眾心聲，而不是一味壓抑方言而惹來民怨。〔註53〕

〔註51〕 〈立法院教育委員會第 45 會期第 13 次全體委員會議紀錄〉，《立法院公報》
　　　　 第 59 卷第 56 期（1970.7），頁 17～20。
〔註52〕 〈立法院教育委員會第 45 會期第 14 次全體委員會議紀錄〉，《立法院公報》
　　　　 第 59 卷第 57 期（1970.7），頁 4～11。
〔註53〕 〈立法院第一屆第 55 會期第 3 次會議紀錄〉，《立法院公報》第 64 卷第 18

　　1975 年 11 月，立法院召開第一屆第 56 會期第 15 次會議，會中由立法院教育、交通、內政三委員會報告，並審查行政院函請審議之「廣播電視法草案」，對於方言節目的播出，又進行充分討論。代表甘肅省的立委魏佩蘭，對於「廣電法草案」中的第 21 條：「電臺對國內廣播播音語言應以國語為主，其所應佔比率，由新聞局視實際需要定之」提出修正案，魏委員認為 21 條應改成「電臺對國內廣播播音語言，以國語為主，方言應逐漸減少，以期統一國語，在未統一國語前，方言所占比率及全面以國語播音之時間，由新聞局視實際情形定之」，字裡行間展現出壓抑方言的政治態度；本省籍山地立委華愛也以書面提出意見，認為學童土音土腔濃厚等國語不標準問題，都是受方言節目的影響；主張禁絕方言不遺餘力的大連市立委穆超，也十分同意魏佩蘭委員的看法，甚至認為方言是落後的語言，應該使其慢慢消滅，上海話、廣東話與福州話也是一樣，且方言有音無字，不登大雅之堂，本省籍學生國文程度差，就是因為平日說方言，過去保守觀念太深，並沒有消滅閩南語這種落後方言，所以取消方言節目是推行國語的重要工作。〔註 54〕

　　該會議的討論中，當然也並非所有立委都主張禁絕方言節目，本省籍立委許世賢同意播音以國語為主之原則，但也主張本條應改成「國語為主，臺語為副」，認為播音以臺語為副可以增加團結力量，不該消滅臺語、客家話與山地話等方言。〔註 55〕除了本省籍立委捍衛方言播音之外，也有不少外省立委聲援方言播音，代表遼寧省的立委費希平認為，廣電若硬性用國語播出，對本省 40、50 多歲觀眾或農村而言，反而妨礙宣導政令工作；代表湖南省的立委莫萱元也認為，閩南語節目已經逐漸減少，而地方戲曲不能勉強使用國語，推行國語並非一定要消滅地方戲曲，硬性國語播音並不完全合理；代表河北省的立委吳延環，雖然也同意電視是推行國語的重要工具，但是否認方言是落後語言的看法，認為語言都相互平等，此案須折衷思考；代表河南省的立委劉錫五也認為，本案須提出折衷方案，大致上以國語為主，方言不取消的原則，授權新聞局決定比例；同樣與穆超代表大連市的立委侯庭

期（1975.3），頁 40。〈立法院第一屆第 55 會期第 4 次會議紀錄〉，《立法院公報》第 64 卷第 19 期（1975.3），頁 13。
〔註 54〕　〈立法院第一屆第 56 會期第 15 次會議紀錄〉，《立法院公報》第 64 卷第 93 期（1975.11），頁 11～15。
〔註 55〕　〈立法院第一屆第 56 會期第 15 次會議紀錄〉，《立法院公報》第 64 卷第 93 期（1975.11），頁 13。

督更是語出驚人表示，秦始皇也只有「書同文，車同軌」，並未強迫語言統一，住在山區的老嫗不與外界接觸，也無需學國語，現行國語乃滿州人到北平後的語言，過去大陸時期也並未要求浙江人、廣東人或四川人說國語，不需強迫臺灣人說國語，而且九年國民教育已經推動，語言問題自然可以解決。〔註56〕

　　由以上討論可見，禁絕方言播音不只本省立委反對，連不少外省立委都認為不需、不宜如此禁絕方言，方言與國語的衝突不只表現在本省人內部，不少中、老年的外省人士也帶有濃厚鄉音，短期內糾正不易，所以斷然否定所有方言的價值，自然也為外省人士所不容，成為國語運動在各省籍中展現出的矛盾問題。但是，討論最後仍決議，廣電法第21條中仍修正並加入「方言應逐漸減少」的規定，院會最後也無異議通過。

表 4-2-3：1975 年 11 月立法委員對「廣電法草案」21 條的意見

立 委	省 籍	會中的主張與態度
魏佩蘭	甘肅省	電臺廣播播音應以國語為主，方言應逐漸減少。
穆 超	大連市	方言是落後的語言，應該使其慢慢消滅。
華 愛	臺灣省 山地同胞	認為學童土腔濃厚等國語不標準問題，都是受方言節目影響。
許世賢	臺灣省	建議「國語為主，臺語為副」，不該消滅臺灣各種方言。
費希平	遼寧省	廣電若硬性只用國語播出，反而妨礙宣導政令工作。
莫萱元	湖南省	推行國語並非一定要消滅地方戲曲，硬性國語播音並不完全合理。
吳延環	河北省	否認方言是落後語言，認為語言相互平等，此案須折衷思考。
劉錫五	河南省	主張以國語為主，方言節目不取消的折衷方案。
侯庭督	大連市	不需強迫臺灣人說國語，語言問題可自然解決。

資料來源：〈立法院第一屆第 56 會期第 15 次會議紀錄〉，《立法院公報》第 64 卷第 93 期（1975.11），頁 11～20。作者整理製表。

　　當局在限制方言節目的方針下，自然使許多不善國語的本省觀眾關掉電視，但是電視中的新聞節目，一般民眾多半都有收看的需要，對不嫻熟國語

〔註56〕〈立法院第一屆第 56 會期第 15 次會議紀錄〉，《立法院公報》第 64 卷第 93
　　　　期（1975.11），頁 13～20。

之本省民眾而言，國語播音遂成為收看新聞之障礙，有鑑於此，1979 年 12 月，由桃竹苗地區選出的本省籍增額立委呂學儀，在立法院外交、內政、教育三委員會會議中，建議新聞局長宋楚瑜，由三電視臺輪流以閩南語播報新聞，宋局長則回應以現行已增加一週綜合新聞報導之節目，但是也必須遵照「廣播電視法」的規定辦理，並未承諾增加閩南語新聞。〔註57〕

1978 年 12 月 16 日，美國政府告知臺北當局，將終止與中華民國政府的外交關係，中華民國在臺灣的地位在國際上更加風雨飄搖，社會上人心惶恐不安，許多黨外人士也利用時機批判時政。1979 年 12 月，美麗島事件爆發，黨外人士聚集高雄，提出實行國會全面改選等民主改革，政治氣氛為之變化，但 1980 年 4 月，在一次的教育、內政、外交聯席會議中，新聞局長宋楚瑜進行工作報告，除了強調電視應加強國語推行等社會教育之外，宋局長也表示將依「廣播電視法」，減少臺語節目，終至全部以國語播出為止。〔註58〕如此鐵腕決定壓抑方言節目，為許多本省民眾所詬病，也成為日後宋楚瑜從政遭受政敵攻擊之處。

然而同年 5 月，代表遼北省的立委高語和對新聞局質詢時，也提出三家電視臺之一每日晚間七點半播報閩南語新聞，但也建議減少「低級趣味」的閩南語連續劇，高委員之意主要是希望藉閩南語新聞增強政府與民眾的溝通，也提出以本省學者用閩南語來駁斥臺獨謬論，將具有十足的政治效果，不難看出當時政治走向的劇烈變化。〔註59〕

在該會的質詢中，主張積極禁絕方言的穆超立委，除了強調「廣播電視法」的方言原則，以及批判中和市民意代表用方言開會等獨尊國語的意見之外，穆超委員根據《中國報導週刊》報導，提出去年（1979 年）12 月 10 日高雄暴動事件（即美麗島事件），目的在於建立「臺灣共和國」，即以閩南語為「國語」，批判臺獨以利用方言來進行分裂國土，這種獨尊國語的語言政策正好與「大中國意識」與威權體制的意識形態相互呼應，「臺語使用」卻因此成為統獨意識形態的符碼之一，所以很難不說國語運動與威權體制

〔註57〕〈立法院外交、內政、教育三委員會第 64 會期第三次聯席會議紀錄〉，《立法院公報》第 69 卷第 15 期（1980.2），頁 3～11。

〔註58〕〈立法院教育、內政、外交三委員會第 65 會期第一次聯席會議紀錄〉，《立法院公報》第 69 卷第 63 期（1980.8），頁 38、44。

〔註59〕〈立法院教育、內政、外交三委員會第 65 會期第二次聯席會議紀錄〉，《立法院公報》第 69 卷第 64 期（1980.8），頁 11～13。

無關。〔註60〕

　　1970 年代的十年間，限縮方言節目時間的問題屢屢被討論，本省籍立委爲捍衛本省觀眾的權利，爲減少方言節目一案提出不少反對意見，甚至提出增加閩南語新聞等主張，例如洪炎秋、許世賢、何景寮、康寧祥、黃順興與呂學儀等，其中洪炎秋還是國語運動推行的要員，也反對禁絕方言節目；其中也有不少外省籍立委，在國語運動的氣氛環境中，也對方言節目抱持著折衷、客觀甚至肯定的態度，例如溫士源（天津市）、王大任（職業團體）、費希平（遼寧省）、莫萱元（湖南省）、吳延環（河北省）、劉錫五（河南省）、侯庭督（大連市）等，可見保存方言節目的立場，並非完全可用省籍出身來畫上等號，這也是值得一提與思考的問題；而積極主張禁絕方言節目的穆超（大連市）與魏佩蘭（甘肅省）委員，很明顯反映出當局獨尊國語且有心禁絕方言的心態，濃厚的「大中國意識形態」與一黨獨大的威權體制結合，在萬年國會「繼承法統」的體制中，執行語言政策上的統治，高舉國語推行之大纛，毫不給臺灣本土方言一絲喘息空間，甚至惡意攻擊本土方言，由此獨尊國語的心態，很難不激起省籍對立與語言衝突的火花。

三、電影方面

　　電影自從二十世紀初期興起後，不僅提供大眾娛樂，更是在成爲各國政府有力的宣傳媒體。臺灣的電影發展從日治時期以來，在電影的製作與放映上，都受到政府政策的強力控制，也因此出現了不少政治宣傳片，戰後國民政府接收臺灣，不久又爆發二二八事件，1949 年 5 月臺灣省警備總司令部公布「臺灣戒嚴令」，同年公佈「懲治叛亂條例」，1951、1952 年頒布「軍機治罪條例」，當這些限制言論、創作自由的法令同時高舉時，也成爲了政治宣傳片興起的背景。〔註61〕

　　政府遷臺後，國語政策在學校教育與社會推廣的領域廣闊，電影工業暨受到反共的政治宣傳影響，自然趨於號召民族大義，並以濃厚的政治意識型

〔註60〕　〈立法院教育、內政、外交三委員會第 65 會期第二次聯席會議紀錄〉，《立法院公報》第 69 卷第 64 期（1980.8），頁 13～16。夏金英，〈臺灣光復後之國語運動（1945～1987）〉（臺北市：國立臺灣師範大學歷史研究所碩士論文，1994 年），頁 94。

〔註61〕　黃仁，《政策電影研究──電影與政治宣傳》（臺北市：萬象圖書公司，1994 年），頁 5。

態對電影播放進行管控，並透過「獎勵辦法」來鼓勵符合政策的電影，例如行政院新聞局在 1959 年公佈的「四十七年度獎勵國語影片辦法」；相反的，也透過檢查制度來貶抑臺語電影，展現出國語政策在電影中的播放原則。

在 1959 年行政院新聞局公佈的「四十七年度獎勵國語影片辦法」中，以獎勵國內外優良國語影片為緣起，並以內容能配合國策而深具倫理教育者等劇情片或紀錄片為獎勵對象，當然須以國語發音。其中在劇情片中，特別獎頒發五部，每部獎金新台幣 5 萬元；優等獎 15 部，獎金新台幣 5 萬元；普通獎 20 部，獎金新台幣 2 萬元，紀錄片優等者亦有上萬元之獎金。此外，新聞局在 1960 年時仍公佈類似的國語影片獎勵辦法，即連續兩年都為國語影片獎勵，由此可見，優質的國語電影可受到新聞局極高的獎勵報酬，不失國語政策在電影方面的落實。〔註 62〕

1960 年以後，國語電影不僅受到政府獎勵，1962 年行政院新聞局正式頒佈「國產影片金馬獎」獎勵辦法，對於國語電影創作的個人技術、編劇、導演、演技、攝影與音樂表現優異者，將可獲得 1 萬到 3 萬的高額獎金，並使「金馬獎」作為國語影片的最高榮譽，但「金馬獎」的獎勵範圍並不包括國產臺語電影，因此使許多電影創作者放棄臺語電影。〔註 63〕

臺語電影不僅未見到政府相關獎勵，反而處處受到法令刁難。1958 年 1 月，新聞局電影檢查處（簡稱電檢處）訂立「臺語片攝製方針十一條」，主要乃針對臺語片在戰後大量興起，以內容多半不妥而進行管理，除了規定片名及歌詞文字以國語為主，且避免用簡字或方言外，電檢處也認為臺語片中多穿插姦殺等不妥情節，也認為畫面誇大描寫、淋漓盡致、刻劃入微，寓有嚴重誨淫盜作用，影響社會善良風俗及不良影響，所以電檢處須慎重修剪影片，並制定攝製方針十一條供本省製片人士參考改進。〔註 64〕

〔註 62〕 薛化元、楊秀菁、林果顯編註，《戰後臺灣民主運動史料彙編（九）言論自由（一）》，頁 747～750。

〔註 63〕 最早的「金馬獎」影展源於 1957 年臺語片的十項獎項，當時臺語片影展獎名稱亦稱為「金馬獎」，1962 年以後該名稱卻被國語影展獎所使用，臺語片反而被排拒在外，參照黃建業總編輯，《跨世紀台灣電影實錄 1898～2000（上冊1898～1964）》（臺北市：行政院文化建設委員會、財團法人國家電影資料館，2005 年），頁 27、407。

〔註 64〕 「臺語片攝製方針十一條」原文參照本書附錄 2，選自《微信新聞報》，1958年 1 月 12 日，第一版。參照薛化元、楊秀菁、林果顯編註，《戰後臺灣民主運動史料彙編（九）言論自由（一）》，頁 742～744。

此外，根據新聞局電檢處訂立的「臺語片攝製方針十一條」中，就可以看到臺語片的定調，多半被攻擊成不登大雅之堂的荒謬劇情，使得臺語影片很容易會被視爲是低級、荒淫、暴力與迷信的代名詞。〔註65〕由「攝製方針」可知，臺語電影受到的限制極多，若稍有社會寫實意味主題的電影，都很容易與「攝製方針」衝突，而被扣上違背倫常、暴力、黃色、墮落、迷信等罪名來打壓，也造成臺語片逐漸走下坡。

臺灣在光復前面臨日本的殖民政策，被迫接受皇民化運動，本土的母語已經被受打壓，無法藉由合理的管道抒發不滿；光復後面對二二八事件、經濟民生凋弊與政府遷臺等重大事件，人心多半不安與愁苦，臺語電影則多半反映時代變遷，也以社會寫實的角度來制定主題，在劇情內容上，臺語片也自民間故事取材，例如《薛平貴與王寶釧》；或以臺語流行歌曲改編成電影，例如《望春風》；也有取自社會上的兇殺案，例如《運河殉情記》，這些都成爲廣受社會歡迎的臺語電影。當然臺語電影有語言上的優勢，自然可以在市場上獲得佳績，1956 年就有 24 部臺語片生產，1957 年生產出 81 部，到了 1958 年當局開始訂立臺語片攝製方針時，該年也生產出 82 部臺語電影，也成爲臺語片的黃金時期，1960、1961 年臺語片產量驟減，但由於在市場上廣受歡迎，1962 到 1968 年時產量也遠高於國語片，出現第二次高潮的榮景。〔註66〕

表 4-2-4：1955～1974 年臺語片與國語片的產量比較表

年　代	臺語片數量	國語片數量	年　代	臺語片數量	國語片數量
1955 年	3 部	6 部	1965 年	100 部	49 部
1956 年	24 部	10 部	1966 年	144 部	28 部
1957 年	81 部	7 部	1967 年	116 部	46 部
1958 年	82 部	4 部	1968 年	115 部	35 部

〔註65〕原文選自《徵信新聞報》，1958 年 1 月 12 日，第一版。參照薛化元、楊秀菁、林果顯編註，《戰後臺灣民主運動史料彙編（九）言論自由（一）》，頁 743～744。

〔註66〕陳儒修英文原著、羅頗誠譯，《台灣新電影研究——台灣新電影的歷史文化經驗》（臺北市：萬象圖書公司，1997 年），頁 31。也參照黃仁，〈台語片勃興的社會背景和影響　兼談台語影史常見的謬論〉，《電影欣賞》雙月刊第 47 期（1990.7），頁 19。

1959 年	38 部	17 部	1969 年	27 部	29 部
1960 年	23 部	11 部	1970 年	26 部	133 部
1961 年	8 部	6 部	1971 年	24 部	151 部
1962 年	77 部	7 部	1972 年	43 部	123 部
1963 年	98 部	5 部	1973 年	11 部	165 部
1964 年	94 部	10 部	1974 年	6 部	226 部

資料來源：黃仁，〈台語片勃興的社會背景和影響　兼談台語影史常見的謬論〉，《電影欣賞》雙月刊第 47 期（1990.7），頁 19。

　　由表 4-2-4 可知，1962～1968 年間正是臺語片發展的最高峰，國語片根本不是對手，但是臺語片卻在短短幾年內就陷入低潮，1970 年以後國語片轉而以壓倒性的比例凌駕在臺語片之上，臺語片之所以沒落，除了電視逐漸普及之外，主要在於國語片和臺語片兩者在當局中的差別待遇。曾經為臺語電影導演的林福地認為，政府基於臺語為地方性語言，為推行國語從不制定政策來輔導、改善臺語片，甚至希望臺語片早日絕跡。且因為林福地導演拍了很多臺語片，當時的新聞局還將林導演列入「黑名單」，故意從中挑毛病，也勸戒其改拍國語片，縱使臺語片成績一度斐然，但是在不利的政策環境中始終困頓拮据。〔註 67〕

　　除了林福地導演認為國語政策影響甚劇之外，其他的導演也有相似的看法，李泉溪導演認為，政府對臺語片抱持著「自生自滅」的態度，對輔導國語片相對積極，但卻不輔導臺語片，甚至新聞局還惡意攻擊與批評，雖然沒有明文限制臺語片，但卻完全不加保護與管理，上級對臺語片申請開拍時，總是會以「不太好吧？」等負面語氣來否定，以相當消極的態度來看待臺語片。〔註 68〕另外，國語片可以享有進口片的配額輔導，亦有經費補助，臺語片卻毫無這些待遇；導演張英認為，政府對臺語片的政策就是「沒有政策」；演員兼導演的傅清華也認為，臺語片的沒落受到潮流影響，國民教育日漸普

〔註67〕 蔡明燁整理，〈「如何保存台灣電影文化的資產」座談會〉，《電影欣賞》雙月刊第 47 期（1990.7），頁 9。

〔註68〕 除了李泉溪導演認為政府對臺語片態度消極之外，臺語片導演辛奇亦有相同之感，參照鍾喬主編，《台語片時代（一）》（臺北市：國家電影資料館，1994年），頁 150。也參照蔡明燁整理，〈「如何保存台灣電影文化的資產」座談會〉，《電影欣賞》雙月刊第 47 期（1990.7），頁 10～11。

及，在國語運動的推行下，臺語片就漸漸不受流行。〔註69〕

　　1970 年前後，臺語片已經逐漸衰弱，在臺語片興盛時期全省放映的地點高達 300 多處，到 1970 年時僅剩 80 多處，許多較有規模的臺語片公司也改拍攝國語電影，臺北地區長期放映臺語片的「大光明」、「大觀」、「建國」等三家戲院不堪長期虧損，也走向與國語片戲院合併的命運。〔註70〕

　　在國語運動和臺語電影興衰的討論中，語言政策自然導致市場的走向，臺語影片在戰後興起，主要原因仍在於大多數本省籍觀眾聽不懂國語，但是後來不懂臺語的本省籍人士多半已進入中老年，逐漸減少觀眾客源，新生代觀眾嫻熟國語，且 1970 年代以後國語片水準提高，年輕觀眾轉向著迷國語影星，臺語電影就自然失去其優勢條件。〔註71〕

〔註69〕當時國語片可以享有進口片的配額輔導，根據 1974 年行政院新聞局頒佈的
　　　　「外國電影片配額輔導國語影片實施要點」國語影片得給予積點獎勵，曾獲
　　　　得金馬獎之電影則積點獎勵加倍，參照黃建業總編輯，《跨世紀台灣電影實錄
　　　　1898～2000（中冊）》（臺北市：行政院文化建設委員會、財團法人國家電影
　　　　資料館，2005 年），頁 704，參照蔡明燁整理，〈「如何保存台灣電影文化的資
　　　　產」座談會〉，《電影欣賞》雙月刊第 47 期（1990.7），頁 10～11。
〔註70〕黃建業總編輯，《跨世紀台灣電影實錄 1898～2000（中冊）》，頁 605。
〔註71〕黃仁，〈台語片勃興的社會背景和影響　兼談台語影史常見的謬論〉，《電影欣
　　　　賞》雙月刊第 47 期（1990.7），頁 14。

第五章　解嚴後母語運動的興起

　　40 多年的國語運動，對本土母語產生極大的傷害，黨外本土化運動人士紛紛公開批判國語運動，同時也進行了許多母語教育方案的討論，奠定日後母語教育的基礎。在政府的立法部門，臺灣省議會與立法院也不斷出現語言衝突，另一方面，教育部仍再度恢復「國語推行委員會」，擬定嚴苛的「語文法」草案，引起各界震撼。

　　在社會其他領域方面，1980 年代中期以來，電影創作者也突破當局禁忌，嘗試以多元語言的劇情安排，以寫實風格展現臺灣的多元語言現象；大量閩南語對白的八點檔連續劇也開始播出，也受到大眾歡迎；臺灣方言文學也開始受到作家重視。

　　另外，客家族群也開始重視自身母語的保存，1988 年 12 月 28 日客家族群發動「還我母語」客家運動，主要訴求在於全面開放客語節目、建立多元開放的語言政策等目標。客家母語運動要面臨到的不只是國語政策的壓迫，也必須面臨到「福佬沙文主義」對客語的排擠。在 1980 年代的原住民運動中，已經開始喚起原住民族的主體意識，原運人士也試圖以憲法中保護少數民族的條文，推廣各式原住民文化復興的運動，也要求實施「雙語教育」等措施，期盼原住民能保留自身的母語與文化。

第一節　母語運動的發起

　　母語運動興起前，批判國語運動聲浪風起雲湧，相關母語教育的方案也使不少專家學者討論，結合本土化運動的發展，使母語運動開始在各領域中

受到重視。

一、本土運動的開展

中央政府遷臺以來，本土政治力量始終未中斷，1960 年代郭雨新、李萬居、許世賢與高玉樹等人，仍是本土政治力量的重要角色，1970 年代以後，本土運動藉由興辦雜誌刊物，開始在政治體制外發展，例如《大學雜誌》、《台灣政論》、《八十年代》與《美麗島雜誌》等，作爲本土的政治社會運動發展的空間。〔註1〕在執政黨方面，中國國民黨也在 1970 年代初期進行人才本土化政策，主要在於選拔臺灣新一代的政治精英，並納入國民黨的領導階層中。〔註2〕

在社會領域方面，1970 年代的臺灣，面臨 1971 年的保衛釣魚台事件與退出聯合國的衝擊，出現民族認同的與對抗官方文化的價值，反對西化的鄉土運動，成爲知識份子參與文化運動的焦點。〔註3〕

在文學領域方面，1977 年作家葉石濤提出「臺灣意識」一詞，詮釋臺灣鄉土文學作品的性格，認爲臺灣鄉土文學是以「臺灣爲中心」來透視世界，使得陳映眞、詹宏志、李喬、宋澤來等作家紛紛討論「臺灣文學」的定位，激起相關文學本土化的相關討論，也發展出不同於官方的反共文學意識型態的文學，將以臺灣這片土地的人民生活經驗，作爲文學本土化的中心，開啓 1970 年代後期的鄉土文學論戰，使臺灣作家開始對 30 年來臺灣的社會、經濟與文化進行回顧與反省，這些論戰影響了 1980 年代以後知識界對「臺灣意識」與「中國意識」的論爭，進而轉化成政治上本土化與統獨議題等意識。〔註4〕

1970 年代以後，本土運動在各領域逐漸發展，激起社會、政治、文化各方面的反省與檢討，也促使黨外運動具有濃厚的本土化、民主化的色彩，進

〔註1〕 張炎憲，〈建立台灣主體性文化的省思〉，《台灣春秋》第 13 期（1989.10），頁 280。

〔註2〕 彭懷恩，《台灣發展的政治經濟分析》（臺北市：風雲論壇出版社，1991 年），頁 167～171。

〔註3〕 王浩威，《台灣文化的邊緣戰鬥》（臺北市：聯合文學出版社，1995 年），頁 193。

〔註4〕 施敏輝，《台灣意識論戰選集》（臺北市：前衛出版社，1990 年），頁 210～246。若林正丈、洪金珠、許佩賢譯，《台灣──分裂國家與民主化》（臺北市：前衛出版社，1994 年），頁 190～191。

一步開始對政府推行的國語政策進行檢討與批判。

二、對國語運動的批判

　　國語運動進行多年，對本土方言與各族群母語傷害很大，在 1980 年代風起雲湧的社會運動中，也出現不少批判國語運動的言論。

　　解嚴前夕，社會運動就已風起雲湧，除了 1979 年 12 月的「美麗島事件」之外，黨外人士也創辦了不少雜誌，批評國民黨一黨獨大的威權體制，不少批評國語政策的意見，也出現在這些黨外人士出版的書籍與報刊中，反映出國語政策不得民心之處，例如著名黨外禁刊雜誌《八十年代》，曾以 1981 年台視的閩南語連續劇「青春悲喜曲」中，男女主角對白突然改用國語發音為例，控訴電視劇的語言歧視，並以臺灣社會充斥「雙聲帶」和「三聲帶」的語言習慣，認為可以在不同場合使用不同語言，批評當局以政治力量執意區分國語和閩南語節目，反而使固定觀眾永遠只看閩南語節目或國語節目，更是不利國家整合與發展，臺灣社會本來就存在國語、閩南語、客語三種主要的母語系統，三種語言對白夾雜在電視劇中實乃「同中有異」的社會現實，並且可用中文字幕來解決部分觀眾的接受問題。〔註5〕

　　除此之外，1982 年華視播映的歌仔戲「七世夫妻」，也因為政策而被迫改用國語發音，引發許多反彈聲浪，而被當局列為禁刊的《亞洲人》期刊，則以〈國語歌仔戲不倫不類〉一文，批評當局壓迫閩南語節目，並以「硬要阿婆穿迷你裙」、「給阿媽的一封信」、「北門城上嵌一個青天白日的黨徽」等詼諧、生動比喻的口吻，重批當局假借「推行國語」之名，行「消滅地方藝術」之實，以推行國語為藉口來消滅臺語。〔註6〕

　　1987 年 7 月 15 日，蔣經國總統宣布解除戒嚴，之後陸續解除黨禁、報禁，社會風氣逐漸開放，人士以藉由各種傳媒管道，表達不一樣的聲音，本土化運動也隨之而起，甚至開始檢討過去國語政策的問題。同年 8 月，臺灣省政府通令全省，要求不得再以體罰、罰錢、掛狗

〔註5〕 老傑，〈讓電視劇的語　　　《八十年代》第 2 卷第 3 期（1981.
　　　3），頁 101。本文轉引　　　、林果顯編註，《戰後臺灣民主運動
　　　史料彙編（十二）言論　　　臺北：國史館，2004 年），頁 2284
　　　～2286。

〔註6〕 黃千芝、康文雄、李安　　　不倫不類〉，《亞洲人》第 3 卷第 5 期
　　　（1982.10），頁 48～51　　　化元、楊秀菁、林果顯編註，《戰後
　　　臺灣民主運動史料彙編　　　由（四）》，頁 2389～2397。

牌等不當手段處罰在校園內說方言的學生，以免這項失宜的作法，激起民眾誤解政府推行國語教育是有意消滅方言。〔註7〕歷時40多年的國語運動，終於在1980年代的社會變革風氣中，開始見到政府當局的檢討與修正。

當局在重新思考語言政策時，一般報章雜誌也開始討論「多語問題」，不再堅持過去的獨尊國語的政策，1987年8月鐵公路開始實施雙語服務，以國語和閩南語雙語播音，黨國色彩較薄弱的《自立晚報》，也在該刊的「自立論壇」中，討論鐵公路的多語服務，並提出除了多增加閩南語播音之外，更能增加客家話與山地語，例如在桃竹苗屏等客家人較多區域加播客家話、嘉義加播曹族語、屏東加播排灣族語等，以展現多采多姿的臺灣文化。〔註8〕

1986年9月28日民主進步黨在臺北成立，突破當局黨禁限制，並主張臺灣前途應由臺灣全體住民共同決定，確立民主自決的原則。該黨在最初創黨的性格中，擁有濃烈的民主化、本土化、追求公義的理想，對國民黨一黨獨大的威權體制提出許多批判，引發社會各界的激烈討論。在新觀念對舊體制的衝擊之下，臺灣社會也一步步朝向多元、進步、民主與開放的方向邁進，成為十幾年來黨外運動的總結成果。〔註9〕1980年代末，社會變革的呼聲在各地風湧雲起，社運人士在現實與夢想、價值解構與重建的年代中，在劇變的社會中扮演著舉足輕重的角色。

在獨尊國語數十年的單一語言政策上，本土的母語受到嚴重排擠，也成為民進黨等社運人士所討論，在民進黨對外發行的《民進報》週刊中，提出不少批判「中國大一統意識」與「中華文化核心價值」的理念，並以歷史發展形成「臺灣民族」，在「文化摩擦」下產生「我群意識」，認為臺灣本土離中國大陸的各政權都相當遙遠，也因此臺灣人能形成「臺灣本土意識」，甚至在傳播「族群意識」中，也能產生「建國意識」，成為本土化論述建構的一環；在《民進報》26期中，更是出現強烈批判國語政策的言論，批評當局在美麗島事件大審時，將黨外人士說臺語中的「打拼」（奮鬥）一詞，誣陷成是「革命造反」之意；也批評對說母語的學生處罰等惡劣教育，並以蔣氏父子與俞國華（時任行政院院長）終身使用浙江話而不受譴責的雙重標準例證，批判

〔註7〕黃宣範，《語言、社會與族群意識：台灣語言社會學研究》（臺北市：文鶴出版社，1993年），頁56～57。

〔註8〕洪惟仁，〈鐵公路局應實施多語服務〉，《自立晚報》，1987年8月24日，第4版。

〔註9〕民主進步黨網站：http://www.dpp.org.tw/（2008/12/5）。

國語運動的荒謬，甚至以「割斷母親的舌頭」、「蔣朝官話獨霸臺灣」的激烈聳動標題來批判國語政策。〔註10〕

　　1988 年 12 月，《客家風雲》雜誌社邀請多位語言學者，討論臺灣的語言政策，其中臺灣大學外文系教授黃宣範表示，1972 年廣電法通過，造成 1980 年代各語族抗議，過去的國語政策也使各語族不滿，國語政策甚至在電視上塑造方言的低級形象，使得觀眾不知不覺在心理上都以為說方言者多為流氓、妓女和沒知識者，也透過處罰手段來禁絕方言，包括脖子上掛牌子、罰款等惡劣手段，這些都是國語政策誤導下一代歧視母語的證明；臺灣大學哲學系教授劉福增以客家人身分表示，「國語運動」或「國語」一詞都帶有統治者心態，都是統治者藉由推行標準語來推動政治運動，所以「國語」一詞並不被諸多語言學家認同，而中國大陸以「普通話」一詞來定義標準語，相較臺灣使用「國語」一詞還要進步；臺灣文學作家陳映真認為，客家語面臨的危機有三：第一為客家人階級較低，客語族群多為經濟弱勢，第二為閩客歧視嚴重，來源自歷史上的分類械鬥，第三在於臺灣的資本主義化，市場貨幣經濟發展造成傳統客家莊沒落，陳映真也認為需要拋棄中原語系獨大的心理，也不應該使福佬話獨大，原住民各族的語言也應給予尊重。〔註11〕

　　由以上討論可知，不論是黨外運動人士、知識界與文化界人士，都對國語政策提出不少檢討與批判，然而執政的中國國民黨，也對既定國語政策抱持修正態度，國民黨籍立法委員陳癸淼就曾在黨動員月會中表示，反對以懲罰方式來進國語政策，可見國民黨內部亦開始反思國語政策，再配合著 1980 年代末期本土化運動的發酵，獨尊國語的政策已經受到強烈挑戰。〔註12〕

〔註10〕林濁水，〈臺灣本土意識的建立（中）〉，《民進報》第 25 期（1988.9），頁 36～37。李進民，〈「打拼」北京話翻成「革命造反」？〉，《民進報》第 26 期（1988.9），頁 26～27。

〔註11〕該座談會由客家風雲雜誌社所主辦，由清華大學社會人類學研究所所長徐正光主持，與會人士包括客家風雲雜誌總編輯鍾春蘭、國立臺灣大學外文系教授黃宣範、語言學者洪惟仁、臺灣文學作家陳映真、臺大哲學系教授劉福增、臺北師院語言學教授羅肇錦。參照邱秀年紀錄，〈台灣語言政策的反省——從客家人的母語運動談起〉，《客家風雲》第 15 期（1989.1），頁 50～56。

〔註12〕吳國亮等著，黃義交發行，《族群融合跨越世代：「新臺灣人主義」大家談》（臺灣臺中：臺灣省政府新聞處，1996 年），頁 162。

三、母語教育方案的討論

　　除了批判國語政策的言論之外，不少知識份子也順應社會時勢，紛紛投書報章雜誌，提出母語教育與雙語政策的重要性，不僅反思、批判過去一元化的語言政策，也提出不少積極性的改革方案，希望政府能夠重視母語保存。1988 年 7 月，新竹師院語文系副教授羅肇錦，以研究中國音韻的角度，要求保存方言來承傳祖先的文化遺產，藉由使用方言的能力來解讀古籍，更可化解古文化的疑點，除此之外，保存方言也可以豐富語言的生命、糾正俗傳的訛誤，也可以藉由各種方言的和平共存，促進各族群的團結。〔註 13〕羅氏也以近年客家話已經「北京語化」，提出客家語已失去其特質的觀點，要求未來雙語教育能做到客家語和文字的結合，藉由「語與文」的特殊性，進行文化溝通證實的工作，並非只做到保留口頭的客家語，而是進一步將方言與文字結合，來探討文化層面的問題，藉此達成文化保存與研究之工作。〔註14〕

　　臺灣師範大學教育系教授林玉体，除了批判過去國語政策的「大漢沙文主義」之外，更是以臺語保存中原古音而韻味十足的理由來稱道臺語，並呼籲臺灣人民在學習外語的同時，也要學習臺語，擺脫過去教育對臺語的「奴役觀念」，期望海內外學者加緊編輯臺語教材與臺語字典；文學家趙天儀也提出雙語教育的重要性，認為一個人若學會多種語言，能發揮多種語言的功能，可在學術界、政治界與工商界中擁有不可忽視的潛在力量與意義，也認為雙語教育下國語和臺語要並重，不僅要學習北京話的國語，也要學習臺灣話，同時也歡迎外省青年一代學習臺語，並建議分區母語教學，例如在河洛語（指閩南人）地區則學河洛話（閩南語）、客家語地區則學客家話、原住民語言地區學習該族語言，也舉出自己一位會說客家話的朋友到苗栗求職成功的實例，證明了會使用母語（方言）有助於就業競爭力。〔註15〕

〔註13〕在方言解讀古籍的能力中，羅肇錦舉出古詩〈孔雀東南飛〉作品年代爭議為例說明，詩中「舉言為新婦」「新婦起嚴妝」「新婦初來時」……的「新婦」詞彙，如果能從閩南語中的 sim pu 就是「新婦」而又知道閩南語與六朝音相近，就可以化解〈孔雀東南飛〉作品的時代爭議。參照羅肇錦，〈請善待方言〉，《國文天地》第 4 卷第 2 期（1988.7），頁 64～65。

〔註14〕羅肇錦，〈為何要雙語教育？──兼談「還我客家話」之後〉，《客家風雲》第 16 期（1989.3），頁 47。

〔註15〕林玉体，〈台灣的語言文化與教育〉，《台灣春秋》第 9 期（1989.6），頁 274～

　　民進黨人士創辦的《民進報》週刊中，也不遺餘力推廣母語，雖然最終希望政府能將臺語、客語、原住民各族語視爲是小學教育課程，但不敢在短期內奢求國民黨政府能夠實現，也呼籲臺灣所有的「媽媽們」，儘可能使用母語來教導自己的小孩，也希望有志之士能聚集人才與資金，開辦母語幼稚園，編寫生活化、鄉土化的母語幼教教材，以免未來小朋友就學後母語能力喪失。〔註16〕

　　語言教育學者羅肇錦，也提出對臺語、國語等文字化問題的討論，除了繼續駁斥過去獨尊北京話國語的政策之外，羅氏對「臺語」的名詞定義，也提出不同傳統的新解釋，認爲所謂的「臺語」，應該包括了所有出生在臺灣所講的母語就是臺語，且在臺灣生活的人所常用的語言，也應視爲是「臺語」，這些當然包括山地語（原住民各族母語）、客家話、閩南語以及後期所定義的「臺灣國語」，都應該被定義成「臺語」，使得「臺語」一詞開始走出過去只是「閩南語」俗稱的框架，積極地將臺灣四大族群所使用的語言，都視爲是「臺語」的一部分；母語教育也帶有傳承文化財產的意義，不同族群也可學習不同族群的語言，羅氏在母語教育的步驟中，提出廢除「ㄅㄆㄇㄈ」注音符號而改用世界通用的萬國音標，也提出在「音理分析」上，注音符號只能完整注出北京話，無法完整對閩南語、客家語等方言注出正確讀音，所以在未來推廣母語教育時，必須廢除傳統注音符號，使用更精準的萬國音標，才能完成延續文學、充實語言、保存方言的文化任務。〔註17〕

　　在母語的文字化工作方面，在國語運動40多年來，母語不僅屢受打壓，甚至母語的文字化一直被社會邊緣化，中央研究院近史所研究員洪惟仁，在臺語教育的文字化問題中，提出音標問題爲首要工作，認爲羅馬字化國際音標是最理想的音標，藉以達成臺語文字教育。〔註18〕

　　281。趙天儀，〈雙語教育的重要性〉，《台灣春秋》第 11 期（1989.8），頁 48～49。

〔註16〕劉一德，〈講媽媽的話──推廣學前母語教育〉，《民進報》第 4 期（1988.4），頁 1。

〔註17〕羅肇錦，〈台語、國語與文字化〉，《台灣春秋》第 15 期（1989.12），頁 314～317。

〔註18〕洪惟仁，〈台語教育的文化問題〉，《台灣春秋》第 23 期（1990.9），頁 318～323。

表 5-1-1：1945 年以前的臺語文字化經驗

項目	戲曲文字	假借注音文字	教會羅馬字
製作原因	過去南管、歌仔冊、流行歌以此種文字書寫，使演唱者對歌詞不易忘記。	日治時期爲教授文官、教師、警察學習臺語所用。	西洋傳教士編寫聖經與傳教使用。
特色	南管乃文人戲曲，用字講究；歌仔冊是寫給不識字的民眾習歌的歌本，故同音或音近的假借字特多；流行歌詞受到現代中文影響，義借字較多。	共出版 30 幾本會話書，包括辭典、雜誌，文字統一，逐字注音，其中也藉由漢字輔助了解。只被當作是學習臺灣話的工具，並非推廣臺灣語文。	教會自稱爲「白話字」，藉由羅馬拼音可以被當成字，但由於民間漢字普遍，所以多半也只被當成是音標。
備註	閩南語與客家歌曲多半口耳相傳，戲曲文字僅爲輔助工具。	仍有很多用字不合理之處：例如：「毋通」寫成「不可」。	教會並未用來記述臺灣文化，只用來編寫傳教文字與會話教科書。

資料來源：洪惟仁，〈台語教育的文化問題〉，《台灣春秋》第 23 期（1990.9），頁 320。

　　表 5-1-1 是 1945 年以前的臺語文字化經驗，除此之外，最早主張使用臺語創作文學者，應爲 1922 年時提倡羅馬拼音文字的蔡培火，並藉由羅馬拼音的臺語白話字來普及臺灣文化。〔註 19〕

表 5-1-2：1980 年代以後臺語文字化的主張

研創者	出身單位	臺語文字化的特殊主張
林繼雄	教會	有鑑於教會的羅馬字雙層錄型結構，在美觀、排版、打字上都有許多缺點，因此設計一種不用閏號、不用提字的羅馬拼音字，謂之「新文法書」。基於極理想化，因此「新文法書」的文字推行有其困難，所以在這些新字中，會夾用一些通俗漢字，成爲漢字、羅馬字夾用的文體。
鄭良偉	教會	鄭氏曾留學美國，相當注重現實，認爲漢字的選用應考慮現實的通用性，因此相當重視鄉土文學中的臺語用字，亦考慮到臺語的音義系統性，對漢字無法表達的詞素，主張使用教會羅馬字填補，但教會羅馬字不適於排版打字，故對教會羅馬字也有小幅度修改。
洪惟仁	大學中文系	偏重理想，認爲臺語文字化應參考日本、朝鮮成功例子，漢字既不夠用，可引進朝鮮諺文加以改良，反對夾用與漢字相異甚遠的羅馬字；目前創作多半採用漢字，比較重視傳統的鶴佬（福佬）文俗字極少採用鄉土文學家用字，大量採用同音假借，極少使用義借字，其語言亦使用較道地的口語。

資料來源：洪惟仁，〈台語教育的文化問題〉，《台灣春秋》第 23 期（1990.9），頁 321～322。

〔註 19〕蔡培火提倡羅馬拼音文字，參見本書第四章第一節。也參照林央敏，《台語文學運動史論》（臺北市：前衛出版社，1996 年），頁 29。

　　表 5-1-2 等以上諸多討論中可知，解嚴後關於推行母語的運動逐漸開展，關於母語教育的重要性與相關理論，如雨後春筍成長，不僅有心問鼎臺灣政壇的民進黨人士關心，許多語文學者與知識份子也紛紛加入討論的行列，甚至提出不少建議方案，為日後母語教育發展奠定基礎。

四、政府立法部門內的討論

（一）省議會方面

　　批判國語運動與提倡母語教學的聲浪在民間風起雲湧，相關的立法部門也受到影響而討論，身為臺灣省民喉舌的臺灣省議會，也是為了增加方言節目和爭取方言發言權，產生不少討論與爭議。

　　1987 年 3 月，省議員蔡江淋、洪木村、黃木添、黃鈴雄、董榮芳、林火順聯合質詢省新聞處，提出「電視閩南語節目不宜限制太多」、「老年人生活單調寂寞，請新聞處建議修改法令，放寬電視地方與節目」、「請政府明訂應在電視節目中製作客家節目」等提案，盼能開放製作與增加方言節目，但省新聞處仍以既有三家電視台，每日都有一小時閩南語戲劇節目和中午時的閩南語新聞與農情報導為由，不願再增加方言節目；而「增設客家節目」一項則是以「三台綜藝節目中曾安插客家山歌」，以及「各縣市廣播電台亦有相當的方言播音比例」，也不願開放與增設客家節目。〔註20〕

　　1987 年 3 月，省議員陳照郎、劉炳偉、陳景星、高文良等人對省政府新聞處質詢，再度提案以三家電視台無晚間閩南語新聞為由，要求延長閩南語節目時間，省府新聞處以書面答覆，將建議行政院新聞局開放；〔註21〕同年 7 月，省議員楊仁福質詢省主席邱創煥，建請政府「容許」山胞有線電視與廣播台之節目，期望與山胞恢復信心，藉由電視與廣播的山胞節目發揮效果，並以復興廣播電台製作的山地語節目「青山翠嶺」之成功案例，希望能在其他廣播台推行性質相關之節目，建議省新聞處與行政院新聞局能在三家電視台輪播山胞節目，並以原住民各族母語、歌謠、舞蹈、新聞、戲劇等製作來演出，藉以表示尊重山胞，也能具有文化、教育與政治之意義，省主席邱創

〔註20〕臺灣省議會秘書處編印，《臺灣省議會公報》第 58 卷第 23 期（1987.3），頁 2498～2499。

〔註21〕臺灣省議會秘書處編印，《臺灣省議會公報》第 59 卷第 1 期（1987.3），頁 78。

煥也表示會轉請新聞局研究。〔註22〕

由以上的省議員提案可知，雖然閩南語等方言節目仍受到壓抑，但是省議會已經開始重視方言節目的討論，包括原住民電視節目也視爲重要提題，過去獨尊國語的精神已逐漸成爲明日黃花。

在爭取方言發言權方面，1987年4月，省議員蘇洪月嬌堅持以閩南語質詢，引起客家籍的省議員林佾廷不滿，隨後林佾廷也用客家話質詢民政廳長陳正雄，陳廳長聽不懂客語，無法回答問題，只好呆站在列席台，此舉也造成會場一度混亂，質詢也暫告中止。〔註23〕

這場方言發言爭議風波，雖然在客籍省議員林佾廷使用客語造成混亂後而收場，當時輿論多半仍傾向公共場合使用共同語言（即國語），認爲公共場合使用標準語是一種尊重他人的行爲，也因此才能促進團結與和諧，也認爲若與會者都用方言發言時，會場勢必陷入各說各話的困境。〔註24〕雖然如此，但爭取方言發言權的目標並非錯誤，只是當時在這方面的理論基礎仍不夠成熟，造成「爭取方言發言」的精神不知不覺陷入某種程度的「福佬沙文主義」中，也落入當初獨尊國語的意識形態陷阱中。〔註25〕

（二）立法院方面

在解嚴前後社會運動風起雲湧的年代中，有著國會殿堂之稱的立法院，在批判國語運動的聲浪中，也成爲社會大眾所關注的焦點。

1984年12月教育部舉行「國語推行委員會議」，教育部以中央部會層級召開國語推行委員會，可說是強弩之末的國語運動之迴光反照，雖然已經不再以「推行標準國語」爲目標，但是卻仍是堅持獨尊國語的邏輯，來執行國

〔註22〕 臺灣省議會秘書處編印，《臺灣省議會公報》第59卷第17期（1987.7），頁1826。

〔註23〕 《聯合報》，1987年4月9日，第2版。

〔註24〕 《聯合報》，1987年4月10日，第3版。

〔註25〕 關於「福佬沙文主義」（又稱「鶴佬沙文主義」）一詞的定義，參見洪惟仁，《台灣語言危機》（臺北市：前衛出版社，1995年），頁238。洪惟仁以文學作家李喬在《台灣新文化》第15期中發表的〈自大的鶴佬人、自卑的客家人、自棄的原住民〉一文中所提到的論述，對於「福佬沙文主義」的歸納如下：福佬人自稱自己是「臺灣人」，稱「福佬話」（閩南話）爲「臺灣話」，而與「客家人」的「客家話」、原住民的「山地話」相對，顯示排斥客家人與原住民；並在臺灣人聚會中不使用大家都聽得懂的「北平話」（北京話，即國語）而堅持使用福佬話。洪惟仁認爲這是福佬人的疏忽，使其他族群認爲福佬人目中無人，但這也是歷史長期積累下所產生的錯誤。

語推行之工作，例如對電視節目的語言播音，除了要求電視字幕筆畫與國語播音標準之外，也建議三家電視台配合推廣國語教育，洽請電視台多推出國語文節目等。同年該會所執行的工作中，也包括舉辦國語文教育論文競賽、年度國語文教育訪視活動、研擬「語文法」草案、舉辦多場關於國語文教育教材教法等研習會活動。〔註26〕

　　1984 年教育部國語推行委員會所執行的工作中，爭議最大者，無非是「語文法」草案的討論，「語文法」草案係依據 1972 年第一屆國民大會第五次會議中，國大代表于斌、札奇斯欽等 495 人提請政府制定「國語推行法」，其後立法院第一屆第 73 會期中張堅華委員建議政府制定「文字法」，「語文法」草案乃結合 1972 年的「國語推行法」與後來的「文字法」所擬訂，當時背景主要是中共在大陸推行簡化國字與拉丁化拼音，故有該法之擬定之討論。〔註27〕

　　1985 年 10 月，教育部公布「語文法」草案，卻引起朝野軒然大波，主要原因在於「語文法」草案完全貫徹獨尊國語邏輯，在 1980 年代本土化運動興起的背景下，本法的推動可說是國語運動末期頑強地最後反撲。民進黨立委江鵬堅以「語文法」草案中，規定「凡公開演講、會議，公務交談等均應使用標準語文——國語，同時為淨化語文，禁用不正當之字詞，以避免怪字奇語，凡違反規定，第一次警告，第二次科 3,000 元以下罰鍰，第三次以後科 3,000 元以上 1 萬元以下罰鍰，連續違反者，得連續處罰。」為此嚴苛法案提出批判反對意見，認為語言應一律平等，無尊卑貴賤之分，若母語都不被尊重，更遑論要求人民愛護鄉土與保障人權，江委員並舉出 1948 年 12 月 10 日通過的「世界人權宣言」的其中條文說明：「人人皆得享受尊重本宣言所載一切權利與自由，不分種族、膚色、性別、語言、宗教……」，可見為推行國語以消滅地方方言為手段，無非是幾近專制獨裁之政策，並非是民主國家應有的作為。〔註28〕

　　立委余陳月瑛也表示，「語文法」實以法律政治之手段，干預歷史文化，使人民適應困難與溝通不便，也認為方言具有自我的尊嚴與價值，該法正是

〔註26〕　〈召開國語推行委員會〉，《教育部公報》第 121 期（1985.1），頁 20～21。
〔註27〕　〈質詢與答覆（60）〉，《立法院公報》第 74 卷第 102 期（1985.12），頁 62。
　　　　　也參照〈質詢與答覆（35）〉，《立法院公報》第 74 卷第 103 期（1985.12），頁 95。
〔註28〕　〈質詢與答覆（17）〉，《立法院公報》第 74 卷第 88 期（1985.11），頁 77。

衝擊各地區的民族尊嚴，引起各地區、民族的不適應，所以無需制定如此嚴苛之「語文法」。〔註29〕余陳月瑛與江鵬堅委員都抱持相同態度，可見「語言法」草案的公佈是受到如此的負面爭議，引起學者與相關人權組織的深入討論。〔註30〕「語文法」草案也在朝野各界的質疑下無限期擱置。

1987 年 3 月，立委朱高正對行政院長俞國華質詢時，由於聽不懂俞院長濃厚的外省鄉音（浙江口音），所以一時勃然大怒使用閩南語質詢，但卻受到其他委員與官員質疑，而朱立委卻排除眾議語出驚人地表示：

> 臺灣人四十多年來在國民黨統治之下，要納稅、要服兵役，但是電視看不懂，新聞廣播聽不懂，報紙看不懂，對五十五歲以上的臺灣人來講，實在非常悲哀的一件事情。你們推行國語文教育，但是你們科長級以上的人講的國語人家也聽不懂，卻非要臺灣人學習國語，這就是一種統治者的心態……為什麼本席不能用臺語講？你們老是要求臺灣人容忍你們那種令人聽不懂的國語，你們為什麼不能容忍臺灣人講臺語？……〔註31〕

本省籍出身的立委朱高正，在這激烈的發言後，面對諸多外省資深立委與俞國華院長，自然遭受批判與否定，但是並非是朱高正故意挑戰俞院長，而是對俞院長以濃厚外省鄉音發言卻不遭受批評而感到憤怒，所以朱委員故意以閩南語的母語發言，強調臺灣本省人被迫適應這些聽不懂的外省鄉音，而外省立委卻不准許本省立委使用自己的鄉音（即閩南語），使得朱委員認為臺灣母語遭受外省立委與官員歧視，也因此造成朱委員和俞院長的語言衝突。

1990 年 6 月，本省籍農民代表立委戴振耀，也是針對語言問題向行政院長郝柏村質詢，並質詢郝柏村院長是否願意實施母語教育，戴立委也批判當局從不重視 1500 萬本省人民所使用的母語，包括閩南語、客家語和原住民族

〔註29〕〈質詢與答覆（17）〉，《立法院公報》第 74 卷第 88 期（1985.11），頁 78。

〔註30〕1985 年 11 月 30 日，臺灣人權促進會於臺北市議會地下室舉辦「語文法與人權」之座談會，由顏尹謨主持，劉福增、趙天儀、黃爾璇等教授發言，其他與會發言者包括李筱峰先生、江鵬堅律師、洪奇昌醫師、林永豐醫師、董芳苑牧師、謝禧明牧師等，會中普遍認為「語文法」侵犯基本人權、違反憲法：認為方言包含先民智慧、文化與生活習慣；接納各種語言才是真正民主自由之精神。參照台灣人權雜誌社編著，《台灣人權問題探討》（臺北市：台灣人權促進會出版，1987 年），頁 181～186。

〔註31〕〈立法院第一屆第 79 會期第 8 次會議紀錄〉，《立法院公報》第 76 卷第 23 期（1987.3），頁 35～39。

語言，也批判過去學校以罰錢、脖子掛狗牌的方式來禁用臺語，戴委員甚至舉中共執政的中國大陸為例，說明中國大陸各地普遍使用地方語言教學與廣播，不像臺灣為推行標準國語而壓抑其他方言，戴立委也反問郝院長：

> 你聽不懂我的話會不會感到痛苦？試想，臺灣兩千萬人口中有五、六百萬人到現在聽不懂，也不會講北京話，他們的痛苦又有誰瞭解？……至少讓所有人在語言上能相互尊重。須知，語言是一種文化，臺灣目前有北京話、福佬話、客家話、山地話，應讓大家各依自己文化與語言來發展，互相尊重，才能合作……〔註32〕

聽不懂臺灣方言的郝柏村院長，仍以獨尊國語的邏輯回應質詢，認為身為中國人應以講國語為榮，也覺得不能以方言來取代國語，並以臺灣方言有閩南話、客家話與原住民各族語言多種，而以閩南話可能來自廈門等地為由，推託不知臺灣話的定義為何，試圖以閩南話、客家話與原住民各族群語言之間的差異，來迴避臺灣本土方言的重要性。〔註33〕

　　解嚴初期，中央政府在仍是消極的態度看待母語教育，一面堅守國語政策，表示尊重各種方言，但是還是未將母語教育列入學校正式課程中。〔註34〕1992年10月，立委田再庭要求政府應取法瑞士等多元語系國家的文化政策，也舉出中共政權不稱「國語」，稱之為「普通話」來證明臺灣推行國語造成語言的不平等。教育部長毛高文面對田委員的質詢，表示絕對尊重各種方言，但只建議在正式課程以外，鼓勵學生接觸並研習各種方言，也鼓勵大學、研究所開設選修課程來教授方言，民間的社團與補習班也能設立相關課程來研習方言。〔註35〕

五、社會各領域的演變

　　40多年來，方言被當局無情打壓，臺灣社會雖然普遍使用方言溝通，但是方言在傳播媒體中備受打壓，成為國語運動對方言播音迫害的證明，包括

〔註32〕〈立法院第一屆第85會期第38次會議紀錄〉，《立法院公報》第79卷第49期（1990.6），頁57。

〔註33〕〈立法院第一屆第85會期第38次會議紀錄〉，《立法院公報》第79卷第49期（1990.6），頁62。

〔註34〕陳宏賓，〈解嚴以來（1987～）台灣母語教育權政策制定過程之研究〉（臺北市：國立臺灣師範大學三民主義研究所碩士論文，2002年），頁65～67。

〔註35〕〈立法院第一屆第90會期第7次會議紀錄〉，《立法院公報》第81卷第64期（1992.10），頁14～15、18。

電影、電視等傳媒，1980 年代末期以後，母語在各領域已經獲得發展的機會；其他領域例如本土文學，也開始號召母語創作。

（一）電影方面

1980 年代以來，本土化運動興起，國語獨尊的地位已經受到挑戰，在國片電影播音方面，已有多位電影導演嘗試以本土語言來作為劇情的主要語言，甚至以國語、閩南語、客家語等多語的呈現作為劇情內容的一部份，例如 1985 年上映的電影《童年往事》，導演侯孝賢以自身外省第二代的生命經歷，藉由劇情中「在家裡說客語」、「在學校說國語」、「對朋友說閩南語」等安排，突顯出 1950 到 1960 年代中，臺灣社會在語言上的多元性，劇中更巧妙地安排「收音機廣播」、「學校老師」與「軍事教官」使用國語的意象，象徵國語在權力上的統治；相對的片中主角「阿孝」與朋友互動或心情鬱悶想哼歌時，則使用閩南語；家中則使用客家語，作為老一代消逝的象徵。〔註36〕

1980 年代起，國片也開始嘗試鄉土寫實風格，電影製作者也逐漸對本土情感產生體認，發覺孕育自身成長的本土情感，是追求創作良心的唯一途徑，並從政治、經濟、文化的現實性思考與反省，藉由電影作品參與社會重建，因此在回歸本土的思考下，電影中出現大量閩南語對白，電影創作也因此多語化。〔註37〕例如 1983 年侯孝賢導演的《兒子的大玩偶》，依據臺灣鄉土作家黃春明的小說所編製，故事背景在戰後的嘉義縣竹崎鄉；1983 年陳坤厚導演的《小畢的故事》，也使用大量的閩南語對白，其中《兒子的大玩偶》完全以閩南語發音，導演也以精心慎重對語言的使用，使得該片成為大眾議論紛

〔註36〕《童年往事》是侯孝賢導演自傳性色彩相當濃厚的一部電影，侯孝賢於 1947 年出生於廣東省梅縣客家村，1948 年舉家遷移臺灣，以族群來分應被歸類成是來自大陸的外省人或是客家人，侯孝賢的個人生命經驗與成長過程等背景，證明臺灣的多元文化性，也透過這部電影來證明自己「根在臺灣」，其中主角等場景的語言使用，成為整部電影最重要的部分，參照陳儒修著，羅頗誠譯，《台灣新電影研究──台灣新電影的歷史文化經驗》（臺北市：萬象圖書公司，2008 年），頁 62～65。
〔註37〕黃宣範，《語言、社會與族群意識：台灣語言社會學研究》，頁 52。也參照黃宣範，〈語言、社會與族群意識〉，《台灣春秋》第 16 期（1990.2），頁 291。孫隆基，〈近四十年來台灣電影裡族群形象「浮」與「沉」──兼論「日治」、「國統」、「解嚴後諸時代在銀幕上的再現」〉收錄於戴浩一、顏尚文主編，《臺灣史三百年面面觀》（臺灣嘉義，國立中正大學臺灣人文研究中心，2008 年），頁 446～449。

紛的話題，也受到不少堅持國語政策者的批判，但外省籍作家白先勇卻為該片的閩南語播音辯護，認為只要劇情符合事實，本省人使用閩南語對話，就像在軍眷村長大的孩子說湖南話一樣，所以劇情中使用閩南語對白乃天經地義。〔註38〕

　　作家白先勇對電影中語言的使用，已經融入鄉土寫實化的精神來思考，電影創作也重新找尋本土化與寫實的精神，以臺灣的社會、經濟、文化等多方面的生活寫照作為素材，不再服膺政府當局的政令宣導等方向。1986 年侯孝賢導演的《戀戀風塵》，片中更是 90% 以上使用閩南語，許多支持臺灣新電影方向發展的創作者，認為電影應該有自由使用方言的權利，當然這觀點一樣也受到護衛國語政策者批評，《戀戀風塵》甚至被以「一般人看不懂」為理由，而被要求配上國語發音。

　　1989 年，侯孝賢導演的電影《悲情城市》，在解嚴初期時即觸及政治敏感與文化認同問題，並以 1947 年「二二八事件」為背景，語言的使用上也扮演相當重要的角色，片中出現了國語（陳儀的廣播）、閩南語、上海話、廣東話與日語等不同劇情對白的多重語言，反映出多種語言在社會的不確定性，也無所謂的通用語言，劇情主角林文清（港星梁朝偉飾）為一位自幼啞巴的知識份子，象徵臺灣人自日治時代以來就無法使用自己的母語，更遑論建立自己母語的主體意識，所以「啞巴」的形象，反映出臺灣人難以語言自主，也受到背後不平等的權力關係所制衡，也反映出「中國人」的概念，帶有著多層次的文化差異。〔註39〕

（二）電視節目方面

　　電視節目長期以來受到國語政策影響，方言節目屢遭限制。其中「廣播電視法」對方言播音的限制，更造成閩南語節目時間無法與國語節目競爭，以致於上述多位省議員要求開放增加閩南語節目。〔註40〕

　　由於「廣播電視法」與「電視節目製作規範」等條文的限制，造成方言電視節目較難突破。方言節目也被社會視為是俗不可耐的鬧劇，劇情中說臺語者不是三八阿花、三姑六婆，就是流氓、妓女、工人、農民等，其口中的

〔註38〕黃宣範，〈語言、社會與族群意識〉，《台灣春秋》第 16 期（1990.2），頁 292。
〔註39〕陳儒修著，羅頗誠譯，《台灣新電影研究──台灣新電影的歷史文化經驗》，頁 72～73。
〔註40〕《廣播電視法》對方言節目的限制，參見本書第四章第二節；省議員爭取方言節目參見本節。

臺語對白也多半粗野不堪，使得閩南語節目總是走低級路線，給觀眾留下粗俗低賤的印象。〔註41〕1987 年，臺灣曾經爆發肉品罐頭中毒事件，當時電視新聞普遍報導，而南部地區很多鄉間的民眾只聽懂閩南語，聽不懂國語新聞的報導，而誤食有毒食品致死，所以語音障礙很明顯造成公共衛生安全的缺失。〔註42〕

在諸多限制下，方言電視節目到 1980 年代末期，才開始突破被封鎖的狀況，1988 年 12 月，台灣電視公司宣布推出「鄉親鄉情」的客語電視節目〔註43〕，象徵客家母語運動的突破。1990 年 11 月，華視推出的八點檔連續劇「愛」，因為臺語對白太多而引起爭議，其情節主要是描述臺灣 40 多年來本省人與外省人生活的融合過程，所以劇中有必要存在大量的臺語對白，華視拍攝當局不放心，邀請陳坤厚、柯一正、小野、瘂弦、蘇偉貞、王子隸、張錯等多位本省外省籍作家先試看前二集，而全體人員都認為該劇臺語對白部份很生活化，並無不妥，但若改為國語反而失去原著精神，當「愛」這部連續劇推出後，收視率節節上升，直到第 68 集才下檔，當時其他電視台推出的國語連續劇，包括跑遍中國大陸大江南北的「雪珂」、「望夫崖」等正統國語連續劇，在收視率上也無法與「愛」競爭，雖然「愛」可能是以劇情取勝，但是也可見到方言發音的電視劇受到觀眾歡迎的程度。〔註44〕

1990 年代初期，雖然以閩南語發音的劇情開始突破限制，在各頻道節目獲得好評，但是仍受到「廣播電視法施行細則」第 19 條的規定，方言節目仍無法自由發展，直到 1993 年 1 月，該條才被廢除，方言節目才真正擁有自由、平等的發展地位。〔註45〕

（三）本土文學創作方面

本土文學的創作，可追溯到日治中期的臺灣話文創作，其主要核心在於認同使用臺灣話來發表臺灣文學。〔註46〕故本土文學與肯定鄉土的精神關係

〔註41〕洪惟仁，《台灣語言危機》，頁 234～235。

〔註42〕彭鑫，〈破除廣電惡法的魔咒〉，《客家風雲》第 13 期（1988.11），頁 15。

〔註43〕《聯合報》，1988 年 12 月 8 日，第 24 版。

〔註44〕黃宣範，《語言、社會與族群意識：台灣語言社會學研究》，頁 62。

〔註45〕《廣播電視年鑑》（臺北市：廣播電視年鑑編纂委員會，1996 年），頁 215、320、327。

〔註46〕1924 年連溫卿在《台灣民報》發表〈言語之社會的性質〉一文，提及臺灣本土語言的重要性。1926 年賴和也在《台灣民報》發表〈讀台日紙的『新舊文

密切，以本土意識作爲創作基點，1980 年代以來鄉土文學已經跨越輕薄鄙俗的風格，而落實了臺灣文學中的本土意識，透過對文學的創作，來關心、疼愛與護衛這片曾經滋養臺灣人民的土地，有心利用文學使這片土地上的人民找回自尊，將文學融入臺灣社會，並在文化改造運動中成爲主力的一部份。〔註47〕

在文學本土化的過程中，母語教育也成爲一項重要指標性，1987 年 2 月，具有鄉土色彩與關懷社會的作家組織「台灣筆會」在臺北成立，成員抱持著政治民主化、經濟合理化、文化優質化的理想號召社會改革，也認爲文化運動是一切改革的基礎，並秉持作家的的藝術良心，落實本土化與開放的胸襟，開拓臺灣文學藝術的新領域。〔註48〕並要求以下文化改革：

1. 確保作家創作自由；反對任何方式壓制言論自由。
2. 維護作家尊嚴；反對黨、政、軍對文藝團體的籠絡和箝制。
3. 促進出版、影視、戲劇的發展；反對任何不當的檢查、查禁、查扣。
4. 開放一切文學藝術資訊；反對一切阻礙思想交流的措施。
5. 解除所有大眾傳播媒體的限制；反對報紙、電影、電台及其他資訊的壟斷。
6. 尊重臺灣本土歷史、文化；反對任何扭曲、竄改。
7. 尊重臺灣地區各種母語，實施雙語教育；反對任何一切妨礙母語傳播的設施。
8. 增加各級學校臺灣歷史、文化課程，並設立臺灣文學藝術研究機構；反對忽視臺灣本土的教育政策。〔註49〕

由以上的改革項目可知，母語教育已在本土作家中受到高度重視，作家李喬

學之比較》中，除了批判舊文學與民眾脫節的問題之外，也提到新文學要「舌尖與筆尖」合一，即是認同要使用臺灣話來發表臺灣文學。1930 年，臺灣文化協會（新文協，左派立場）中常委黃石輝在《伍人報》上發表《怎樣不提倡鄉土文學》，強調「用台灣話做文，用台灣話做詩，用台灣話做小說，用台灣話做歌謠，描寫台灣的事物」。正式開展日治時期臺灣的鄉土文學論戰。林央敏，《台語文學運動史論》（臺北市：前衛出版社，1996 年），頁 29～32。

〔註47〕彭瑞金，《瞄準台灣作家》（高雄市：派色文化出版社，1992 年），頁 292。

〔註48〕李敏勇，《做爲一個台灣作家》（臺北市：自立晚報文化出版部，1989 年），頁 30～31。

〔註49〕李敏勇，《做爲一個台灣作家》，頁 32。

也認為，語言經由文學家美化過濾後成為文學作品，文學作品必須來自母語，而母語必來自該語言族群，目前文學所呈現的語言，並無母語（方言）的滋養，因此臺灣文學的語言非常萎縮，無法充分傳達思想和情感，母語和文學創作的關係密切，但過去錯誤的語言政策造成臺灣文學發展上的問題。〔註50〕

詩人林亨泰也認為，最能突顯臺灣文學的特殊性者，無非是有別於其他區域且具個別性的「臺語」，換句話說，「臺語」乃是構成「臺灣文學」最自然與首要的基本條件；語言與文學之間的關係，不僅限於意義傳達，更是深入到意識或是精神的化身，因此語言的表現與作家、作品本身密不可分。〔註51〕

使用本土語言創作，成為本土詩人與文學作家不可忽視的工作，相關臺語文學社團也隨著時勢陸續籌組，同時也發行刊物與開辦出版事業，擴大推廣臺語文學創作，相關社團如表 5-1-3。

表 5-1-3：1987 年解嚴以後成立的臺語文學社團

成立日期	社團名稱	首任負責人	發行刊物	創刊時間	備　註
1989.08.15	台語社同仁會	洪惟仁	《台語文摘》	1989.08.15	月刊至雙月刊 1992 年初停刊
1991.05.25	番薯詩社	林宗源	《番薯詩刊》	1991.05.25	半年刊 1995 年未出刊
1991.07.01	台文通訊社	羅文傑	《台文通訊》	1991.07.01	月刊至雙月刊
1992.04	台灣語文促進會	吳秀麗	《台語風》	1992.06	半年刊 1994 年停刊
1992.07.10	學生台灣語文促進會	楊允言	《台語學生》	1992.09.10	半年刊 大學社團期刊
1992.01.15	台語文摘雜誌社	洪惟仁	（相關主題專書）		不定期

〔註50〕《台灣春秋》雜誌主辦的「台灣人的台灣問題」座談會紀錄，該會於 1989 年 9 月 17 日在耕莘文教院四樓舉行，由臺灣大學教授鄭欽仁主持，主講者包括民進黨中常委林正杰、新潮流雜誌主筆林濁水、作家李喬、臺灣大學教授李永熾等，參見《台灣春秋》第 13 期（1989.10），頁 76、91。

〔註51〕林亨泰，〈台灣文學的構成與條件〉，《台灣春秋》第 14 期（1989.11），頁 336～337。

1994.06.20	台中台灣語文研究社	林清祥	《台灣語文研究通訊》	創刊日期不祥	季刊至半年刊
1995.02.19	台語社	洪惟仁	《披種》	1995.06.01	不定期
1995.05.28	台語文推廣協會	林央敏	《茄苳》	1995.05.28	月刊
			《台語人彩報》	1996.01.20	不定期
1995.07.01	野百合團契	長老教會	《台灣百合》	1995.08.01	月刊至雙月刊
1995.08.19	茄苳台文月刊雜誌社	黃元興（發行人）	《茄苳台文》	1995.09	月刊
1995.11	（基督教長老教會）	台語網		1995.11.01	

資料來源：林央敏，《台語文學運動史論》（臺北市：前衛出版社，1996 年），頁 96。

　　在其他族群方面，原住民族也開始反省漢文書寫與自身母語傳說保留等問題，來自梨山的泰雅族人瓦歷斯・尤幹（後改名瓦歷斯・諾幹，漢名為吳俊傑）認為，原住民文學以漢文表達不會有困難，但是也必須以原住民語文的傳達來反省漢文的表現；也認為原住民要保有自身族群最珍貴的文化遺產──語言，藉由使用母語，才能進行最深刻的自省、自覺與自主的文學活動，也必須對母語神話與傳說部分進行整理與解釋；瓦歷斯・尤幹也認為原住民文學應由母語書寫（指拼音文字），必須與土地山林對話後，才能深刻呈現意義，而漢人閱讀原住民文學時，也必須先了解原住民語，並自行翻譯成漢文，才能呈現出其意義與特殊性。〔註52〕

第二節　客家語和原住民語的復興

一、客家語運動

　　在國語運動對本土方言的壓抑中，客家族群所使用的客家語也受到強大的衝擊，客語除了面對新興的國語勢力之外，也必須同時面臨閩南語這種優勢方言的夾攻，許多客家人因此只會使用國語和閩南語，甚至不知道自己屬於客家族群，客語一旦在聚落消失，很快就會在當地被優勢族群同化。

〔註52〕王浩威，《台灣文化的邊緣戰鬥》（臺北市：聯合文學出版社，1995 年），頁
　　　　134～135。周玉寇總策劃，台灣五十編輯小組，《一枝草・一點露・台灣五十
　　　　的故事　深耕篇 1・文化藝術的耕耘者》（臺灣臺中市：臺灣省政府新聞處，
　　　　1995 年），頁 123～128。

（一）客家語的發展

臺灣的客家族群主要來自廣東省嘉應州（俗稱「四縣客」，即梅州的鎮平、平遠、興寧、長樂、梅縣等縣）、惠州府（俗稱「海陸客」，即海豐、陸豐、永定等縣），較少部分客民來自潮州府（包括大埔、饒平、惠來等縣）與福建汀州府（包括長汀、武平等縣）等。〔註53〕

在臺灣開發史上，客家族群普遍開墾的時間較晚，有清一代，閩客兩籍間械鬥事件不斷，語言無法溝通也是族群衝突的重要原因。1926 年（昭和元年），臺灣總督府進行「台灣在籍漢民族鄉貫別調查」，祖籍為福建省者為83.1%，而為廣東省者占 15.6%，所以乍看之下客家人在臺的比例多被認為如此，而忽略了漳州府移民中的客籍人士，以及約四萬兩千的福建汀州府客籍移民，所以閩粵兩省的客籍移民總數共約 63 萬，占臺籍漢人約 17% 左右，可見客家人在臺比例不在少數。〔註54〕

在臺灣客家族群發展史上，客家語不僅需要面對官方語言政策的壓迫，更必須面對閩南語以絕對的優勢環境，迫使客家族群放棄母語，以致於客家族群的母語保存，將面臨相較閩南語保存更加艱辛的困境，除了桃園、新竹苗栗、臺中、高雄、屏東等縣的客家聚落族群意識較強烈之外，許多原來是客家族群所分布的聚落早已經不會使用客家話，例如彰化縣埔心、永靖、田尾等鄉，數百年來早已閩南化，形成所謂的「福佬客」。〔註55〕

根據語言學者洪惟仁的調查，雲林縣北部西螺、莿桐、二崙、崙背一帶，也有所謂的「漳潮客」，莿桐鄉也有村落稱「饒平」，可從地名看出濃厚的客家聚落意味，該客家區被當地閩南人稱為「漚客仔」（「漚」即朽意，去聲），可見客家族群在當地較為弱勢，當地客家話已退出家庭，年輕一輩無法將客語繼續保存；在嘉義縣新港、溪口、大林等靠北港溪的鄉鎮，原本也是饒平「潮州客」的聚落地，但是其客語也是遭受到閩南話淹沒的命運。〔註56〕

〔註53〕 羅肇錦，《臺灣客家族群史　語言篇》（臺灣南投：臺灣省文獻委員會，2000年），頁 21、197～198。

〔註54〕 羅肇錦，《臺灣客家族群史　語言篇》，頁 209。也參照羅肇錦，〈客家話會消失嗎？──客家話在台灣的命運〉，《客家風雲》創刊號（1987.10），頁 55。

〔註55〕 羅肇錦，《臺灣客家族群史　語言篇》，頁 59、94。

〔註56〕 根據洪惟仁在 1980 年代後半的調查，雲林縣崙背鄉當地有一位 31 歲的李姓教師，能說一口流利的詔安客語，但也並不完全能使用，李老師表示自幼其父不斷叮嚀在家要說客家話，方才能保存至這一代。參照洪惟仁，〈消失的客家方言島──現在開始拯救還不遲〉，《客家風雲》第 3 期（1987.12），頁

　　客家族群面臨自身母語喪失的危機，又面臨日治時期、國民黨政府時期推行的兩次「國語政策」，客語消失的危機令許多重視客家文化的人士擔心。客語的復興所面臨的難題，相較於閩南語受國語的壓迫而言，還必須面臨到更多挑戰，例如廣電法限制方言節目，僅有的 12% 方言節目卻完全由閩南語盡佔；所有的大眾媒體（包括電視、電影、廣播）除了充斥著壟斷語言市場的國語之外，其他少部分的方言空間也都是以閩南話爲主；火車站等公共場所的播報語言，除了使用國語廣播之外，也會使用閩南語再播報一遍，卻是少了客家話，縱使在以客家族群爲主的苗栗，也聽不到客語播報；再者，使用客家語的人口本來就較少，所以客家語很快就會被閩南語或國語取代而消失。〔註57〕

（二）「還我母語」的客家運動

　　1987 年解嚴以後，各種本土化訴求在社會上廣泛討論，客家籍人士爲保存自身母語與文化，反對客家母語權遭受歧視，而多次表示抗議。1987 年 10 月，最能代表號召「客家運動」的刊物《客家風雲》雜誌創刊，以不以營利爲目的、超越黨派等政治勢力爲理念，也聲稱絕不落入「客家沙文主義」唯我獨尊的狹隘心境中，以成爲客家人的輿論公器、爲客家人發聲與服務爲宗旨，可說是客家運動中的代表性刊物。〔註58〕

　　1988 年 6 月 17 日，一些客家籍團體和多位客籍民意代表，在「客家風雲」雜誌社主辦的爭取客家語電視節目說明會上，並發表共同聲明，與會人士要求政府調整歧視客語的政策，讓客語和其他語言享有同樣權利，在電視、廣播和其他公開場所尊重客語的傳播權和使用權。〔註59〕

　　許多客家人士爲捍衛客家母語，也在報紙上投書發聲，建議三家電視台至少有一台以上能播放客家語的電視節目，或選擇在客家人口眾多的地區先

　　15～16。

〔註57〕羅肇錦，〈客家話會消失嗎？──客家話在台灣的命運〉，《客家風雲》創刊號（1987.10），頁 53。也參照羅肇錦，《台灣的客家話》（臺北市：臺原出版社，1990 年），頁 7～8。

〔註58〕該刊編輯部，〈客家風雲發刊詞──確立客家人的新價值〉，《客家風雲》創刊號（1987.10），頁 3。

〔註59〕與會的客籍民意代表有立法委員邱連輝、台灣省議員傅文政、黃玉嬌、台北市議員邱錦添、張德銘等多位客籍知名學者和各界代表。參照《聯合晚報》，1988 年 6 月 17 日，第 11 版。

設置地方電視台，在電視上播映客家語節目，讓客家同胞也能和閩南人一樣平等地觀賞母語節目。也有客家人士建議在客家地區的中小學校，可安排客語教學和教唱客家歌等課外活動，也要求政府在客家鄉鎮設立「客家文化研習班」，促進客語的保存和各語族之間的團結和諧。〔註60〕

1988 年 5 月，行政院新聞局完成「公共電視」的製作草案，將決定以國語和臺語（閩南語）播出，使得關心此議題的客家族群再度感到困惑，也對當局只採「雙語」（國語和閩南語）而不採「多語」播音（國語、閩南語、客家語與原住民語）而感到疑慮。〔註 61〕許多民意代表也對客家節目遭漠視而提出質詢，立法委員劉興善向行政院質詢時表示，客家傳統文化與民俗蘊藏豐富，足以稱中華文化的瑰寶，所以政府應該重視客家民俗文化的維護與發揚，基於文化建設之必要與客籍民眾視聽權益之維護，再加上政令宣導之實效性，各電視台應該開播客語節目，使各種語言在媒體自由開放的情況下得到生存空間；1988 年 5 月，桃園縣議員謝碧春在也向縣議會提出質詢，表示桃園縣民以客家人居多數，為照顧縣民權益，除了縣境內應全面開放客語廣播的電台之外，也向上級政府提出強烈要求，在公共電視中增設客語節目的空間，以免忽視全臺 400 萬客家族群接受現代資訊的權益。〔註62〕

表 5-2-1：1989 年 12 月以前開播的客語廣播與電視節目

節目名稱	電台名稱	時間分布	主持人	備　　註
現代客談	台北市政	每週日　06：00～07：00	江素瑋	
原鄉情	台北正聲	每週日　17：00～18：00	唐　山	唐山即林純銘
客家之聲	桃園先聲	每週日　09：00～10：00	周　婷 何　方	周用四縣話 何用海陸話
幸福家庭	新竹台廣	每日　　06：30～07：00	詹　婷	
客家天地	新竹中廣	每日　　18：30～19：00	丹　萱	

〔註60〕《聯合報》，1988 年 1 月 2 日，第 16 版。《聯合報》，1988 年 1 月 30 日，第 17 版。

〔註61〕《客家風雲》雜誌社論〈撤除語言政策藩籬、開放客家廣電節目〉，《客家風雲》第 8 期（1988.6），頁 6。

〔註62〕辛平路，〈民代促開播客家電視節目〉，《客家風雲》第 9 期（1988.7），頁 75。

客家民謠天地	新竹警廣	每週六	15：40～17：00	彭　嫵	
黎明曲	竹南天聲	每日	05：00～05：30	劉培琴	
鄉親鄉情	台灣電視公司	每週日	08：00～08：30	陳裕美	
客家之光	新竹台廣	每週日	06：00～07：00	恩仔、阿芬	是年11月5日才開播

資料來源：《客家風雲》第 21 期（1989.10），頁 8。

　　客家人士為了客語電視節目爭取多年，1988 年 12 月，台灣電視公司決定
將推出「鄉親鄉情」的客語電視節目，客語播報員由竹南天聲電台新聞部主
任陳裕美擔任，並將在苗栗縣內錄製。預計於 1989 年元月起每星期日上午八
時推出的「鄉親鄉情」客語電視節目，每集約 30 分鐘，分四個單元，分別是
一週新聞集錦、省政建設報導、客家風情與諺語歌謠等內容，雖然客語節目
時段不多，但也可見客語節目已逐漸獲得大眾傳播媒體認同。〔註 63〕

　　雖然電視台開始決定播映客家節目，但是相關的客家運動人士還並不滿
足，甚至認為這只是新聞局「餅屑式施捨」的安撫，所以仍然對當局忽視客
語的態度不滿。〔註 64〕在這樣的背景下，發起客家運動的「客家權益促進
會」，為了要求當局重視客家母語，號召全臺南北各地的客家族群，在 1988
年 12 月 28 日下午一時於臺北市國父紀念館，發起的「還我母語」的萬人大
遊行。在解嚴初期時即以集會遊行的方式進行「還我母語」運動，自然有其
時代意義。該遊行以「孫中山」的形象為「名譽總領隊」號召「還我母語」，
遊行總策劃為鍾春蘭，總領隊為邱榮舉。〔註 65〕遊行出發前客家學者羅肇錦
將以客語朗讀「祭告孫中山先生文」，全文摘錄如下：

　　中華民國 77 年 12 月 28 日客家權益促進會全體成員，以及關心客家
　　前途人士，敬具香花清酒，祭告於我　國父孫中山先生之靈：

　　嗚呼國父，客家之先賢，自小就有客家硬頸精神，更有洪秀全起義
　　的客家風範。滿清末年，政治腐敗，孫先生湊合當時精英起義，再
　　接再厲，不屈不撓，最後推翻滿清，再造中原，這種精神，就係後

〔註 63〕《聯合報》，1988 年 12 月 8 日，第 24 版。《聯合報》，1988 年 12 月 14 日，
　　　　第 24 版。
〔註 64〕《聯合報》，1988 年 12 月 28 日，第 4 版。
〔註 65〕客家風雲雜誌本刊編輯，〈遊行花絮〉，《客家風雲》第 15 期（1989.1），頁 24
　　　　～25。

代客家人永遠不可忘記的「硬頸」精神。

……政府接辦教育，推行全面國語運動，學校肚不准講客話，廣播
電台罕得有客話，有電視以後，情況還加嚴重，大家擘開目珠看到
就係電視，擘開嘴唇講出个就是係北京話，到今晡日，客家子弟，
到學校，到屋家講國語，出家門講福佬，將自家的客家話豁淨淨。
結果，阿公講話孫子聽唔識，孫子講話阿公鴨聽雷，祖孫三代，強
強變到別種人，這款危機，繼續下去，客家只有消滅一條路。

現下，假使客家人還唔出來打拼，唔使幾多代，客語就會沒掉，客
家子弟也會唔見。故所者擺恁多硬頸个客家後生又集合起來，共下
行街頭，共爭取客家電視節目，共下為維護客家人的權利、延續客
家文化，協力奮鬥，客家人正唔會分人笑「無核卵」，正唔會對不起
我　國父爭取自由、創建民主个苦心……〔註66〕

由這段「祭告孫中山先生文」，可以看出客家人對當局語言政策的不滿，也反
映出客家話面對國語和閩南語雙重夾攻的無奈。

　　主辦單位「客家權益促進會」也強調，該遊行是超黨派、純文化、非政
治的和平活動，嚴禁參加人士執黨旗，而由主辦單位統一分發訴求標語。這
次的「還我母語」的遊行運動，是臺灣解嚴以後首度以文化層面為主題的街
頭運動，主要訴求為「全面開放客家話電視節目；修改廣電法第20條對方言
限制條款成為保障條款；建立多元開放的語言政策」，由運動訴求可知，同樣
受到國語壓迫的閩南語和原住民各族母語，也被該運動爭取的對象；雖然號
召中不分黨派族群，但是也有不少政黨人士參與，包括執政的中國國民黨，
新興的民主進步黨、工黨與籌備中的勞動黨等，其中民進黨主席黃信介出現
在遊行隊伍的廣播車上，也對參與遊行的客家民眾表示，民進黨將執行各族
語言平等的政策，也在黨綱上規定電視開放製作客語節目，並將在週六於黨
文宣部主持的「民進之聲」廣播節目中，以客語播放新聞，落實尊重客語的
政策。〔註67〕

　　作為客家人輿論公器的《客家風雲》雜誌，也提出「還我母語運動」的

〔註66〕羅肇錦宣讀，〈祭告孫中山先生文〉，《客家風雲》第15期（1989.1），頁22。
〔註67〕客家風雲雜誌本刊編輯，〈遊行花絮〉，《客家風雲》第15期（1989.1），頁14
　　　～25。《聯合報》，1988年12月27日，第3版。也參照《聯合報》，1988年
　　　12月28日，第4版。《聯合報》，1988年12月29日，第4版。

基本態度之宣言，條列如下：

1. 我們認爲母語是人出生的尊嚴，原無貴賤高低之分，堅持完整的母語權之目的即在維護完整的人性尊嚴。

2. 這是客家人維護母語尊嚴及語群延續的運動，故其目的實非對台灣社會人群的分類運動。

3. 台灣本土語言包括原住民語言、客家語及福佬話等，都在現行語言政策下受到嵌制；因此只有在台灣語言政策透過眞正民主的方式被批判地重建以後，實現本土和諧之語言生態，我們運動的目標方能達成。

4. 我們運動的基礎當然地摒棄各種形式的暴力，而建立於對社會多元價值之承認及對人權平等之信仰與維護。

5. 語言同時也是詮釋權利義務之工具，並且含蘊了文化價值，因此：平等和諧的語言生態不但是民主政治的礎石，更有助文化體系之豐碩壯大。〔註68〕

遊行活動主要訴求在於，爭取全面開放客語與各方言的廣播電視節目，並要求修改「廣電法」對方言節目的限制，建立多元的語言政策，也呼籲政府對國語和母語教育並重，而《客家風雲》雜誌對「還我母語運動」所思考的層面更加廣闊，包括客家族群的主體意識與母語文化價值，見證出母語運動不僅與本土化運動關係密切，更能深入到「多元文化並存」的層次，也名符其實成爲臺灣民主化運動與本土文化重建中的一環。

（三）「福佬沙文主義」對客語的壓迫

在客家「還我母語」運動之後，不少客家人也開始思考語言文化的保存，也有不少客家人認爲，新興的民進黨帶有「福佬中心主義」或「福佬沙文主義」的思想，並強迫客家人使用閩南話，所以還我客家母語的運動，還必須面對「福佬沙文主義」對客家族群的壓迫。民間客籍學者鍾孝上爲提出「客家文化也是臺灣文化」的主張，曾以民進黨員身分表示，從黨外到現在的民進黨，爲了對抗國民黨的一語獨尊和排斥方言，一直排斥使用國語，而固執地偏用所謂的「台語」福佬話，使得客家人感到不便、疑慮與被排斥感，因此建議民進黨必須爭取雙語教育及各語系語言電視節目開放，才能落實最公

〔註68〕邱秀年紀錄，〈台灣語言政策的反省——從客家人的母語運動談起〉附錄，《客家風雲》第 15 期（1989.1），頁 57。

道的語言政策。〔註69〕

　　由鍾孝上的論述可知，民進黨爲了去除國語獨尊，多半使用閩南語（俗稱臺語）來排斥國語，藉以達成本土化在語言習慣上的實踐，但是卻有意無意形成所謂的「福佬中心主義」的另一種語言獨尊，包括臺獨運動的號召，也激起「福佬沙文主義」的無限上綱，這些都使客家族群深感不安，甚至進一步變成新的客家族群認同運動；再者，客家族群對國民黨政權與新興的民進黨，總是有一份微妙的疏離感，所以當「福佬中心論」的民進黨人士，向客家族群質問：「客家人站哪一邊？」、「講不講福佬話？」作爲檢驗客家人是不是「臺灣人」的標準時，國民黨則是利用閩客兩族群間的矛盾，分化並威脅客家人，使客家人不得不心想：「若臺灣獨立（或說是民進黨得勢），客家人會被福佬人欺負」，由以上客家族群面對兩黨以「統獨」或「本土化」等意識形態競爭時，使得臺灣社會各族群的共生基礎產生危機。〔註70〕

　　曾任民進黨中常委的張富忠，面對民進黨陷入「福佬中心論」迷思的情況下，也曾語重心長公開表示，認爲民進黨已經變成閩南人的黨，而民進黨所謂的「台灣話」，並非包括外省、閩南、客家、原住民的語言，而是狹窄地指閩南語，這種結論對許多客家人而言，都會感到尷尬、矛盾和緊張。〔註71〕

　　由這段敘述中可知，閩南語獨享「臺語」之名，客家語不僅受到「福佬中心論」的排擠，在語言上由於不能同意民進黨的閩南語獨尊心態，也不能在客家運動上找到一個主體性的地位，所以面對民進黨以「閩南語系中心主義」攻擊「獨尊國語」的意識形態時，客家族群就會很難脫離矛盾與尷尬的心理，成爲客家「還我母語」運動中所展現的特殊面貌。〔註72〕

　　許多客家人也對「福佬中心論」提出批判，因爲許多客家人士面對「臺灣人」這樣的「符碼」問題時，由於不會說閩南話而常常被打成「不是臺灣人」這樣的形象，就會令客家人感到莫名其妙，且這樣「塑造」是由反對黨

〔註69〕官鴻志，〈橫眉與冷眼──戰後資產階級反體制運動中的客家人〉，《人間》第39期（1989.1），頁108。

〔註70〕官鴻志，〈橫眉與冷眼──戰後資產階級反體制運動中的客家人〉，《人間》第39期（1989.1），頁108。

〔註71〕官鴻志，〈橫眉與冷眼──戰後資產階級反體制運動中的客家人〉，《人間》第39期（1989.1），頁109。

〔註72〕《客家風雲》雜誌對閩南語獨享「臺語」之名的現象也展開批評，參照楊長鎮，〈重建和諧的語言生態〉，《客家風雲》第13期（1988.11），頁29。

（應該是指民進黨）所發起，當時的反對黨定義了四大族群名稱，分別為「本省人、外省人、客家人、山地人」，無形中將客家人歸類成「非臺灣人」與「非本省人」，這種「客家人不是臺灣人」的歸類，也造成「客家人是臺灣生活中的隱形人」之形象，使許多客家人士不滿。〔註73〕

　　除此之外，客家學者羅肇錦也認為，在臺灣的客家人除了屏東六堆和苗栗山地，因為形成較大聚落所以才能保存方言原貌，其他地區例如桃園、新竹、臺中、彰化、雲林、臺東、花蓮有些孤立又點狀分布的客家鄉鎮，都漸漸被閩南勢力所吞噬，而例如豐原、中壢原本是使用客家話的鄉鎮，到了1980年代以後，豐原當地已經完全為閩南話的區域，中壢的客語也僅呈現一半的勢力；客家族群為了商業貿易或政治利益的互惠，往往放棄自己的語言，改用擁有絕對政治勢力的國語去與外省人交往，或是改用擁有絕對經濟勢力的閩南話去和閩南人往來，久而久之就使客家人否定自己的語言，客家文化也因此無法保存。〔註74〕

二、原住民母語的復興

（一）原住民母語運動的發起

　　在日治時期50年的日語同化政策，以及國民黨執政40多年來的國語政策下，原住民遭受產生極大衝擊，使原住民各族的母語保存產生危機。1980年代末期，臺灣面臨政治、經濟、社會、文化各方面極大的轉變，興起各式各樣的社會運動，原住民族運動也因應時勢而起。1983年12月，「臺灣原住民權利促進會」（簡稱原權會）在臺北市馬偕醫院正式成立，原住民族運動也以組織化的行動表示訴求，隔年，原住民族發表「台灣原住民族權利宣言」，在宣言的前言明確指出：「台灣原住民族不是炎黃的子孫，原住民族全屬南島語系（Anstronesian 或 Malay-Polynesian），與認為自己是炎黃子孫且均屬漢族的閩南人、客家人和外省人不同。」〔註75〕

　　由「台灣原住民族權利宣言」前言中可知，原住民各族已經有族群的主體意識，並以自己的母語體系將漢族各語系與文化區隔，在宣言正文當中，

〔註73〕楊國鑫，〈我不是「台灣人」嗎？〉，《客家風雲》第7期（1988.5），頁48～49。

〔註74〕羅肇錦，〈客家話的滄桑〉，《人間》第39期（1989.1），頁122～123。

〔註75〕關曉榮、夏曼藍・波安主編，木枝・籠爻編輯，台灣原住民族權利促進會聲明，〈台灣原住民族權利宣言〉，《原住民族》第3期（2000.7），頁24。

其中也有幾條關於保存與尊敬原住民語言文化的條文，如表 5-2-2 所列：

表 5-2-2：「台灣原住民族權利宣言」對母語的訴求

條 目	條 文
第 5 條	國家應制定「尊重而非同化，平等而不壓迫」的原住民族政策。
第 14 條	國家必須尊敬原住民族的文化、習俗。原住民族有使用和發展自己的語言、文字以及保持或者改革自己的習俗習慣的自由。
第 15 條	原住民族有權用自己的母語受教育。成立自己的學校。國家要尊重原住民族母語的平等地位。原住民族地區應採取各族語併行之教育政策。
第 16 條	原住民族有使用本族語言、文字進行訴訟的權利。法院對於不通曉台灣地區普遍用的語言、文化的原住民族當事人，應爲他們翻譯。

資料來源：關曉榮、夏曼藍‧波安主編，木枝‧籠爻編輯，台灣原住民族權利促進會聲明，
〈台灣原住民族權利宣言〉，《原住民族》第 3 期（2000.7），頁 24～25。

在「台灣原住民族權利宣言」中，原住民母語教育受到高度重視，過去推行國語的政策帶有嚴重的文化歧視，甚至斷絕了原住民的語言風俗習慣與人倫道德的傳承，主流漢人社會過去不僅對原住民弱勢階級之剝削，也以「漢族中心主義」對邊陲與弱勢民族進行文化歧視，例如「吳鳳神話」的宰制〔註76〕，禁錮原住民心靈多年，當局也以行之有年的「國語政策」，壓抑原住民的母語和文化，使其逐漸「同化」爲漢族，嚴重剝奪原住民族的尊嚴。由此可見，原住民的主體性的建立，首要必須尊重各族群的母語，承認各族群母語使用和教學的權利，並擴及到母語的研究、出版和傳播事項，才能使原住民的母語和文化重新恢復。〔註77〕

原住民運動以自發性要求族群主體性的角度，在解嚴初期後逐漸發聲，原住民母語的保存也被視爲是重要議題，但後來「臺灣原住民權利促進會」

〔註76〕 過去教科書以吳鳳遭原住民獵殺而「捨身取義」所流傳的「吳鳳神話」，遭到原住民族運動強烈批判，1987 年 9 月 9 日，原住民運動人士胡德夫、劉文雄（今已正族名：夷將‧拔路兒）與民進黨人士，在嘉義市展開大遊行，抗議「吳鳳神話」漠視原住民的人格尊嚴，並要求更改吳鳳鄉名，刪除有關吳鳳之課程，拆除火車站前吳鳳雕像等訴求。同年 9 月 12 日，教育部長毛高文同意將吳鳳故事從教科書中刪除。參照徐桂峯，《臺灣集會遊行十年記事》（臺北市：自立晚報出版部，1989 年），頁 99、105。

〔註77〕 台灣人權促進會編著，《台灣 1987～1990 人權報告》（臺北市：台灣人權雜誌社，1990 年），頁 146～148、240～241。

被批判忽略了部落組織、傳統祭典、文化、語言與歷史等議題，依附在民進黨反對運動的旗幟下，矮化了民族實踐的格局，所以許多部落的特殊社會系統與文化仍待盡力恢復，才能使原、漢之間能欣賞異文化的角度來相互尊重，同理，原住民母語文化的恢復與保存，也需要朝這方面的檢討方向而努力。〔註78〕

1988 年 4 月，臺灣省政府公佈「臺灣省原住民社會發展方案」，該方案也是臺灣政治在威權體制開始轉型後，政府首度提出的原住民族政策方案，在「基本政策」中的依據如下：

> 基於三民主義種族平等，憲法保障扶植各民族之基本國策，維護山地同胞地位與權益，積極輔導其發展政治、經濟、社會、教育、文化，提高生活能力與品質。〔註79〕

在政策的制定與執行上，政府當局已經開始維護與尊重原住民族的傳統文化，也開始思考教育與文化保存上原住民族的特殊問題。

原住民運動人士也依據「中華民國憲法」中保護少數民族的條文，要求政府注重原住民的各種問題，包括教育、文化等問題，都應該回歸憲法來落實族群平等，中華民國憲法第 169 條規定如下：

> 國家對於邊疆地區各民族之教育、文化、交通、水利、衛生及其他經濟、社會事業，應積極舉辦並扶植其發展，對於土地使用，應依其氣候、土壤性質，及人民生活習慣之所宜，予以保障及發展。
>
> 〔註80〕

原住民在政治、經濟、社會與文化上屬於弱勢，所以母語與文化容易流失，所以在改革原住民教育中，實施國語與母語的「雙語教育」提供原住民了解自身文化與母語，使原住民建立自我信心；甚至也建議要求設立「民族學院」，以培育原住民教師，並從事原住民語言、文化、歷史的研究；在要求實施母語教育的要求中，除了宣示原住民文化異於漢人文化外，也以世界各先

〔註78〕藤井志津枝，《臺灣原住民史：政策篇》（臺灣南投：臺灣省文獻委員會，2001年），頁 243。

〔註79〕藤井志津枝，《臺灣原住民史：政策篇》，頁 250。

〔註80〕中華民國憲法條文部分，參照行政院原住民委員會編輯，夷將·拔路兒發行，《原住民法規彙編》（臺北市：行政院原住民委員會，2007年），頁 10。以中華民國憲法來進入原住民文化、教育權益問題的討論，參照瓦歷斯·尤幹，〈語言政策該解嚴了——反思原住民語言文化重建的方向〉，《台灣春秋》第23期（1990.9），頁 316～317。

進民主國家已經視保存少數民族文化為潮流來說明，保障原住民文化是檢驗該國民主、重視人道程度的標準，既然原住民文化迥異於漢人，所以在教科書編輯中應重視原住民祖先的文化特質、歷史與語言等內容，也應該設立「山地教育司」來執行改革原住民教育的工作。〔註81〕

（二）政府的推動與都市原住民的母語保存

1994 年，臺灣省政府山胞行政局，以第二屆國民大會所增定的憲法保障與扶植原住民條款，以保障原住民之基本權益，省府遂針對臺灣山胞社會發展方案第一期四年計畫執行績效並加以檢討，其中在原住民的「教育文化」方面的檢討中，其中一項指出山地國語文推行工作頗具成效，惟造成新生代與老一代在語言上無法溝通，形成原住民地區母語流失的教育問題。並在「教育文化」中提到「加強學校教育」一項，以原住民文化背景特殊，其語言及傳統藝術具保存價值，應利用各項社教活動加以發揚光大。〔註82〕

原住民文化既有保存價值與意義，原住民各族母語的恢復則更具指標性意義。在該計畫的「教育文化」中的「加強學校教育」部分，則是將目標計畫在文化與藝術上的鼓勵，除了強化原住民教育師資的培育外，並強調保存發揚原住民各族之固有語言、文化與藝術，以培養其信心，並充實鄉鎮圖書館購置原住民歷史文物書籍，鼓勵原住民學術研究等；縣市政府也應鼓勵並獎勵原住民績優師資人才進修及出國研究，編纂原住民文化、歷史、語言等鄉土文化教材來輔導教學，計畫中也舉辦了一場原住民母語比賽。〔註83〕

原住民族群中，除了各族之間語言與文化的相異之外，在都市工作與生活的原住民，長期處於漢人社會與資本主義的生活價值中，對自身母語與文化很容易受到主流價值所淹沒，所以都市原住民必須更注重其文化保存的工

〔註81〕 瓦歷斯・尤幹，〈語言政策該解嚴了──反思原住民語言文化重建的方向〉，《台灣春秋》第 23 期（1990.9），頁 317。

〔註82〕 1992 年 5 月 14 日李登輝總統召見原住民各族代表時指出：「少數民族最嚴肅的問題是文化問題，最切身的問題是生活環境改善問題，這些都是與教育問題息息相關，如何從教育著手才是提高少數民族地位，改善生活最根本、最有效的方法」。參照台灣省山胞行政局編印，《台灣省山胞社會發展方案第二期四年計畫第二（八十三）年度實施計畫：執行成果總報告》（臺灣南投：台灣省山胞行政局，1994 年），頁 1～2、39、71。

〔註83〕 台灣省山胞行政局編印，《台灣省山胞社會發展方案第二期四年計畫第二（八十三年度實施計畫：執行成果總報告》，頁 71～74。

作，否則很快就會融入平地漢人社會中，放棄自己族群的文化特殊性，也會忘記自己的母語。

根據 1994 年內政部統計處對都市原住民生活狀況的調查中，在臺灣省的都市原住民對「推動母語廣播節目」一項的政府滿意度最低，只占有 40.76%，而高雄市的都市原住民對「推動母語廣播節目」的滿意度更低，也僅占 31.47%，可見都市原住民深知母語保存不易，政府仍必須撥出資源來保存母語，所以在原住民母語的廣播節目之推動上，仍是當時政府需要努力的目標。

表 5-2-3：1994 年臺灣地區都市原住民對政府推行各項原住民政策之滿意情形

	臺灣省	臺北市	高雄市	總　計
保障原住民參政權	56.04	56.23	69.84	56.95
擴大升學教育優惠	54.68	57.82	53.86	54.87
維護傳統文化	52.83	57.95	51.35	53.13
加速人才培育及生活輔導	47.54	46.30	44.79	47.26
積極推動原住民社會發展	46.97	41.11	47.25	46.54
提升原住民行政組織功能	45.32	47.02	55.71	46.13
推動經濟事業及住宅貸款	45.19	42.16	36.35	44.38
維護土地權益	41.14	36.95	36.98	40.55
推動母語廣播節目	40.76	42.92	31.47	40.33

單位：滿意度；滿意度＝（100×很滿意數＋75×滿意數＋50×無意見數＋0×很不滿意數）
　　　÷（總樣本數×100）
資料來源：內政部統計處編印，《臺灣地區都市原住民生活狀況調查報告》（臺北市：內政部統計處，1996 年），頁 23。

都市原住民在家中使用的語言，也是保存母語需要調查的一環，也可以看出國語對母語排擠的客觀數據。根據 1994 年都市原住民家人中主要使用語言的統計中，以使用母語溝通者只占全部都市原住民的 42.20%，其中以阿美族使用母語比例最高，但也只占了 52.53%，雅美族僅只有 3.70%，可見都市原住民在家中使用母語的比例始終偏低，成為原住民母語運動所必須克服的一個難題。

表 5-2-4：1994 年臺灣地區都市原住民戶內家人主要使用語言表

族　別	母　語	國　語	閩南語	客家話	日　語	其　他	總　計
阿美族	52.53	43.27	3.55	0.08	0.08	0.48	100.00
泰雅族	24.47	73.48	1.83	0.13	0.09	－	100.00
排灣族	29.40	65.54	4.55	－	－	0.51	100.00
魯凱族	26.76	65.88	0.88	－	－	6.47	100.00
布農族	26.77	64.79	7.76	0.67	－	－	100.00
賽夏族	15.22	74.22	－	10.56	－	－	100.00
雅美族	3.70	96.30	－	－	－	－	100.00
卑南族	22.50	65.50	9.17	－	－	2.83	100.00
曹　族	13.64	86.36	－	－	－	－	100.00
總　計	42.20	53.32	3.63	0.22	0.07	0.56	100.00

資料來源：內政部統計處編印，《臺灣地區都市原住民生活狀況調查報告》（臺北市：內政部
統計處，1996 年），頁 60。

　　內政部在調查都市原住民對政策的滿意程度後，開始檢討過去忽視母語
廣播、電視節目的廣電政策，也調查出都市原住民的平日休閒時間，以在家
看電視與錄影帶的比例為最高，收聽收音機、錄音機者也排名第七，顯示出
電視、廣播等節目是都市原住民平日休閒娛樂的必要需求，所以內政部提出
結論與建議，以朝向委託民間廣播電台、民間有線電視、國內三家無線電視
台來加強，使原住民母語製播之廣播與電視節目能夠普及化，不僅可滿足都
市原住民之休閒需求，也可傳承原住民母語文化。〔註84〕

〔註84〕內政部統計處編印，《臺灣地區都市原住民生活狀況調查報告》（臺北市：內
政部統計處，1996 年），頁 25。

第六章　母語運動的成熟發展

　　1990 年代以來，母語教育的政策逐漸推展，地方政府也開始編輯國中小的鄉土語言教材。在教育改革的方向上，本土化與多元化的母語教育正式列入九年一貫的課程中，鄉土語言教學課程與各族群母語認證也逐漸展開，另外也確立了客語和原住民的母語認證制度，提供多元母語學習的環境。

　　母語教育在學校執行的問題中，教材上的爭議不少，例如母語教材中的音標拼音與大量「怪漢字」（罕見漢字）的教學，也是立法院內爭議的焦點，而客家、原住民語師資與資源不足，也是母語教育必須面臨的問題。另外，在教育部等單位的努力下，各式母語研究的補助與獎勵也逐漸展開，大專青年也開始對本土語言抱持肯定態度。廣電領域中，限制方言節目的「廣播電視法」的若干條文也正式廢除。

　　在尊重多元族群文化的價值中，行政院客家委員會正式成立，客家電視台也正式開播，但是客語的流失問題上仍須努力；行政院原住民族委員會也在各界期盼下成立，原住民電視台也正式成立，尊重多元文化保存的「原住民族教育法」也訂立。行政院原住民族委員會為推行原住民母語，制訂母語認證與升學優待辦法，但並未解決能有效解決部落族語流失問題，但「母語」與「認同」之間的關係，亦是原住民母語運動值得思考的主題。

第一節　母語教育政策的發展

　　在母語運動的發展下，母語教育已經受到社會各界的重視，相關討論方案也不斷出爐，其中 1990 年代中期興起的教育改革運動，重視鄉土教材與本

土語言的推廣，使母語教育在教育體制中成爲主流，2000 年以後，號召本土化的民進黨執政，在教育部、立法院內都進行不少母語教育的提案與討論。

一、母語教育的初步實踐

1987 年解嚴以後，社會逐漸開放，也帶動臺灣政治、社會與教育等多方面的改革。其中教育改革更是使朝野人士關心，同時也配合本土化、多元化的色彩，促使臺灣教育走出過去一元化的框架，過去長期以來都是由中央政府決定教育方向與課程，而地方的各級教育單位只能遵照執行，鮮少有民間社團參與和建議之機會，因此課程被官方或代表官方的專家們所壟斷。〔註1〕過去臺灣獨尊國語的教育政策，面對本土化運動的批評與打擊，已經無法再居主流地位，語文教育也開始朝本土化、多元化的方向邁進。〔註2〕

在課程本土化、多元化價值中，母語教育日益受到各界重視，其中地方的縣市首長對母語教育也不遺餘力，尤其是民進黨籍的縣市長，在國語政策鬆綁後不久，就已著手計畫並制訂母語教材，對地方上母語推廣貢獻良多。

1992 年 7 月，宜蘭縣政府出版的《本土語言篇實驗教材 河洛語教學手冊》，爲縣政府獨立完成的本土語言教材，當時的宜蘭縣長爲民進黨籍的游錫堃。縣政府爲編輯本土語言教材，也在 1990 年成立「宜蘭縣推行本土語言教學教材編輯委員會」，由知名的臺灣作家黃春明爲召集人兼主編，延攬地方仕紳與教師，負責進行教學手冊之編纂，其教學理念主要在提供本土語言的活動空間，恢復原有之語言環境，並以說、唱爲主，不強調文字與音標之學習，兼採本土語言之詩詞、童謠、民謠歌曲、諺語等方式來進行說唱教學，也利用既有的國語教科書課文來譯成本土語言，也使用河洛語系之注音符號，達成雙語融會貫通與複習課文之目標。〔註3〕

〔註1〕黃嘉雄，《九年一貫課程改革的省思與實踐》（臺北市：心理出版社，2002年），頁 18。

〔註2〕多元化教育乃源於近年西方學者提倡的多元文化主義（multicuturalism），由社會中存在的族群、語言、宗教信仰與社會習俗等文化群體出發，重視分析擁有特定文化的群體，並要求理解各群體的社會身份與主體位置，揭示其間的權力運作關係與壓迫結構，要求國家明確且平等肯定各族群的認同與傳統，使各文化之主體性得以真正共存。參照劉阿榮，《多元文化與族群關係》（臺灣臺北：揚智文化事業公司，2006年），頁 35～36。

〔註3〕黃嘉政，〈戰後以來台灣台語教育發展之研究（1945～2002）〉（臺北市：國立臺灣師範大學教育學系碩士論文，2002年），頁 121。黃春明主編，宜蘭縣推行本土語言教學教材編輯委員會編輯，《本土語言篇實驗教材：河洛語教學手

　　1993 年 9 月，臺北縣政府出版《台語讀本》與《咱的故鄉　台北縣》等鄉土語言教材，民進黨籍的縣長尤清基於母語被「禁足」40 餘年，期盼藉由鄉土母語教材的推動來發揚母語文化，並由縣教育局、文化中心與三重市公所合作，由 1992 年起即聘專家吳秀麗老師與邱善雄牧師，開設臺語與客語師資研習班，長期培養臺北縣之母語師資，也與結訓學員合編母語教材，並用臺語編寫《咱的故鄉　台北縣》的鄉土教材，並以羅馬拼音編輯了臺北縣各地名的臺語讀音，採華語（國語）與臺語對照的方式，也附上羅馬拼音、注音符號與漢字對照的對照表，開創了母語教育的新方法。〔註4〕

　　表 6-1-1 為實施九年一貫鄉土教學前，地方縣市政府所修纂之母語教材，多半具有實驗教學性質，且因經費、時間與編制有限，雖然並未盡善盡美，但也可看出地方政府對母語教育的用心與努力。

表 6-1-1：九年一貫以前地方政府修纂的母語教材

出版／編印單位	出　版　時　間	教　　材　　書　　名
宜蘭縣政府	1992 年 7 月	本土語言篇實驗教材　河洛語教學手冊
高雄縣政府	1993 年 2 月初版	高雄縣本土語言教材（通用本）
臺北縣政府	1993 年 9 月初版	臺北縣母語教學教材系列台語讀本
臺南縣政府	1994 年 6 月初版	台南縣　鄉土歌謠〈河洛語〉（母語教材）
屏東縣政府	1994 年 7 月初版	鄉土母語——屏東縣河洛語母語教材參考手冊
臺東縣政府	1994 年 10 月初版	臺東縣鄉土語言教材河洛語讀本
彰化縣政府	1994 年 12 月初版	彰化縣鄉土教育教材系列河洛語讀本
花蓮縣政府	1996 年 6 月初版	花蓮縣閩南語教材
臺中縣政府	1996 年 7 月初版	臺中縣本土語言教材台語讀本
臺灣省國民學校教師研習會	1997 年 6 月初版	國民小學鄉土語言教材河洛語第一冊

資料來源：董忠司，〈臺灣閩南語母語教學之教材編選〉，選自《台灣語言與語文教育》第 1 期（1998.6），頁 22～23。

　　冊》（臺灣宜蘭：宜蘭縣政府，1992 年），教學要旨。
〔註4〕吳秀麗主編，《台北縣母語教學教材系列　台語讀本》（臺灣臺北縣：臺北縣政府，1993 年），頁 3。也參照吳秀麗主編，《台北縣母語教學教材系列：台語鄉土讀本　咱的故鄉台北縣》（臺灣臺北：臺北縣政府，1993 年），頁 10～15、161～162。

　　同年 11 月，臺灣語文促進會首度以實施母語教育的政見，對 48 位縣市長候選人進行調查，其中接受採訪的民進黨候選人共 19 位，國民黨候選人 14 位，無黨籍則 10 位，訪問的統計如表 6-1-2，由表中不難看出以本土化作為號召的民進黨，對於推廣母語教育抱持相對積極之態度。〔註5〕

表 6-1-2：1993 年 11 月國民黨與民進黨籍縣市長候選人對母語教育的
　　　　　支持態度統計表

問題一、會將母語教育當成是選舉正式文宣			
政黨名稱	會	不會	不一定
中國國民黨	17.6%	47.1%	35.3%
民主進步黨	89.5%	10.5%	0%
問題二、心目中理想的語文政策			
政黨名稱	國語為主　母語為副	母語為主　國語為副	母語與國語並重
中國國民黨	77.8%	0%	22.2%
民主進步黨	5.3%	10.5%	78.9%

資料來源：《中時晚報》，1993 年 11 月 16 日，第 5 版。

　　中央政府方面，1993 年 3 月，教育部長郭為藩表示贊成母語教學，並表示將以選修的社團方式來學習閩南語與客家話，並視家長與學生的需要來規劃開課，以達成維繫親子世代語言溝通能力，杜絕語言隔閡來保存族群文化為目標，教育部並委託國立編譯館進行原住民九族母語教材的編寫，並提出未來將以教材內容革新、多元化等六項原則，納入鄉土教材與母語教學中，該六項原則如表 6-1-3 所列。〔註6〕

〔註5〕　當時拒絕受訪的候選人分別是剛成立的新黨候選人李勝峰與謝啟大，國民黨籍候選人為張秋華、阮剛猛、林源朗、王慶豐，無黨籍則為黃木添。參照《中時晚報》，1993 年 11 月 16 日，第 5 版。
〔註6〕　《台灣日報》，1993 年 3 月 16 日，第 3 版；《中華日報》，1993 年 4 月 1 日，第 12 版；《聯合報》，1993 年 4 月 3 日，第 1 版。

表 6-1-3：1993 年 3 月教育部長郭為藩提出母語教材六大原則

推動項目	項　目　內　容
族群融合方面	臺灣不同族群各有不同方言，應強調族群融合，而非族群差異，政府也應鼓勵、保存各種方言。
民間與官方立場方面	教材並非只有民間制訂，政府應以輔導立場，結合民間辦研討會等活動推廣。
母語教學師資方面	應利用寒暑假舉辦師資培訓活動
母語教材方面	將由教育資料館制訂錄音與錄影帶，結合民間制訂多元化的母語教材。
研究理論方面	將由國立編譯館與教育委員會成立研究小組，針對鄉土教材與研究地理教材中的中國大陸現況，提出具體可行方案。
師範院校與地方政府方面	各師範院校成立教學資源中心，結合地方政府編印方言教材，提供生動、活潑鄉土化之輔助教材。

資料來源：《中華日報》，1993 年 4 月 1 日，第 12 版。

　　雖然郭為藩部長贊成母語教育，重視母語教育的政策制訂，但是基於國情等問題，並不贊同國語與母語共同的「雙語教學」，郭部長也表示政府並未禁止講方言，也認為在答覆立委質詢時，仍是應以國語為主；除此之外，郭部長也承認省籍情節與族群意識等問題的確存在，但國家仍需要統一的語言，另一方面也反對國語對其他方言的歧視。〔註7〕

　　同年 6 月，教育部基於「立足台灣、胸懷大陸、放眼世界」的原則，預備在國小課程新增「鄉土教學活動」，修改之前對母語教育的選修原則，將以強制性的課程安排，規定各縣市都要排課，對於國民中學的認識臺灣等本土化課程也將名稱定位成「鄉土藝術活動」，不論是國小的「鄉土教學活動」與國中的「鄉土藝術活動」，都成為獨立且必修之課程，不再只依附在社團與選修活動中。〔註8〕

二、九年一貫與母語教育

　　1990 年代以後，關於教育改革的議題不斷受到社會各界討論，1994 年 4 月，民間的教改團體發起教改訴求之遊行，是為「四一〇教改大遊行」，揭開了教育改革的序幕，同年 7 月 28 日行政院院會通過的「教育改革審議委員會

〔註7〕　《台灣新生報》，1993 年 4 月 1 日，第 5 版。
〔註8〕　《台灣時報》，1993 年 6 月 29 日，第 1 版。

設置要點」（簡稱教改會）設置，政府相關單位也開始重視教育改革，並由中央研究院院長李遠哲擔任主任委員會兼召集人。其中民間的教改團體所組成的「四一〇教育改造聯盟」於 1996 年 5 月，至教改會拜訪，提出人民為教育權之主體、尊重多元文化之教育，也尊重不同族群的特殊性，反對過去教科書歧視臺灣本土文化與原住民文化，成為日後鄉土教育本土化與多元文化精神之原則。〔註9〕

　　本土化與多元化精神既然成為教改運動的號召之一，同時也影響當時省市地方首長的教育競選政見。1994 年 12 月，當選首任民選臺灣省長與北高兩市直轄市長的宋楚瑜（中國國民黨）、陳水扁（民主進步黨）與吳敦義（中國國民黨）紛紛強調鄉土與母語教學是未來共同的趨勢，宋楚瑜與陳水扁都表示可考慮全面推廣，吳敦義則表示適合在部分地區推廣，新任省市長既將母語教育納入政見，可見母語教育也是獲得本土選民青睞的教育政策。〔註10〕

　　地方中央已將推廣母語視為既定政策，中央的教育部也開始正式彙編母語教材，1998 年 9 月，教育部「鄉土語言教材彙編委員會」委請省教育廳與多縣市編輯代表，負責編輯國民小學鄉土語言教材，包括河洛、客家、賽夏、阿美、噶瑪蘭、排灣、魯凱、布農、賽德克、卑南、雅美、泰雅、鄒族等十三種不同族群的母語，將這些母語彙編成冊，其中閩南語教材採取漢字、羅馬拼音、注音符號並列，客家語則使用客語拼音符號，也兼用漢字拼音符號系統，也會註明海陸、大埔、六堆四縣、饒平、詔安等不同區域的發音，以顧及多元化之原則，這些教材彙編後也寄發各國小與相關單位，作為實施鄉土語言教學之參考。〔註11〕

　　1998 年 10 月，教育部公佈「國民教育九年一貫新課程綱要」草案，將

〔註 9〕 周志宏，〈四一〇教育改造聯盟之教育基本法草案〉，《教改通訊》第 20 期（1996.5），頁 29～30。潘慧玲主編，《教育改革的未來──國科會人文及社會科學發展處教育學門成果發表論文集》（臺北市：高等教育出版社，2002年），主編序。

〔註10〕 宋楚瑜曾於 1980 年任新聞局長時曾鄭重表示將減少臺語節目，終至全部節目以國語播出為止，參照本書第四章第二節，競選省長時則開始主張母語教學，可見時代趨勢的變動。參照《中國時報》，1994 年 12 月 7 日，第 16版。

〔註11〕 林繼盛總編輯，《國民小學鄉土語言教材河洛語學習手冊》（臺北市：教育部鄉土語言教材彙編委員會，1998 年），序。林繼盛總編輯，《國民小學鄉土語言教材客家語學習手冊》（臺北市：教育部鄉土語言教材彙編委員會，1998年），頁 2～3。

以培養具備人文情懷、統整能力、民主素養、鄉土與國際意識，並能進行終身學習之健全國民爲主要目標，其中語文領域占基本授課時數的 20% 到 30% 的比例，也強調注重語文的聽說讀寫、基本的溝通能力、文化與習俗等學習。〔註12〕

　　在九年一貫的特色中，將以「課程綱要」取代「課程標準」朝向民主、開放、鬆綁等理念，不再有全國統一性標準，也強調生活基本能力之引導，提出十項重要的基本能力，如下所列：

　　　1. 了解自我的發展。
　　　2. 欣賞、表演與創新。
　　　3. 生涯規劃與終身學習。
　　　4. 表達、溝通與分享。
　　　5. 尊重、關懷與團隊合作。
　　　6. 文化學習與國際理論。
　　　7. 規劃、組織與實踐。
　　　8. 運用科技與研究。
　　　9. 主動探索與研究。
　　　10. 獨立思考與解決問題。〔註13〕

1999 年 4 月，教育部中文譯音專案會議決定繼續使用國語注音符號，但將繼續增加符號，使學生能同時學習鄉土語言，同時也將母語納入九年一貫課程，原計畫從小學三年級開始實施閩南語、客家語與原住民各族語等母語教學，後來同年 5 月時，教育部公佈「國民教育九年一貫課程綱要」草案，公佈多項課程配套措施，其中將鄉土語言修改成到國小一年級開始學習。〔註14〕同年 6 月，教育部長楊朝祥表示，九十學年度起（2001 年 9 月以後）將進行九年一貫國民教育課程，考慮將鄉土語言納入「必選修」的科目，各地區可以依據不同的需求，選擇不同的母語，國小學生在客語、閩南語、原住民等鄉土語言中，必須選修其中一種母語，使母語教育在國小學科中更確切進

〔註12〕《教育部公報》第 286 期（1998.10），頁 45。
〔註13〕2000 年 9 月教育部公佈「國民中小學九年一貫課程暫行綱要」，取自於教育部網站：http://www.edu.tw/law_regulation.aspx?law_regulation_sn=225&pages=0&keyword=%e4%b9%9d%e5%b9%b4%e4%b8%80%e8%b2%ab（2008/12/17）。
〔註14〕《教育部公報》第 294 期（1999.6），頁 46。《教育部公報》第 295 期（1999.7），頁 34。

行。〔註15〕

　　2000 年 3 月，民主進步黨提名的總統候選人陳水扁當選總統，中華民國第一次透過民主政治的實踐而政黨輪替，執政長達 50 年的中國國民黨因此成為在野黨，民進黨執政後也並未捐棄既定的九年一貫教育政策，況且民進黨在臺灣政治發展過程中一向主張政治、文化本土化，所以陳水扁競選團隊也在教育文化方面的政見中，重視「推動鄉土與母語教學」的目標，盼能使學生熱愛鄉土，也主張學校教育需將鄉土教學與母語教育列入正式課程，以培養學生融入本土文化。〔註16〕

　　2001 年 3 月，教育部公布「國民中小學九年一貫課程綱要」，同年 8 月，委託臺灣省國民學校教師研習會辦理「九年一貫課程種子教師研習」，同年 9 月公布「國民中小學九年一貫課程暫行綱要」，對於其基本內涵之理念如下所列：

　　　一、人本情懷方面：包括瞭解自我、尊重與欣賞他人及不同文化
　　　　　等。

　　　二、統整能力方面：包括理性與感性之調和、知與行之合一，人文
　　　　　與科技之整合等。

　　　三、民主素養方面：包括自我表達、獨立思考、與人溝通、包容異
　　　　　己、團隊合作、社會服務、負責守法等。

　　　四、鄉土與國際意識方面：包括鄉土情、愛國心、世界觀等（涵蓋
　　　　　文化與生態）。

　　　五、終身學習方面：包括主動探究、解決問題、資訊與語言之運用
　　　　　等。〔註17〕

由以上的「九年一貫課程暫行綱要」的基本內涵中，多元文化與鄉土意識成為重要目標，其中在「語文領域」的綱要中，本國語文中的閩南語課程基本理念如下：

　　1. 培養探索與熱愛閩南語文之興趣，並養成主動學習的習慣。

〔註15〕《教育部公報》第 296 期（1999.8），頁 53。

〔註16〕陳水扁競選指揮中心，《新世紀　新出路─陳水扁國家藍圖 6 教育文化傳播》
　　　　（臺北市：陳水扁總統競選指揮中心，2000 年），頁 43。

〔註17〕教育部網站：
　　　　http://www.edu.tw/law_regulation.aspx?law_regulation_sn=225&pages=0&keywo
　　　　rd=%e4%b9%9d%e5%b9%b4%e4%b8%80%e8%b2%ab（2008/12/17）。

2. 培養學生聽、說、讀、寫、作等基本能力，並能在日常生活中靈活運用、表達情意。

3. 培養學生有效應用閩南語文從事思考、理解、推理、協調、討論、欣賞、創作和解決問題。

4. 培養學生應用閩南語文學習各科的能力，擴充生活經驗、拓展學習領域、認識中華文化、面對國際思潮，以因應現代化社會之需求。

5. 學習利用工具書及結合資訊網路以擴展閩南語文之學習，培養學生獨立學習之能力。

6. 激發學生廣泛學習的興趣並提升其欣賞文學作品之能力。〔註18〕

客家語課程的基本理念，也與閩南語大同小異，不外乎培養母語興趣、有效應用聽、說、讀、寫、作等基本能力，但原住民語的課程理念，卻不同於以上兩者，如下所列：

1. 以多元文化之理念，尊重各族群語文，並納入語文課程，實施教學，促進理解，奠定整體社會和諧與發展之基礎。

2. 檢視過去語文課程內涵及實施情形，規劃適合國家社會整體發展之語文課程。

3. 選擇原住民族重要語文知識觀念，經過縝密整理、翻譯與詮釋，搭配其他族群語文，共構本國語課程。

4. 審慎規劃原住民與其他族群族群語文內涵在本國語課程之比例份量，及其呈現方式。

5. 語文課程之規劃設計應兼顧原住民語文內涵之提昇與轉化。〔註19〕

由以上原住民語的課程理念中，原住民的母語教育將從臺灣多元族群與文化的方向出發，以整體文化的發展與各族群文化相互尊重之精神，重建原住民語言環境，依據各族群生活的需求與條件，建構全盤自主的生活模式。臺灣原住民在語言文化上不屬於漢族，而是太平洋與印度洋南島語族的一員，在文化習俗上完全相異於漢語系民族，雖原住民人口僅佔臺灣總人口比例不高，但其歷史文化與臺灣的淵源，爲現今僅存最爲古老而關係緊密者，因此

〔註18〕同上註，參照教育部網站。
〔註19〕同上註，參照教育部網站。

在延續臺灣歷史文化及建立多元文化社會角度上，維護與發展原住民族群語言文化，在教育體制內進行系統的族語教學，必為臺灣語文教育應積極辦理之工作。

2000 年 10 月，教育部長曾志朗出席立法院教育及文化委員會，列席報告「國民中小學九年一貫課程相關問題」，對於鄉土語言音標標準化、統一化等事宜，曾部長表示教育部將責請行政院教改推動小組來決議，鄉土語言師資與教學能力問題，將採短期、中期、長期方式辦理，短期方面則多辦理現職教師研習進修；中期方面則研議採認證方式，通過認證者得至國中小兼任鄉土語言教學課程；長期方面則鼓勵大專院校開設相關系所，持續培育適任之教師。〔註20〕

師資的培訓與進修，在鄉土語言的教育中扮演了相當重要的角色，教師進修也必須要有系統的規劃，才能培訓出能勝任的教師，教育部也因此提出「鄉土語言種子教師」的培訓課程，以多所師資培育機構（加上嘉義大學）與四所縣市政府級的研習中心，計畫於八十九學年度寒假（2001 年 2 月）前，針對各縣市政府於每鄉鎮遴派三名「種子教師」與一名原住民學校之「種子教師」，施以 72 小時以上的培訓課程，其課程內容將包含鄉土語言教學概論、鄉土語言能力訓練課程、鄉土語言教學專業課程等三類，主要目的在於培訓鄉土語言教師的專業知能，推動學生使用族群語文的基本能力，也藉此建立鄉土語言的師資檔案，提供鄉土語言訓練的資源，詳細課程項目如表 6-1-4 所列；教育部也針對九十學年度（2001 年 9 月）以後將從事鄉土語言教學的教師，要求地方政府於是年暑假完成教師的 36 小時的培訓課程，其課程內容也包括鄉土語言能力訓練與鄉土語言教學專業課程等。〔註21〕

〔註20〕 〈立法院第四屆第 4 會期教育及文化委員會第七次會議紀錄〉，《立法院公報》第 89 卷第 63 期（下）（2000.11），頁 282。

〔註21〕 〈立法院第四屆第 4 會期教育及文化委員會第七次會議紀錄〉，《立法院公報》第 89 卷第 63 期（下）（2000.11），頁 282。教育部國教司主辦、國立臺中師範學院鄉土教學研究中心承辦與編輯，《鄉土語言種子教師培訓研習班》（臺灣臺中市：國立臺中師院鄉土教學研究中心，2001 年），頁 I。

表 6-1-4：2001 年國立臺中師範學院「鄉土語言種子教師在職進修」閩南語進修班課程一覽表

類　　　別	科　目　名　稱	教學時數
鄉土語言教學概要課程	台灣語言源流、演變及特色	3
	台灣鄉土語言教學導論	3
	鄉土語言融入領域統整教學	3
	台灣文學概論	3
鄉土語言能力訓練課程	閩南語音韻系統與拼音練習（含文白音、方音差異）	12
	閩南語詞彙及語法介紹	3
	國台語對應及轉換	3
	本土兒童詩歌介紹、賞析	3
	參考資料介紹運用（如：俚語、諺語）	3
	參考工具書使用介紹	3
	漢字與和漢羅文字選讀	3
	閩南語說唱藝術	6
鄉土語言教學專業課程	閩南語教材教法及資源運用	8
	閩南語教學活動設計、評量及成果發表	6
	閩南語模擬教學與觀摩教學	6
	閩南語教材編寫與實務介紹	4
	閩南語童詩、歌謠創作	3
	鄉土歷史介紹與教學	3
	鄉土地理介紹與教學	3
合　　　計	－	81

資料來源：教育部國教司主辦、國立臺中師範學院鄉土教學研究中心承辦與編輯，《鄉土語言種子教師培訓研習班》（臺灣臺中市：國立臺中師院鄉土教學研究中心，2001年），頁 IV。

　　2001 年 4 月，教育部為配合九年一貫課程的需要，開始彙集數以千計的閩南語相關字彙，決定於 2002 年公布閩南語字彙研究資料，並將開始編制國內第一本官方版的閩南語辭典，閩南語教材也開始走出百家爭鳴的情形，逐

漸朝標準化、系統化的方向邁進。〔註22〕同年 11 月，教育部也公布「國小鄉土語言政策推動與學校實施概況」的統計，在鄉土語言教育的推廣下，全國已經高達 99% 的國民小學每週安排一節的鄉土語言教學課程，其中 2098 所教授閩南語、532 所教授客家語、264 所教授原住民語，教育部也保證師資品質與數量，也計畫採認證方式培訓師資，並通過「鄉土語教學工作支援人員語言檢覈要點」，規定只要年滿 22 歲以上之國民不限學歷都可報考，開啓了鄉土語言教師檢覈之正式管道。〔註23〕

2002 年 11 月，教育部長黃榮村報告「九年一貫課程改革實施兩年總檢討」，提到鄉土語言已經列入國小正式課程，而課程的規劃主要是以各族群的聽、說爲主，讀、寫爲輔，並結合鄉土文化之推展，落實於日常生活中，以培養學生熱愛鄉土之情懷，進而瞭解與尊重不同文化。但是鄉土教學的標音符號系統始終未能達成共識，故教育部當局鼓勵直接教學，使學童能夠自然靈活運用，其他如原住民語，教育部將結合行政院原住民委員會之檢核人員，大力協助原住民區域學校開設各族母語之課程，並鼓勵地方政府申請設置原住民語言文化教學輔導，均等母語的學習機會。〔註24〕

三、相關教育的推動

除了九年一貫的鄉土語言教學之外，教育部也利用轄下的「國語推行委員會」推動母語教育，過去制定獨尊國語政策的「國語推行委員會」遂搖身一變成爲推行母語教育的單位。

2002 年 12 月，教育部國語推行委員會進行委員之改聘，該屆委員共 27 名，約有 11 位爲新聘委員，主任委員由當時臺灣大學語言學研究所客座教授鄭良偉擔任，該屆委員專長包含華語（即國語）、閩南語、客家語和原住民各族語言的語言專家，也包含語言文化政策之學者，此外也配合九年一貫課程中的鄉土語言教材實施，所以該團隊的任務目標重要，爲求得理論與實際教學的統一，也增列基層教師代表與社會賢達參與。教育部國語會的改組不僅見證了官方揚棄獨尊國語的思維，也表示出學術與教學專業對語言政策主導的決心，反映政府當局對多元語言教育的重視。另外，行政院文化建

〔註22〕《教育部公報》第 317 期（2001.5），頁 46。
〔註23〕《教育部公報》第 324 期（2001.12），頁 40～42。
〔註24〕〈立法院第 5 屆第 2 會期教育及文化委員會第 5 次會議紀錄〉，《立法院公報》第 91 卷第 78 期（上）（2002.12），頁 282。

設委員會、僑務委員會、客家委員會原住民委員會也增邀為列席單位，教育部國語會也成為跨部會合作的工作團隊。該屆國語推行委員會委員名單如表 6-1-5。

表 6-1-5：2002 年 12 月教育部國語推行委員會委員改組的改組名單

姓　名	職　位	當時任職的單位與職稱
鄭良偉	主任委員	國立臺灣大學語言學研究所客座教授
范文芳	常務委員	國立新竹師範學院語文教育學教授
張俊盛		國立清華大學資訊工程系教授
童春發		國立東華大學原住民學院院長
江文瑜	委員	國立臺灣大學語言學研究所副教授
呂菁菁		國立新竹師範學院臺灣語言與語文教育學系教授
呂興昌		國立成功大學臺灣文學系系主任
余伯泉		中央研究院民族學研究所助理研究員
林生安		長老教會總會幹事
施正峰		淡江大學公共行政學系副教授
姚榮松		國立臺灣師範大學國文系教授
孫大川		國立東華大學原住民學院民族發展所所長兼民族語言與傳播學系主任
梁榮茂		國立臺灣大學中國文學系教授
許聞廉		中央研究院資訊科學研究所研究員
連金發		國立清華大學語言學研究所教授
莊萬壽		國立臺灣師範大學國文系教授
張裕宏		國立臺灣大學語言學研究所教授
張學謙		國立臺東師範學院語教系助理教授
曾金金		國立臺灣師範大學華語文教學研究所副教授
黃宣範		國立臺灣大學語言學研究所教授
彭哲卿		臺北市榮民總醫院神經外科名譽顧問
楊維哲		國立臺灣大學數學系教授
葉德明		國立臺灣師範大學華語文教學研究所教授

趙順文	國立臺灣大學日文系教授
蕭平治	彰化縣田中國民小學教師
鍾榮富	國立高雄師範大學英語學系系主任
羅肇錦	國立新竹師範學院臺灣語言與語文教育學所所長

資料來源：《教育部公報》第 338 期（2003.2），頁 48。

　　2003 年 2 月，教育部公布廢除「國語推行法」，代表威權體制下獨尊國語的法令正式劃下休止符。教育部國語推行委員會研擬「語言平等法」草案，草案中確定國家語言包括華語（國語）、河洛語（閩南語）、客家話與原住民各族語言，國家必須包容與維護語言的多樣性，政府不得以公權力或限制語言與文字的使用。〔註 25〕但是「語言平等法」草案公佈時仍受到許多學者質疑，認為可能會有溝通不良之問題，教育部為了避免爭議，宣布只保存其中的宣示與反歧視等條文，並重申目前的官方語言仍是以國語為主。〔註 26〕

　　雖然官方語言仍是國語，但是「語言平等法」草案中的精神，不僅在積極上要求持續進行母語教育，而消極上也保障母語不受迫害，也開始以反歧視的明文規範避免單一語言政策的壓迫，也無非對當時的母語運動再加深一層防護網。

　　2003 年 6 月，教育部訂立「教育部補助辦理語文教育活動實施要點」，依據教育部計畫中的「加強語文研究、整理、推廣工作及鄉土語言教育」，目的希望培養學生與社會大眾的語文能力，提升語文程度，並增進多元語言文化的傳承，對各地方政府、社教機構、大專院校與登記立案之社團、財團法人等民間團體進行經費補助，也可見鄉土語言之社會教育也受到政府重視。〔註 27〕

　　2004 年 1 月，教育部國教司長吳財順表示，針對部分學校只開一門鄉土語言課程的問題，提出鄉土教育應以學生為主體，只要有學生提出學習需求，學校即應開班，不能只開一門母語課程而強迫所有學生修習，並提出該狀況最嚴重者可將校長記過處分。〔註 28〕同年 2 月，教育部修正「教育

〔註 25〕《教育部公報》第 339 期（2003.3），頁 45。
〔註 26〕《教育部公報》第 339 期（2003.3），頁 47。也參照《國語日報》網站：http://www.mdnkids.com/info/news/adv_listdetail.asp?serial=23570（2008/12/20）。
〔註 27〕《教育部公報》第 342 期（2003.6），頁 37。
〔註 28〕《教育部公報》第 350 期（2004.2），頁 51。

部補助各縣市推動國民中小學鄉土教育要點」，對補助原則更加清楚規定，直轄市、縣與省轄市分別以 190 萬、220 萬、250 萬爲預估的補助經費，各級地方政府可以研定申請計畫爭取補助，其執行重點包括編輯或修正鄉土教學教材、鄉土語言教材學生學習手冊、教師手冊等，也辦理鄉土教學智能研習，製作教學媒體與建置網頁，將鄉土教學資源蒐集建檔與編輯等工作。〔註29〕

　　同年 3 月，民主進步黨提名的陳水扁連任總統，同年 5 月內閣改組，任命中央研究院院士杜正勝爲教育部長。〔註30〕杜部長上任後也更重視母語教育，在當時臺語拼音的爭議中，主張以自然發音法，不鼓勵只依靠拼音來教授母語。〔註31〕

　　2004 年 8 月，杜部長參與「現代研究基金會」主辦的「台灣對話：教育視野」座談會，會中表示會將「臺灣主體性」正式納入教育部擬定的施政綱領，使學校教育具有臺灣主體性，並以現代國民、臺灣主體、全球視野、社會關懷的四大行動綱領，以培養現代化國家的國民爲教育目標。〔註32〕

　　2004 年 12 月，教育部依據「九年一貫課程標準」，延續同年 1 月補助地方政府經費的精神，再度推行「補助直轄縣（市）推動國民中小學鄉土教育要點」，對縣市政府轄下的國中小的鄉土教育進行補助，其執行目的、實施原則、實施內容、業務分工，如表 6-1-6 所列，直轄市與縣市預估補助新台幣 140 萬到 200 萬元的金額，由以上教育部的補助，可見鄉土教學的重要性。

〔註29〕《教育部公報》第 351 期（2004.3），頁 27〜28。
〔註30〕杜正勝曾經於《自由時報》、《台灣日報》與《聯合報》發表過多篇文章，主張臺灣主體意識，認爲過去中國國民黨主政下的教育爲徹底的「大中國化教育」，使本土臺灣人喪失歷史記憶，執政當局也要求臺灣人以作中國人爲榮，主張未來新教育應從「中國中心」轉爲「臺灣中心」，並建樹臺灣文化，建議當時新上任的陳水扁總統，應進行臺灣在文化上的體質改造，只有臺灣人知道自己的定位時，臺灣主體意識才會確立。參見杜正勝，《走過關鍵十年》（臺北市：麥田出版社，2000 年），頁 119〜172。
〔註31〕臺語拼音的爭議，參照本書第六章第二節，立法院中的討論。也參照《教育部公報》第 355 期（2004.7），頁 35。
〔註32〕《教育部公報》第 357 期（2004.9），頁 46。

表 6-1-6：2004 年 12 月教育部「補助直轄縣（市）推動國民中小學鄉土教育要點」之項目

要點項目	詳細內容與相關規定
執行目的	1. 增進鄉土文化認識，並培養保存、傳遞及創新之觀念。 2. 培養鄉土活動興趣，激發學生愛家、愛鄉、愛國情操。 3. 培養鄉土問題意識，養成主動觀察、問題解決之能力。 4. 落實鄉土教育推展，尊重多元文化，並促進社會和諧。 5. 培養鄉土語言聽說讀寫之基本能力，能有效應用鄉土語言。 6. 提升欣賞鄉土文學作品能力，體認鄉土文化之精髓。
實施原則	1. 分工合作原則：教育部（以下簡稱本部）、縣（市）政府、國民中小學分層負責，積極配合。 2. 彈性多元原則：因地制宜、彈性運用時間，配合語文學習領域鄉土語言課程、社會學習領域或融入相關學習領域活動設計，充分發揮學校及地方特色。 3. 延續連貫之原則：各項辦理方案應周延可行且具延續性，務期落實推動目標。 4. 動靜兼顧原則：為提升鄉土教育成效，除提供靜態資料外，更應重視動態活動之設計，例如社區踏查。 5. 教學導向原則：各項活動應以教學導向、兒童中心為原則。 6. 因地制宜原則：學校確實依實際情形及各學習領域活動規劃得結合地方文史工作者，以增廣學習範圍。 7. 師資開放原則：開放具有鄉土語言教學專長至各校擔任鄉土語言教學相關活動之支援工作，落實鄉土教育、鄉土語言教學之推動，確保學生之學習權益。
實施內容	1. 編輯教材：包含編輯直轄市、縣市鄉土教材、閩南語、客家語言教材等。 2. 辦理研習：包含辦理鄉土教育研討會、座談會或觀摩會及國民中小學教師研習。 3. 製作媒體：包含製作教學媒體（錄影帶、錄音帶、幻燈片、投影片、光碟）、設置網站。 4. 蒐集建檔：包含蒐集鄉土教學資源、資料與活動上網、建檔等。 5. 培訓師資：包含鄉土教學知能、鄉土語言教學之在職教師中長期進修。
業務分工	本部（教育部）： 1. 訂定本要點。 2. 彙編成果專輯，並蒐集各類優秀教材，提供地方政府與學校相互觀摩及經驗分享交流。 3. 鼓勵大專院校開設相關課程、鼓勵選修等。 4. 規劃辦理鄉土語言教科書評鑑相關事宜。 5. 審查各直轄市、縣市政府申請計畫，並核定補助經費。 6. 採定期或不定期方式，分赴各直轄市、縣市瞭解執行情形。 直轄市、縣市政府： 1. 參照本要點、擬定推展鄉土教育實施計畫。 2. 編輯適合當地之鄉土語言教材。 3. 規劃辦理鄉土教學活動相關之在職教師研習、教學觀摩會，以提升鄉土教學品質。 4. 規劃辦理鄉土語言教學支援人員研習活動及檢核認證，以輔助鄉土語言教學之實施。

> 5. 成立鄉土教材資源中心學校，並建置相關網站，提供全國各直轄市、縣市及學校皆能了解推展成效，達到經驗分享、交流之目的。
> 6. 建立鄉土教學各項專業人員檔案，以充實師資人力，俾供辦理研習或學校參考運用。
> 7. 積極編列年度專款及吸納民間資源，協助學校推展鄉土語文。
> 8. 訂定年度督導計畫，並定期或不定期前往學校訪視，以了解實際實施情形及問題。
> 國民中小學：
> 1. 參照課程綱要與標準，依據實際情形因時因地、彈性實施。
> 2. 鼓勵教師自編教材、設計教案，改進教學方法或調查研究。
> 3. 視需要邀請學者專家到校專題演講、參與教學研究會，或辦理教學觀摩會。
> 4. 建置專屬網頁，讓其他直轄市、縣市及學校了解推展成效，以分享經驗。
> 5. 建立師資檔案，可與附近學校交換具有不同專長之師資，進行協助教學活動之進行。
> 6. 實施鄉土教學時，得融入各領域教學做整體規劃，並考量與地方鄉土活動配合，安排學生參與。
> 7. 引導學生利用工具書，結合資訊網路，增進鄉土語文學習之廣度及深度，培養學生鄉土語文能力。

資料來源：《教育部公報》第 360 期（2004.12），頁 27～29。

此外，鄉土語言課程的開班日漸普遍，根據 2006 年的統計，九十四學年度（2005 年 8 月至隔年 7 月）的閩南語、客家語和原住民語總開班數，高達 7 萬 4 千餘班，可見鄉土語言課程的開設，已經進入到一個高峰，其他年度統計如表 6-1-7 所列：

表 6-1-7：九十至九十四學年度（2001.8～2006.7）開設鄉土語言班級總數

年度項目	閩南語	客家語	原住民語	閩客原開班總計	實　施　年　段
90 學年度	—	—	—	—	小一
91 學年度	30,363	4,014	1,179	35,556	小一、小四、國七（國一）
92 學年度	48,036	7,659	1,790	57,485	小一、小二、小四、小五、國七（國一）、國八（國二）
93 學年度	57,335	8,806	2,513	66,394	國中小各年級
94 學年度	63,652	7,995	3,202	74,849	國中小各年級

資料來源：〈立法院第 6 屆第 3 會期教育及文化委員會第 10 次全體委員會議紀錄〉，《立法院公報》第 95 卷第 17 期（2006.4），頁 46。民國 90 年即為西元 2001 年，以此類推，學年度由該年 8 月至隔年 7 月底。

2006 年 4 月，教育部公佈「教育部補助公私立幼稚園推動鄉土語言教學實施計畫」，將補助公私立幼稚園推行鄉土語言，每所最高補助 7 萬元，期盼能培養學齡前兒童具備鄉土語言之聽說能力，進一步了解自己的家鄉；同年 6 月，教育部訂定「高級中學以下學校及幼稚園推動臺灣母語日活動實施要點」，盼增各族群之了解、尊重、包容與欣賞，營造出臺灣母語的優質環境，各校得於每週選擇一上課日為「臺灣母語日」，並交由教師規劃課程，母語日時的教師教學、親師溝通與同儕互動則儘可能使用當地母語，發揮臺灣母語在地化之精神，在考核方面，則交由地方主管教育行政機關來進行績效訪視，教育部並表示，「臺灣母語日」的執行與推動，將視為是各縣市每年鄉土語言教學評鑑之重要指標，教育部也對辦理績優的縣市發放 50 萬元獎金。〔註 33〕

同年 12 月，教育部為再要求鄉土語言師資之專業素養，確保鄉土語言教學品質，要求各直轄市、縣市政府主管教育機關，建置鄉土語言教學師資人力資料庫，建立現職鄉土語言教師的名冊，包含受過鄉土語言教學初階、進階的培訓，以及通過鄉土語言認證等教師，另外還包含通過認證之鄉土語言教學支援工作人員名冊，明確掌握鄉土語言師資狀況，做為推動培訓計畫與各校安排師資之參考依據。〔註 34〕

隔年 5 月，教育部長杜正勝於行政院會中，提出臺灣主體教育的改進方案，未來國民中小學受過鄉土語言進階培訓或通過認證者，將列為教師甄試「優先進用」對象，而高中職教師修習過母語相關學分者，將擇優錄取。杜部長也提出未來將以多元族群、多元文化充實臺灣主體價值，建立臺灣歷史解釋，並勾勒「台灣人的願景」，在臺灣主體教育的作法上，將從本土教育出發，放眼布局全球，並彰顯臺灣的價值。〔註 35〕

〔註 33〕《行政院公報》第 12 卷 119 期（2006.6），頁 19015。也參照《國語日報》，2006 年 4 月 10 日，第 2 版。

〔註 34〕根據 2006 年 12 月教育部提出的「提升國民中小學鄉土語言師資專業素養改進措施」中，規定未受過初階培訓之現職教師，自九十六學年度（2007 年 8 月）起不得擔任鄉土語言教學；未受過進階培訓之現職教師，自九十八學年度（2009 年 8 月）起不得再擔任其教學；未受過鄉土語言認證之現職教師，自一百學年度（2011 年 8 月）起不得再擔任其教學。參照《行政院公報》第 12 卷 237 期（2006.12），頁 33562。

〔註 35〕聯合新聞網：
http://mag.udn.com/mag/campus/printpage.jsp?f_ART_ID=68271（2008/12/25）。

在母語語言認證的制度中，最早實施者為原住民母語的認證。2001 年 11 月，行政院原住民委員會訂立發布「原住民語言能力認證辦法」，對於族語能力的認證方式中，含括了書面審查、薦舉、筆試與口試，其中書面審查內容為從事族語教學或具體研究成果與著作；原住民年滿 55 歲得以薦舉方式認證；口試與筆試則填申請表書面申請，不受族別與學歷之限制。〔註 36〕客語認證也在數年後開展，2005 年 3 月，行政院客家委員會訂定「客家語言能力認證作業要點」，對客語認證進行明文規範，規定客語能力指聽、說、讀、寫，將認證層次分為初級、中級與高級，採筆試與口試評量，通過認證者將由行政院客家委員會發給客語能力證明。〔註 37〕

閩南語能力認證規劃最晚執行。2007 年 10 月，教育部規劃在 2009 年底舉辦全國首次的閩南語能力認證考試，計畫每年舉辦一次，並由訂定入門、基礎、進階、高階、流利及精通分為六級發給能力認證，且不分方言腔調，考試將分為筆試及口試，測驗聽、說、讀、寫等能力。教育部指出，2009 年底首度舉辦的認證考試，將以國中小總計約兩萬人的現有鄉土語言師資及教學支援人員為主，接下來再開放全民報考，至於能力分級的考試方式，是要比照英檢、客語的分級測驗，還是採取考一次、依分數分級發證的模式，教育部表示，將由規劃單位視試題整體設計再決定。教育部同時也強調，閩南語能力認證可提升國中小鄉土教學的師資專業素養，目前教育部僅能以培訓方式篩檢鄉土教師，未來將以更健全的制度來增強鄉土語言教師的專業程度與能力。〔註 38〕

母語認證的實施，將對未來鄉土語言教學的師資來源，提供了確定與品質的保障，也使母語教育推廣的制度趨於完善。

第二節　各界的討論與社會上的發展

在母語教育的發展中，仍然面臨到許多問題，包括教材上的爭議，成為立法委員與政府相關單位討論的議題。在社會的發展中，方言（母語）電視

〔註 36〕行政院原住民委員會編輯，夷將‧拔路兒發行，《原住民法規彙編》（臺北市：行政院原住民委員會，2007 年），頁 87。
〔註 37〕客家語言能力認證考試資訊網：
　　　　http://hakka96.nhcue.edu.tw/gist.htm （2008/12/24）。
〔註 38〕自由電子報：
　　　　http://www.libertytimes.com.tw/2007/new/oct/4/today-life5.htm （2008/12/25）。

節目、廣播電台都開始獲得平等地位的發展，客家與原住民電視台也紛紛成立，促進母語運動更進一步的發展。

一、母語教育在學校執行的問題與討論

　　母語教育在九年一貫教育原則後，在學校教育方面的制度逐漸完備，但是各界人士仍然對母語教育的施行不甚滿意，成為母語教育發展過程中待解決之問題。

　　在九年一貫與母語教育方面，根據「中華民國課程與教學學會」對九年一貫國中小閩南語課程綱要的評析中，提出九年一貫課程雖然恢復了閩南語等本土語言在語言教學上的位置，但是並未帶給閩南語所代表的鄉土文化價值相對的地位，閩南語仍是語文領域的邊陲地位，對建構多元文化理念的成效有限。表 6-2-1 以「雙語教育之實施理念」（國語與母語）與「閩南語暫行課程綱要理念與目標之評析」進行比較，可知九年一貫的母語教育仍舊有若干瑕疵，也反映出教育在執行上仍有需要之處。

表 6-2-1：「雙語教育之實施理念」與「閩南語暫行課程綱要理念目標之評析」的比較

雙語教育之實施理念	閩南語暫行課程綱要理念目標之評析
1.語言的文化傳承 2.教育機會均等的實現 3.促進族群的尊重、瞭解 4.對鄉土的認同 5.語言認同以獨立建國 6.政治抗爭的減少 7.語言促進經濟關係的發展	1.閩南語基本理念在性質上與課程目標並無二致，基本理念未能象徵實施該課程的深層內涵。 2.理念或目標偏重語文工具性目的，忽略語文教育的潛在功能。 3.閩南語理念與目標忽略其在臺灣的特殊發展條件，卻欲達成一般語言教育的功能。 4.閩南語理念交代不清，導致學校施行上的歧異。

本表「雙語教育」是指國語與母語。
資料來源：黃嘉雄、楊嵐智，〈國民中小學閩南語課程綱要之評析〉，收錄於中華民國課程與教學學會主編，《新世紀教育工程──九年一貫課程再造》（臺北市：揚智文化事業公司，2002 年），頁 325～333。

　　在實施雙語教育（國語與母語）的理念中，必須要重視文化傳承之工作，各種語族的需求也必須受到教育計畫的考慮，在理想的雙語教育教學法中，教師必須在課堂上使用兩種語言作為教學語言，其中一種是主流社會的語言，另一種是弱勢族群的語言，其課程設計也應包含各種母語的歷史、文化、地理，也應求維持學童的語言自尊，同時也應該了解此兩種文

化。〔註 39〕除此之外，母語教育也應包容不同文化的差異性，促進容納不同族群的和諧共存，在各種語言使用的熱情中，也須能喚起政治上獨立等意識。而語言不只是僅只作為溝通工具，學生應該在語言使用中享有平等的「文化資本」，應該注重語言背後的文化意義與價值，也不能因為語言的差異而使教育知識產生斷層；過去長期獨尊國語，公共場所也以國語為主，所以閩南語等母語必須重拾自信心，藉此提高母語的價值，另外也須抱持延續文化遺產、學習相互包容與尊重之態度，成為相互尊重與和諧共存的民主社會。〔註 40〕

　　除了教育界人士的批評之外，立法院內也出現不少討論，1998 年 10 月，民進黨籍立委陳光復質詢教育部長林清江，批評教育部忽略臺灣母語夾雜外來語言等問題。2000 年 11 月，親民黨籍立委李慶安也質詢教育部長曾志朗，認為在保留國內各種文化下，學童並非一定要學習「鄉土語言」，並舉例泰雅族地區的班級內並非所有學生都為泰雅族，所以也不必要求所有學生學泰雅語；新黨籍立委朱惠良也認為，教育部要小學生除了學習國語的注音符號之外，還必須學閩南語音標系統，學客家語還需學習漢語拼音，會增加學童的課業負擔；國民黨籍立委穆閩珠也表示，鄉土語言教學的教師多半不合格，教師的培訓時間也十分有限；國民黨籍立委朱立倫也書面質詢表示，鄉土語言的推展，需有統一化、標準化的音標系統，教育部應及早完成標準化工作，另外，學童在新課程後也必須學習注音符號、英語音標和鄉土語言標音系統，唯恐將造成學童負擔過重；民進黨籍立委蔡同榮也書面質詢曾部長，但是批評的角度則有所不同，提出國民黨執政時的教育部長楊朝祥時曾規劃，母語教育是國中國小九個年級必選的科目，反之民進黨執政後，卻減少成只有國小六個年級必選，對此表示不滿。〔註 41〕

　　由以上的質詢也可看出國民黨與民進黨對母語教育的看法不同，但是已經確定完全不會有獨尊一種語言的情況，也可見母語教育仍有許多執行面上

〔註 39〕 吳美慧，〈解嚴後臺灣語言教育政策之研究〉（臺北市：國立臺灣師範大學社會教育與文化行政研究所碩士論文，2005 年），頁 27。

〔註 40〕 黃嘉雄、楊嵐智，〈國民中小學閩南語課程綱要之評析〉，收錄於中華民國課程與教學學會主編，《新世紀教育工程——九年一貫課程再造》（臺北市：揚智文化事業公司，2002 年），頁 325～333。

〔註 41〕 〈立法院第 4 屆第 4 會期教育及文化委員會第 7 次會議紀錄〉，《立法院公報》第 89 卷第 63 期（2000.11），頁 286～311。

的問題需要解決，包括避免學童負擔等問題。

但鄉土語言教育的問題不只如此，也出現不少教材上的爭議。2003 年 10 月，親民黨立委李慶安再度以鄉土語言教材中的問題，對教育部長黃榮村質詢，李委員舉出鄉土語言課本中「若欲寫字　提茸枋茸　字寫母著　用拊仔拊」等怪字詞質詢黃部長，認爲這種怪字教學會造成老師與學生很大的困擾，且每一種教科書的發音都不一樣，使原本會使用閩南語的人都無法了解，更遑論要求學童修習；國民黨籍立委洪秀柱也表示，臺灣早期私塾也是用閩南語教授漢文，也使用閩南語來朗讀漢字，所以主張學生只要能使用閩南語朗誦唐詩宋詞即可，而批評當下的鄉土語言教學是在進行意識形態造字運動，同時許多學校並沒有客家語和原住民語師資，所以到最後會強迫客家語原住民子弟只學習閩南語，也是一個很大的問題；民進黨籍立委彭添富也書面質詢表示，有高達 86.5% 的國中小教師認爲鄉土語言教學能聽說即可，尤其當母語教學音標無法統一，現行教科書就有「教會羅馬拼音」、「通用拼音」、「注音符號」與閩南語「TLPA」四種拼音法，學習鄉土語言主要目的應該是希望學童能與祖父母溝通，而並非是要求學童精通各族語言，臺灣絕大多數民眾使用的語言是北京話，而只要是臺灣人民使用的語言都可稱爲臺灣話，鄉土教育當然必須也要避免「大福佬沙文主義」的問題。〔註 42〕

地方上關於母語教材的音標問題也引起不少爭議，2003 年 6 月，臺北市長馬英九原本主張鄉土語言採自然教學法〔註 43〕，但是後來卻發現完全使用自然教學法無法有效學習，將研究國小三年級以上教授拼音，並以注

〔註42〕所謂的閩南語「TLRA」拼音法，根據 1991 年 7 月，洪惟仁、董忠司等人發起成立台灣語文學會，主導並發展出台灣語言音標方案（Taiwan Language Phonetic Alphabet，簡稱 TLPA），在 1998 年教育部將 TLPA 正式訂爲「台灣閩南語音標系統」及「台灣客家語音標系統」2006 年 10 月 14 日，教育部公佈整合方案，稱爲「台灣閩南語羅馬字拼音方案」也參照教育部國語推行委員會網站：http://140.111.34.54/MANDR/download_list.aspx?site_content_sn= 3364（2008/12/25）該段的立法院質詢也參照〈立法院第 5 屆第 4 會期教育及文化委員會第 3 次會議紀錄〉，《立法院公報》第 92 卷第 44 期（下）（2003. 10），頁 66～69、89～90。

〔註43〕關於自然教學法的理論，語言學家洪惟仁曾經分享自家親子的母語經驗，認爲家中沒有對孩子教導母語的問題，只要父母不斷對孩子說母語，不用刻意去教導孩子母語，孩子就能標準使用母語，家中當然是最理想使用母語的場合，這就是「自然教學法」的精神。洪惟仁，《台灣語言危機》（臺北市：前衛出版社，1995 年），頁 77。

音符號爲主，馬英九市長並表示，臺北市人口中多半使用國語，學童放學後的家中多半不說母語，學童因此無法有複習之機會。〔註44〕隔年1月，臺北市教育局對於音標的鄉土語言教學仍未有定論，馬市長爲求母語教育事半功倍，則贊成「在家說母語」的概念，臺北市政府副秘書長劉寶貴也以自身的親子母語互動經驗表示，校內推行母語教學還不如大力推行「在家說母語」。〔註45〕

　　不論是主張音標的鄉土語言教學或提倡「在家說母語」，都顯示出母語教育意見分歧的問題，但地方政府可以依照自身母語環境，制訂最符合地方情況的教育內容，並可容納不同意見，也是母語教育多元化的呈現。

　　具有濃厚本土化色彩的教育部長杜正勝，面對母語教育的種種問題時，仍舊面臨了諸多立委的批評，2006年4月，台灣團結聯盟的立委曾燦燈質詢杜正勝部長時，除了提出母語教材中大量「怪漢字」（即罕見漢字）等問題之外，也提出教育部補助師資培訓的班次多半爲閩南語，客家語的班次也不多，而原住民的師資最少，且原住民語言師資檢定爲原住民委員會負責，曾委員認爲教育部應負責主導原住民母語教育，執掌工作必須重新檢討；國民黨籍的立委李慶安（2006年1月李慶安重回中國國民黨），也延續著對母語教材的批評，認爲鄉土語言只要直接教小朋友說閩南語即可，不必要進行一些怪字與困難的拼音，否則一定適得其反，不少學童原本在家中會使用閩南語，但是當學習拼音與怪漢字後就會覺得閩南語不容易學，也製造家長的困擾；中國國民黨籍的立委盧秀芳質詢時也表示，平常自己在家中會使用閩南語和孩子交談，但是孩子的班上會使用閩南語者很少，所以母語教育是較十年前退步；民進黨籍立委管碧玲則批評，臺北縣客家語鄉土語文教學補充教材中，包括了通用拼音、羅馬拼音與教會羅馬拼音三種版本，學習母語將無所適從，管碧玲也批評鄉土語言教師一個月僅教學20節，一個月薪水僅6400元，所以鄉土語言教師毫無專業可言，且臺灣很多語言已經符合聯合國教科文組織中規範中處於瀕臨滅絕的語言，即13歲以下孩童會說母語者不超過13%，其中客語就是處於瀕臨滅絕的狀態；民進黨籍立委彭添富也表示，客家話有五、

<hr>

〔註44〕《自由時報》，2003年6月14日，第17版。

〔註45〕臺北市政府副秘書長劉寶貴以家長身分分享自身經驗，發現自己國小六年級的孩子在校學了母語，回家後也不願用閩南語與家人對話，所以市府大力推對校內母語教育，對絕大多數的家長感受不到，也因此推動「在家說母語」的重要性不言而喻。參照《自由時報》，2004年1月6日，第12版。

六種腔調閩南語和原住民語也有各種腔調，政府應該制訂標準版本，使教師與學生能有所依循。〔註46〕

　　由 2000 年以來，鄉土語言教育逐漸展開，但也面臨許多問題，而問題大同小異，無非是母語教材中音標拼音（包含罕見漢字）與客家、原住民語師資、資源不足等問題，母語教育歷經郭為藩、林清江、楊朝祥、曾志朗、黃榮村、杜正勝等教育部長，其中 2000 年還經歷政黨輪替，在本土化色彩濃厚的民主進步黨執政後，母語教育也順延著九年一貫多元文化教育的開放精神發展，但是仍出現不少待克服之問題，也成為母語運動成敗的關鍵任務之一。

二、母語在社會上的發展

　　母語運動除了在校園中發展，在社會各領域上也開始發展，包含在知識份子與廣播電視等領域方面，號召母語文化與母語電視節目蓬勃發展，不僅閩南語電視節目廣受大眾歡迎，收視率也攀上高點，以母語發音為主的客家電視台與原住民電視台紛紛設立，使母語運動發展到一個高峰。

（一）知識份子的投入

　　1994 年以來，教育部已經開始提供的閩南語、客家語等研究著作獎助，1996 年後，研究著作獎助更擴及到原住民語，閩、客兩語補助由國立清華大學語言學研究所申請，原住民語則由國立政治大學民族學系申請，該補助主要是鼓勵學者、專家、民間團體與研究生等從事研究著述，以保存並發揚原住民、閩南語、客家語文化，補助的項目包括語言的語彙、語法、教材、教法、傳統歌謠與神話傳說的相關論述等蒐集整理。〔註47〕1998 年 3 月，教育

〔註46〕關於「怪漢字」（罕見漢字）的問題，實例除上頁所述之外，立委盧秀燕對教育部次長吳財順指出，閩南語教材中有一段「捪齒抿仔，來洗喙，擼懸擼下，擼來擼去，齒縫分垃圾攏無去。」「捪」唸「ㄉㄞˇ」是個很罕見的漢字，有些過去注音未教的符號，例如「万」；立委李慶安舉出，教材中也出現「咧眐龜」（打眐）、「藏水沬」（潛水）和「ne-khu-tai」（領帶）」等罕見漢字與拼音；中國國民黨籍立委廖婉汝也舉例，形容年輕女孩的通俗用字有「查某囝仔」、「諸母囝仔」，閩南語用詞則是「查姥囝仔」，至於「偌濟」是在問「多少」，漢字化的閩南語都相當難以理解。參照《中國時報》，2006 年 4 月 4 日，第 A11 版，也參照〈立法院第 6 屆第 3 會期教育及文化委員會第 10 次全體委員會議紀錄〉，《立法院公報》第 95 卷 17 期（2006.4），頁 53～63。

〔註47〕《中華日報》，1995 年 10 月 30 日，第 12 版。

部在「獎勵漢語方言研究著作」中，對閩、客母語在語彙詞書與書寫問題研究上，榮獲優等者將可獲得高達新台幣 15 萬元的獎金，而傳統歌謠與神話傳說的蒐集方面，優等的獎金也高達新台幣 8 萬元。〔註48〕

由此可見，政府以優渥的補助獎金，希望能吸納傑出的母語研究著作，期盼為母語教育提供紮實的理論基礎，也使知識份子能夠充分投入母語的理論研究中。

2002 年 8 月，以「臺灣主體性」為辦報宗旨的《台灣日報》，得到讀者吳凱豪的百萬贊助，舉辦「百萬元徵文大賽」，以「如何讓年輕人認同台灣這塊土地，忠於台灣這個國家」為題，公開徵求國內大學生與研究生投稿，期盼能提升年輕一代的臺灣意識，強化本土的認同，而收錄 45 篇得獎作品於《戀戀島嶼 e 世代認同台灣的體驗與分享》一冊中，其中也受到不少大學教授等專家學者贊助，例如台灣教授協會會長兼臺灣師大國文系教授莊萬壽、淡江大學公共行政系副教授施正鋒、東吳大學德文系教授兼外語學院院長謝志偉，都紛紛為《戀戀島嶼 e 世代認同台灣的體驗與分享》中作序推薦。〔註49〕該冊中也有不少投稿的文章中，提及國語與母語之間的語言衝突，也出現不少肯定母語價值的文章，無形中也成為號召母語運動的論述，例如靜宜大學資訊管理學系二年級學生王柏涵的投稿，主題為〈台灣，還有好長一段路要走〉，文中提到：

> 我們的父母親一輩有過說台語就要帶上狗牌的那段日子，台語被視為粗俗不堪的語言，而如今，從兩千零一年起，國小開始推行母語教學已經是全國性的教育政策。台灣是我們的母親，在這島上各族群所使用的語言都是我們的母語。母語是美麗的語言，它有著和我們不可割捨的情感，不管在過去、現在還是未來，都是一樣地重要；都不可以被我們輕易忘記……〔註50〕

另外也有文章以母語豐厚的文化內涵，來闡述母語的價值，並也表現出對母語濃厚的情感，例如臺灣大學政治所研究生楊蕙如的文章〈看台灣日報 讓新世代建立臺灣鄉土情、培養公民社會心、迎向活力海洋國〉中提到：

〔註48〕 教育部國語推行委員會：
http://140.111.34.54/MANDR/content.aspx?site_content_sn=12689（2009/01/01）。
〔註49〕 蔡宏明主編，《戀戀島嶼 e 世代認同台灣的體驗與分享》（臺北市：台灣日報社，2002 年），頁 5～9。
〔註50〕 蔡宏明主編，《戀戀島嶼 e 世代認同台灣的體驗與分享》，頁 99。

> 落實母語教育可提升人們對自己的歷史內涵的理解。以福佬話為
> 例，它吸取古漢文、西語、荷語、日語、原住民語、羅馬拼音等語
> 文的用法。蘊藏溫厚豐碩的文化內涵。舉辦語文歌唱競賽時建議採
> 國、台、客、原住民與分組進行，可收深度學習母語與認識台灣的
> 雙重效果。如童謠〈白鷺鷥〉真實呈現農村生活樸實溫馨的樣貌；
> 客家採茶戲曲生動刻繪客家族人得樸質、刻苦與自尊；布農族的「八
> 部合唱」、豐年組曲在明快的節奏和嘹喨的歌聲唱出原住民爽朗豪邁
> 的個性……〔註51〕

由以上大專院校學生對臺灣本土語言的肯定態度，可以發現母語運動的號召
也漸漸深入到知識份子的青年族群中，不少年輕的大專院校學生也肯定本土
文化、語言的存在價值，在本土的文化內涵上，母語保存的確是不可或缺的
重要工作。

（二）廣電領域的發展

　　廣電領域過去在國語政策下，制定了限制方言節目的「廣播電視法」，壓
抑了方言節目的發展，國語節目遂成為電視製作的主流。1983年4月，行政
院新聞局發布「廣播電視法施行細則」第19條規定，電臺對國內廣播應用國
語播音之比率，調幅廣播電臺不得少於55%，調頻廣播電臺及電視電臺不得
少於70%，使用方言播音應逐年減少。如此抑制方言節目的法令，終於在
1994年1月28日由行政院新聞局宣布刪除。〔註52〕

　　除了廣電相關法令的修正之外，地方上廣播節目的語言發音，也明顯朝
多元與開放的方向邁進。1993年，臺灣東部地區最早設立民營的「燕聲廣播
電台」，已經有相當多元的鄉土語言播音，包括國語、閩南語、客語、阿美族
語、太魯閣語、布農族語等六種語言，以迎合時代與民眾收聽的需求，也使
原住民語播音更加普及，臺灣東部不同族群民眾的母語收聽權益也受到了重
視。〔註53〕

　　1993年，著名的歌仔戲演員兼製作人楊麗花，開始籌製閩南語的八點檔

〔註51〕蔡宏明主編，《戀戀島嶼　e世代認同台灣的體驗與分享》，頁123。

〔註52〕「廣播電視法施行細則」第19條的部分，參照本書第四章第二節，廢止部分
　　　　則參照劉偉勳總編，《廣播電視年鑑》（臺北市：廣播電視年鑑編纂委員會，
　　　　1996年），頁215、320、327。

〔註53〕劉偉勳總編，《廣播電視年鑑》，頁90～91。

歌仔戲《洛神》，並赴中國大陸北方拍攝，歷時 8 個月後完成。隔年《洛神》正式在台視上演，第一次將閩南語連續劇搬上黃金時段的八點檔，在臺灣電視史上極具開創性意義，閩南語歌仔戲節目也受到應有的尊重與肯定。〔註54〕

2000 年民進黨總統候選人陳水扁，對媒體語言的問題也提出不少政見，提出政府應利用現代科技投入國家資源，挹注製播母語節目，使相同節目能同時播出母語與國語，並使有線電視能製作不同母語節目，並制定母語節目影帶給各校圖書館，鼓勵學童使用。〔註55〕

其他族群的廣電發展中，2003 年 7 月 1 日，客家電視台正式開播，客家族群開始擁有專屬自身族群的發聲頻道，該台也是當時全球唯一以客語發音的電視台；原住民社會菁英也體認沒有媒體權就沒有發聲權的問題，經過多年努力奔波與催生，原住民族電視台終於在 2004 年 12 月 1 日正式開台，並在 2005 年初，開始進行節目製播與頻道測試。經過半年的暖身和測試期，全亞洲首創的「原住民族電視台」頻道，終於在 2005 年 7 月 1 日起正式開播，並經台視文化、東森電視台相繼合作下，建立初步的發展基礎。〔註56〕

除了客家與原住民電視台的設立之外，母語節目的發展又進入另一波高潮。根據 2003 到 2004 年行政院新聞局對各種戲劇型態平均收視率與總播出時數的統計，兩年的閩南語連續劇的總時數雖然不如國語連續劇，但是閩南語連續劇的收視率連續兩年平均都高達 1.14%，在所有戲劇型態中排名第一，而 2003 與 2004 年閩南語單元劇的收視率也分別高達 1.05% 與 0.95%，這些都遠高於任何型態的國語節目，可見閩南語節目有著收視率保證的優勢，也充分獲得觀眾肯定。〔註57〕

〔註54〕周玉蔻總策劃，台灣五十編輯小組，《一枝草‧一點露‧台灣五十的故事 深耕篇 2‧斯土斯民的時代開創者》（臺灣臺中：臺灣省政府新聞處，1995 年），頁 167、170。

〔註55〕陳水扁競選指揮中心，《新世紀 新出路─陳水扁國家藍圖 6 教育文化傳播》，頁 170～171。

〔註56〕客家電視台網站：http://www.pts.org.tw/hakka/about.htm（2009/01/02）。
原住民電視台網站：http://www.titv.org.tw/（2009/01/02）。

〔註57〕2003 年時三立電視台播出的閩南語連續劇「臺灣霹靂火」，其收視創下極高紀錄，可以了解該年度閩南語連續劇廣受大眾歡迎的程度，該劇在全國的收視率曾高達 13.31%，且由 2002 年 6 月 19 日播出第一集，到隔年 7 月 22 日才完結，共播出 285 集，成為臺灣電視史上播映集數次多的八點檔。參照林育卉等編輯，《中華民國電視年鑑（2003～2004）》（臺北市：行政院新聞局，2005 年），頁 89、158～159。

（三）客家語在政策、社會上的發展

客家語在 1988 年 12 月「還我母語運動」後，爭取客家電視節目與客家語教學，也開始進行保留客家文化的運動。

2000 年 5 月 11 日，行政院會議通過〈行政院客家事務委員會籌備處暫行組織規程〉與〈行政院客家事務委員會組織條例〉兩草案，並函送立法院審議通過，2000 年 5 月 20 日民進黨總統當選人陳水扁就職後，更積極推動成立客家事務委員會的籌備工作，並於 2000 年 9 月 1 日正式成立籌備處。立法院於 2001 年 5 月 4 日三讀通過〈行政院客家委員會組織條例〉，行政院客家委員會終於在 2001 年 6 月 14 日正式成立，並以「延續客家文化命脈」作爲成立宗旨。

行政院客家委員會並以「建立客家語言復甦機制，活化客家語言」作爲施政重點之一，研擬推動客家語言復甦計畫，協調相關部會、學校及團體，培育從事客語教學、廣播、電視等人才；編訂相關客語教材，充實學校、社會教學環境，輔助幼稚園客語教學實驗；籌設客家語言、音樂資料庫，編撰客家各類辭典；製播客語發音之廣播、電視節目，充實客家語文傳播管道，使客語重返公共領域，提高客語使用人口及機會，以營造客語公平使用環境，建立客家語言存續機制。〔註 58〕

行政院推動成立客家委員會，主要在於回應客家社會各界之深切期盼，更是各黨派的重要共識，因此雖然政黨輪替成立工作仍持續進行。由於客家族群在過去社會的漠視下，族群文化逐漸不保，其中最代表客家族群象徵的客家語也面臨了快速消亡的危機，爲了挽救族群文化與語言的危機，客家有識之士強烈要求在中央機關設立客家專責機構，希望凝聚客家精英與政府的力量，肩負起延續客家文化命脈、振興客家傳統文化，並開創客家新契機的使命，也期盼能促進臺灣成爲尊重多元族群文化的現代社會。

2003 年 7 月 1 日，客家電視台正式開播，並秉持「關懷客家族群及公眾媒體近用之權益，並增進認識、瞭解客家語言與文化內涵，促進族群交流與和諧，建構多元文化社會公民」之精神，藉由電視台來傳承客家語言與文化，建全頻道之定位。客家電視台也是現有電視頻道中，唯一全頻道之新聞與節目都上字幕的頻道，除了可服務客家觀眾之外，同時也成爲各族群、各地區

〔註 58〕行政院客家委員會網站：http://www.hakka.gov.tw/ct.asp?xItem=7&CtNode=348&mp=346&ps=（2009/01/02）。

的民眾認識客家族群的電視媒體。〔註59〕

　　地方政府方面，2002 年 6 月 17 日臺北市政府正式設立「臺北市政府客家事務委員會」（簡稱臺北市客委會），其創立宗旨明確指示，臺北市客委會必須以客語傳承作爲工作的核心。市長馬英九也明確的指示，臺北市客委會必須以與臺北市其他的客家社團建立深厚聯繫，藉此凝聚共識共同致力於完成永續傳承客家語言文化的傳承。〔註60〕另外，「高雄市政府客家事務委員會」也在高雄市長謝長廷的催生下於 2005 年 1 月 1 日成立，此會成立的宗旨主要希望能凝聚南部客家族群對於客家的認同與情感，使客家人不再是一個默默的族群，也期盼客家人能在公共的領域中，自然地說出自己的語言，也能驕傲地展現自身獨特的族群文化。〔註61〕

　　學術研究的領域中，2003 年 6 月 12 日，國立中央大學成立「客家學院」，是爲全球第一個專門的客家歷史與文化教學研究的大學學院，陳水扁總統、客委會主委葉菊蘭、教育部長黃榮村等人都出席了揭牌典禮，可見該學院的成立受到政府高層的重視，客家文化的傳承與人才的培育因此在高等教育中扎根，也促進多元文化價值的實現。〔註62〕

　　客家母語運動進行多年，母語教育也在中小學的校園中實施，不少關心客家母語教育的教育工作者，也十分擔憂客語教育的前途，認爲除了九年一貫的客語教學成效需要檢討之外，也建議非政府性的客語教學推行小組也應該廣泛成立，並統籌客語教學的工作，督導各級政府推行客語教學，並在各地成立客家語言文化聯誼團體與客語教學學會，藉由固定討論的機制來交換意見，促進客語教育的進步。〔註63〕客語教育需要面臨的問題也包括師資不足等問題，其中拼音教學的爭議也成爲爭議之焦點，有些學校只開閩南語班而忽略了客語教育的權益；電視中雖然已有客語新聞，但是都排在上班

〔註59〕客家電視台網站：http://www.pts.org.tw/hakka/about.htm（2009/01/02）。
〔註60〕臺北市政府客家事務委員會：
　　　　http://www.hakka-lib.taipei.gov.tw/magzine/2004spring/focal.htm（2009/01/02）。
〔註61〕高雄市政府客家事務委員會：http://w4.kcg.gov.tw/~chakcg/（2009/01/02），也參照 2005 年 2 月行政院客家委員會發行的《客家電子報》，第 24 期http://www.ihakka.net/epaper/9402/epaper.htm（2009/01/02）。
〔註62〕李萍瑛主編，〈國立中央大學客家學院揭牌典禮紀實〉，《客家文化研究通訊》第 6 期（2003.12），頁 6～9。
〔註63〕彭欽清，〈如何用心經營客語文教學〉，《客家文化季刊》創刊號（2002.9），頁14～22。

族與學生無法收看的時段，熱門的七點、八點檔除了公共電視之外，很少出現客語發音的節目，這些問題也成為客家電視台出現後所要努力的目標之一。〔註64〕

　　客家文化與語言雖然受到重視，但是客語的恢復仍有待加強。根據 2002年 12 月行政院客家委員會對客家族群使用客家語的情況進行的統計，在全臺灣 1,215 個客家住戶中，包含了 2,187 位 13 歲以上的客家民眾，統計中雖然發現有高達 73.36% 的客家人在生活中對父母親使用客語交談，但是年輕族群使用客語的比例偏低，19～29 歲者僅佔 42%，而 13 到 18 歲中更只有34.31%；再者，根據統計也發現，13 歲以下的客家兒童，「能聽說流利」客語者僅只有 11.62%，「聽得懂，只會說一些」的也只佔 38.07%。由以上的統計調查發現，客語能力的傳承問題令人擔憂，隨著年齡的降低使用客語的情形則每況愈下，客語能力將一代不如一代。〔註65〕

表 6-2-2：2002 年 13 歲以下客家子女之客語能力與習慣統計表

客語能力程度	比　　例	對父母交談所習慣的語言	比　　例
聽說流利	11.62%	使用國語	71.90%
聽懂，會說一點	38.07%	使用客家語	18.73%
略聽懂，但不會說	24.07%	使用閩南語	5.57%
無法聽說	26.24%	視情況或不一定	3.80%

資料來源：陳輝逢研究主持，《台灣客家民眾客語使用狀況調查研究》（臺北市：行政院客家
　　　　　委員會，2002 年），頁 69～70。

　　由於社會價值觀的影響，客家傳統語言與文化受到衝突，造成客家族群意識逐漸淡薄，客家族群的語言也很快就會被強勢族群所同化，所以客家族群意識的凝聚，必須建立在客家母語的傳承工作上，也因此才能重新建立自身族群的文化內涵。

　　2002 年 6 月行政院客家委員會成立後，中央部會中雖然已經獨立設立一單位對客家文化、語言保存進行研究與調查的工作，2003 年 7 月，客家電視

〔註64〕古國順，〈一年來客語教學的觀察和省思〉，《客家文化季刊》創刊號（2002.
　　　　9），頁 24～27。
〔註65〕陳輝逢研究主持，《台灣客家民眾客語使用狀況調查研究》（臺北市：行政院
　　　　客家委員會，2002 年），頁 3、69。

台也正式開播，學校中鄉土語言課程的客語教育也持續進行，但是客家母語的恢復仍未大幅進步，依然維持在 2002 年左右的比例，根據客委會在 2007 年 12 月的統計，13 歲以下能聽說客語的比例始終偏低，能聽懂者只有 32.1%，能說流利客語者也僅只有 12.2%，顯示客語族群在年輕一輩中始終未能充分恢復，母語喪失的危機仍然存在。〔註66〕

表 6-2-3：2007 年客家民眾說客語的能力依年齡世代分析表

年　　　齡	樣本數（位）	很流利	流　利	普　通	不流利	不會說
13 歲以下	1016	4.0	8.2	13.4	33.6	40.8
13～18 歲	698	4.3	9.3	14.3	29.7	42.5
19～29 歲	1160	10.4	15.4	16.1	27.0	31.1
30～39 歲	967	29.4	22.9	16.3	15.2	16.3
40～49 歲	939	46.3	20.7	10.1	13.3	9.6
50～59 歲	605	59.3	17.0	6.4	10.5	6.9
60 歲以上	529	69.6	13.8	7.5	2.8	6.4
總　　　計	5914	27.6	15.5	12.7	20.5	23.6

單位：%
資料來源：行政院客家委員會網站：〈96 年度台灣客家民眾客語使用狀況〉
http://www.hakka.gov.tw/ct.asp?xItem=41943&CtNode=1680&mp=298&ps=（2009/01/03）

　　雖然客語的流失問題嚴重，但是隨著多元文化的社會發展，也使客語電影嶄露頭角。2008 年 11 月，由導演洪智育所拍攝的客語電影《一八九五》正式在臺放映，受到行政院客委會的熱力推薦，前副總統呂秀蓮、總統馬英九、立法院長王金平等紛紛出席首映會，並給予該片極高評價；《一八九五》主要劇情乃描述清末甲午戰爭後臺灣被割讓給日本，中部客家人義憤抗日的故事，也受到各界觀眾歡迎，片中超過 60% 的對白為客語，該片也是解嚴後第一部以客語發音為主的電影，可見電影《一八九五》在客語運動的發展史上有著相當意義。〔註67〕

〔註66〕　行政院客家委員會網站：〈96 年度台灣客家民眾客語使用狀況〉，頁 31～32、36～37。http://www.hakka.gov.tw/ct.asp?xItem=41943&CtNode=1680&mp=298&ps=（2009/01/03）。
〔註67〕　聯合新聞網：http://udn.com/NEWS/ENTERTAINMENT/ENT3/4558686.shtml；http://udn.com/NEWS/ENTERTAINMENT/ENTS2/4579463.shtml（2009/01/03）。

（四）原住民語在政策、社會上的發展

原住民不屬於漢民族的一員，其族群爲南島語族，根據美國南島語言學者白樂思（Robert Blust）的研究，臺灣原住民各族語言的分歧程度佔全南島語系的四分之三，臺灣很有可能是南島民族的祖居地與擴散中心，可見臺灣原住民各族語言的分歧多元性。〔註68〕

自從 1980 年代末期的歷次原住民運動以來，政府早已著手進行原住民母語的恢復工作，但是始終未能一貫化達成目標。1996 年 4 月，「全國原住民教育」會議召開，中央研究院歷史研究所教授李壬癸在會中表示，原住民族有近 20 種「沒有文字的語言」，但是若不重視語言的保存，這些語言全都會在50 年內消失，若要保存這些豐富的南島語言，必須將這些語言藉由拼音來進行文字化工作，國內必須重視這些珍貴的語言遺產。〔註69〕

原住民族群有其特殊性，保護原住民遂爲世界之潮流，1996 年間行政院即計畫籌備成立關於原住民事務之中央部會級機關，以專責辦理原住民事務。同年 11 月，立法院審議通過「行政院原住民委員會組織條例」，行政院並於同年 12 月 10 日即正式成立「行政院原住民委員會」，專責統籌規劃原住民事務，開啓了原住民族政策史上新頁。2002 年 1 月，立法院審議通過本會組織條例部分條文的修正案，該會遂於同年 3 月正式更名爲「行政院原住民族委員會」。〔註70〕「行政院原住民族委員會」中設有「教育文化處」，其中包含了「原住民語言科」，其負責的工作項目如下所列：

1. 原住民族語言政策與法規之規劃、擬定、協調及審議事項。
2. 原住民族語言復育、傳承、研究與出版之規劃、協調及審議事項。
3. 原住民族語言教育之規劃、協調、審議及推動事項。
4. 原住民族語言人才之培育、輔導及獎助事項。
5. 原住民族語言研究發展機構之規劃、協調及審議事項。

〔註68〕李壬癸撰稿，《臺灣原住民史》（臺北市：臺灣省文獻委員會，1999 年），頁17～18。

〔註69〕毛連塭召集，全國原住民教育會議實錄編輯小組編輯，《全國原住民教育會議實錄》（臺北市：行政院教育部，1996 年），頁 9～17。《中國時報》，1996 年4 月 18 日，第 7 版。

〔註70〕行政院原住民族委員會網站：
http://www.apc.gov.tw/chinese/docDetail/detail_official.jsp?cateID=A000092&linkParent=30&linkSelf=30&linkRoot=2（2009/01/03）。

6. 原住民族語言文字之建立及推廣事項。

7. 原住民族語言教育、教法與教學媒體之規劃、研究、實驗及推廣事項。

8. 原住民族語言能力認證之規劃及推動事項。

9. 其他有關原住民族語言之振興事項。〔註71〕

2000 年 4 月，行政院原住民委員會教育文化處召開「推動原住民九年一貫教育相關事宜座談會」，提到原住民母語教材制定之困難，且 40 歲以下的原住民教師大多不諳母語，原住民母語師資又極欠缺，而當前原住民母語教材是以漢人邏輯模式編輯，毫無文化精神色彩，這些也都是原住民母語教育不可忽視的問題。〔註72〕

　　在原住民國小教師的母語能力中，阿美族、泰雅族、排灣族、布農族的原住民籍教師較會使用母語，而卑南、賽夏、雅美、鄒族、魯凱等族族群數量較少，能說母語的國小教師也較少，如表 6-2-4 所列，也成為原住民母語運動所要面臨的問題。

表 6-2-4：2000 年國民小學原住民族籍教師對說母語的能力自評表

項目	阿美	泰雅	排灣	布農	卑南	鄒族	魯凱	賽夏	雅美	其他
稍微	96	103	71	29	34	10	16	9	3	11
普通	97	185	108	44	11	20	17	2	3	22
流利	40	114	63	59	5	10	20	1	2	13

單位：位（教師）
資料來源：高淑芳計畫主持，《八十九學年度原住民族教育調查統計報告》（臺北市：行政院原住民委員會，2001 年），頁 45～46。

　　在原住民相關的教育法令當中，「原住民族教育法」於 1998 年 6 月制定公佈，2004 年 9 月修正公佈全文 35 條，其中的條文可以看出該法對原住民之民族教育權與發展自身文化權利之保護，反映出尊重原住民多元文化之精神，如下所列：

第二條

　　原住民為原住民族教育之主體，政府應本於多元、平等、自主、

〔註71〕行政院原住民委員會編輯，夷將‧拔路兒發行，《原住民法規彙編》，頁 23。
〔註72〕《更生日報》，2000 年 5 月 28 日，第 22 版。

尊重之精神，推展原住民族教育。

第二十條

各級各類學校相關課程及教材，應採多元文化觀點，並納入原住民各族歷史文化及價值觀，以增進族群間之瞭解及尊重。

第二十一條

各級政府對學前教育及國民教育階段之原住民學生，應提供學習其族語、歷史及文化之機會。

第二十四條

原住民族教育師資應修習原住民族文化或多元文化教育課程，以增進教學之專業能力……擔任族語教學之師資，應通過族語能力認證；其認證辦法，由中央原住民族主管機關定之。

第二十六條

各級各類學校爲實施原住民族語言、文化及藝能有關之支援教學，得遴聘原住民族耆老或具相關專長人士；其認證辦法，由中央原住民族主管機關定之。〔註73〕

從以上列舉的條文當中，「多元文化」與「尊重原住民主體」可說是「原住民族教育法」的重要精神之一，其中對於母語教育的認證辦法，也是由中央原住民族主管機關認定，母語教學也可以遴聘原住民族耆老或具相關專長人士，相較於其他母語而言，原住民母語教育也較有彈性空間。

　　2001 年 9 月，教育部放寬原住民學生升學優待辦法，修正成持有「原住民文化及語言能力證明」的原住民考生，將可以獲得更多加分。2004 年 7 月，教育部與行政院原住民族委員會研議，將於 2005 年以後原住民必須取得原住民族語言證書，例如通過檢定認證或經過研習取得研習證書，才能享有大學與高中職五專的升學加分優待。〔註74〕2007 年 6 月，行政院原住民族委員會訂定，「原住民學生升學優待取得文化及語言能力證明要點」，規定原住民中小學生得參加中央主管機關之原住民升學優待取得文化及語言能力證明考試合格，或參加行政院原住民族委員會辦理之原住民族語言能力認證考試合格

〔註73〕《教育部公報》第 358 期（2004.10），頁 16〜19。
〔註74〕《教育部公報》第 322 期（2001.10），頁 44。也參照《教育部公報》第 356 期（2004.8），頁 57。

者，以上二擇一通過者才能取得優待加總分 35% 的升學優待，母語能力遂成
爲投入升學競爭的原住民學生不可或缺的重要能力。〔註75〕

　　2007 年 3 月 10 日，行政院原住民族委員會首次辦理「原住民學生升學優
待取得文化及語言能力證明考試」，該試有別歷年認證考試的原因，在於該次
認證考試推過者將可獲得升學考試加總分 35% 之優待，有利增強原住民學生
學習族語之動力，考場共在臺、澎、金、馬、蘭嶼等 15 個考區，設立 21 個
考場，應考人數總計 10,089 人，其中應屆畢業生共 9,744 人，到考率也爲
84.22%；該試的方言別多達 43 種，應考方言別最多者爲「海岸阿美語」，共
1,409 人應考，其次爲「賽考力克泰雅語」，共 1,211 人應考，「中部阿美語」
也有多達 939 人應考，最少的方言別爲「沙阿魯阿鄒語」（6 人）、「萬山魯凱
語」（12 人）、「大武魯凱語」（13 人），報考族群以阿美族最多，人數高達 3,578
人，排灣族次之，共 1,866 人報考，泰雅族再次之，共 1,850 人報考，最少報
考的族群爲邵族（15 人）、噶瑪蘭族（30 人）、雅美族（98 人）。〔註76〕

　　2007 年 9 月 8 日，「原住民族語言能力認證考試」分別在臺北、桃園、臺
中、高雄、屏東、花蓮、臺東與蘭嶼等 8 個考區共 73 試場舉行，該試分爲
13 族 14 語 42 種方言分別命題，可見族語和方言的領域之複雜，考生也遍及
全國各地，最多方言別爲「海岸阿美語」，共有 332 人報考，最少是「萬山魯
凱語」只有一人報考，依照族別最多者爲阿美族，共 801 人，最少者爲邵族
僅 4 人報考，全國總報考人數也多達 2,440 人，可見該年度母語認證考試的盛
況。〔註77〕

　　2007 年 6 月，行政院原住民族委員會訂定，「原住民學生升學優待取得文
化及語言能力證明要點」後，各種族語認證考試成爲重要升學指標，雖然
使有心升學的原住民學生加強母語能力，但是仍未將母語能力擴及到其他
在部落生活的原住民。2005 年 6 月，國內知名政治、時事觀察評論家胡忠信
與原住民立委高金素梅的訪談對話中，高金素梅委員語重心長表示，原住

〔註75〕張鈿富總編輯，《中華民國教育年報（民國九十六年）》（臺北市：國立教育資
　　　　料館，2008 年），頁 368～369。原住民族月刊編輯委員會專題報導，〈首次原
　　　　住民學生語言能力考試 3/10 登場〉，《原住民族月刊》第 107 期（2007.4），頁
　　　　4。
〔註76〕原住民族月刊編輯委員會專題報導，〈首次原住民學生語言能力考試 3/10 登
　　　　場〉，《原住民族月刊》第 107 期（2007.4），頁 4～5。
〔註77〕原住民族月刊編輯委員會，〈96 年度原住民族語言能力認證考試 9 月 8 日登
　　　　場〉，《原住民族月刊》第 113 期（2007.10），頁 18。

民學歷越高，母語與傳統認同則越低，在主流文化衝擊下，原住民學生會越看輕自己的語言和文化，如果能建立原住民自身的教育體系，包括完全中學、學院與大學，就可以維繫原住民學生的認同感與強化學習機制。高金素梅也提出，臺東縣大武國中學生的輟學率高達七成，原住民部落在失學率如此高的情況之下，現行的母語教育必定無法達成目標，更遑論以升學優待的誘因來強化學習族語，這些也都並非以原住民主體的角度來恢復母語。〔註78〕

除了高金素梅委員對既有教育體制感到無奈之外，號召原住民族運動的社運團體「部落工作隊」，也對原住民委員會主委尤哈尼主張利用升學考試加分，以促進原住民母語教育的看法表示不滿，並批判原住民族委員會基於功利的角度，而非是站在原住民族立場思考問題，「部落工作隊」也建議應該建構完整的原住民族教育體制，並以中國大陸成功的少數民族教育體系為例，舉出民族的中小學校與民族學院、大學等，而並非是只以升學考試的功利角度來促進原住民族母語教育。〔註79〕

由此可見，原住民的母語教育必須要以原住民的特殊性來思考，若以漢人教育體系之角度來制訂母語教育，必定陷入漢人文化的邏輯框架中，族語認證考試的升學優待就是一個明顯的實例，為升學而學母語的價值邏輯，無法保留原住民母語的深層文化意涵，唯恐僅是使漢化後的原住民可以保留使用母語的能力罷了。

除上述問題之外，母語對許多原住民知識青年而言，仍然帶有許多陌生的感覺，2004 年 5 月，《原住民青少年雜誌》社舉辦了一場「母語的學習與成長」座談會，許多原住民知識青年對使用母語的問題，紛紛提出自己的看法，不少原住民青年對母語的發音無法清楚掌握，容易搞亂拼湊成一句，導致說出文法有問題的母語；再者，這些原住民知識青年也表示，自己也不常使用母語思考問題，或是說話雜摻一些閩南語或國語；一些原住民青年也認為，身邊同族群的朋友太少，在都市生活大都是遇到漢人朋友，使用到母語的機會寥寥無幾，可見母語在原住民知識青年中仍無法自然使用。但這些原住民青年普遍認為，會使用母語則能使原住民身分認同更加深刻，也可以找回自

〔註78〕胡忠信，《你願意聽我的聲音嗎：胡忠信、高金素梅對談錄》（臺北市：智庫股份有限公司，2005 年），頁 298～300。

〔註79〕部落工作隊，〈尤哈尼要用「功利的箭」搶救原住民族母語〉，《原住民族》創刊號（2000.5），頁 32。

己遺失的族群文化，若平日多與部落長輩用母語對話，也能保存母語與文化，所以「母語」與「認同」之間的關係密切，也是這些原住民知識青年普遍認同的價值。〔註80〕

　　原住民在廣電領域方面，最早成立的原住民廣播電台為「財團法人蘭嶼廣播電台」，該台於1994年取得籌設許可，1997年6月試播，1999年8月正式取得新聞局核發之廣播執照，是為國內第一家的原住民廣播電台，也是第一家完全以原住民為服務對象的電台。「蘭嶼廣播電台」強調以雅美族的母語播音為主，其播音比例約佔50%，節目中也包括以母語介紹傳統故事，也介紹即將失傳的民謠或進行母語教學，該台的母語播音對年紀較大雅美族人有著吸引力，也使族人收聽時感到格外親切，也自然獲得族人的認同與支持。〔註81〕

　　在電視台的發展上，2000年5月，民進黨總統候選人陳水扁當選，就任後即與原住民代表簽署「原住民族與台灣政府新的夥伴關係」之協定，確認原住民的重要地位，政府也積極參與並大力推動設立原住民電視台，2002年原住民族委員會編列3億3千萬元預算籌設原住民電視台，2004年5月委託台視公司製作節目，並獲得新聞局核准，最後終於在2005年7月1日原住民電視台正式開播，原住民文化的發展又向前邁進一大步。〔註82〕

　　原住民過去的主體性受到政府漠視，傳統文化和語言逐漸流失，原住民長久以來期待能被社會真正的了解、欣賞與尊重，在各族群文化平等的原則上，原住民終於得到應有的尊嚴。媒體是公民社會最快速的溝通橋樑，掌握媒體發聲權，掌握議題詮釋權，是弱勢族群追求平等與公義不可或缺的現實媒介，例如原住民電視台設計的「族語新聞」，是由各族語主播將當天屬於各族群的新聞內容、重大新聞事件重製，並在編定固定時段播出，養成各族群閱聽眾固定收視的習慣，使原住民各族語言播音能夠受到一定程度的尊重。在政治、經濟、社會等各方面都處於最弱勢的臺灣原住民族，更需要在健全的環境下逐步壯大自身族群的電視媒體，藉以扭轉資訊弱勢、詮釋權旁落、

〔註80〕林宜妙整理，〈母語的學習與成長座談會實錄〉，《原住民青年雜誌》第2期（2004.5），頁51～62。

〔註81〕陸正誼，〈蘭嶼之音－台灣第一家原住民廣播電台〉，《原住民青年雜誌》第6期（2005.1），頁42～43。

〔註82〕盧景海，〈原住民的聲音：原住民電視台〉，《原住民青年雜誌》第9期（2005.7），頁27～30。

母語及文化流失的困境。〔註83〕

　　原住民電視台的設立，不僅各族母語能平等在電視節目中播出，以原住民為主體的媒體也開始在臺灣社會生根立足，原住民母語在電視上播音也落實了多元文化的主張，開啓了臺灣原住民各族母語大放異彩的時代。

〔註83〕原住民族電視台網頁：http://www.titv.org.tw/（2009/01/06）。

第七章　結　論

　　中央政府遷臺前，各省方言林立，語言紛雜而難以民族團結，成爲吳稚暉等人發起國語統一運動之動機。臺灣歷經日本殖民統治 50 年，日本殖民政府積極推動日語教育，日治末期廢除報紙的漢文欄，也廢除公學校內的漢文科，進行徹底的日本化的皇民化教育，成爲戰後國民政府接收臺灣後所必須面臨的問題。

　　戰後臺灣的語言政策中，歷經了 40 多年的國語政策，直到解嚴以後才開始見到政府當局的檢討與修正，並開始復興母語，國語和母語推行的勢力消長過程，成爲戰後語言政策的重要內容。

　　國語運動乃中國大陸未完成之文化運動，橫向移植進入臺灣持續進行，臺灣當地則是縱向繼承日本殖民政府的日本化運動（即同化政策與皇民化運動等），臺灣在日治時代 50 年中，語言與文化早已日本化，成爲戰後初期國語運動時推行的背景，所以臺灣省國語推行委員會主任委員魏建功等人，主張恢復本省方言，作爲推行國語前的第一步。日治末期，日文爲臺灣社會主要使用的語文，公開場合的發言也多以日文爲主，閩南語等方言對許多青年一輩而言較爲陌生，魏建功等人因此強調先恢復本省方言，本省方言的能力恢復後，再藉由方言來學習國語，所以戰後初期的國語運動主要目的爲消滅本省民眾使用日文、日語的習慣，當時的國語運動不僅未打擊方言，甚至肯定方言在中國語言上的地位，臺灣人要學習國語，必須由方言的發音出發，使用中國各省人民學習國語的方式來學習。

　　這段時期主要的語言衝突，主要展現在日文與中文的衝突。臺灣省行政長官陳儀堅持在最短的時間內廢除日文，並決定在光復後一年廢除報紙的日

文欄，文官考試也決定以中文應試，不少臺籍菁英的權益受損而感到不滿，這樣剛性推動的語文政策，造成戰後初期語言的調適不良，也是二二八事件爆發的原因之一。

1949 年以後，中央政府遷移到臺灣，此期的國語教育目標不僅繼續禁用日文日語，在國民學校內的國語教育也轉趨嚴格，開始營造校園內獨尊國語的環境，不少本省學童不善使用國語而遭受處罰；社會中各公共場所都可感受到「獨尊國語」的環境，各種宣導說國語的標語也紛紛出現在各大公共場所，並要求電視、廣播的方言節目時段要減少，影響了廣播電視政策，甚至歌曲與電影的放映，都受到國語政策的荼毒，其中國語政策對電視方言節目的壓抑，也激起立法院內熱烈討論。

在威權體制下，立法院內也曾經出現了獨尊國語的討論，立法委員穆超為了堅持國語政策，攻訐美麗島事件的參與份子陰謀建立「臺灣共和國」，批判美麗島事件相關份子將以閩南語為「國語」，即批判臺獨利用方言來進行分裂國土，將獨尊國語的語言政策與「大中國意識」相互呼應，並結合威權體制的控制，堅持以獨尊國語的意識形態來打壓方言，激起國語運動壓迫方言的高潮。

以學理的權力邏輯來探討，某種統治性語言向整體社會成功地強壓使用，以作為該社會所認同的合法語言時，合法語言則成為官方語言，這種官方語言與國家有著緊密聯繫，而官方語言所支配的一體化的語言市場，得到被構建的條件時，作為抽象群體的民族也因此形成，標準化語言也隨之產生。由歷史追溯研究可知，國語的推動與「大中國意識」關係密切，臺灣人民被迫輕視自己的方言，國家以學校、公共管理機制與政治體制進行國語獨尊的一元化，教育體制也作為國語政策的執行者或代言人，國語在官方的認定上是標準的「合法語言」，這種合法語言的建構，總是以有利於特定場欲佔據支配性位置者為主，也就是可以駕輕就熟使用這種語言的統治集團，具有這種「合法語言」能力者就越佔有統治地位。〔註1〕

國語政策帶有濃厚的一元化色彩，以打壓本土方言為號召，在國語政策推行的過程當中，外省籍人士自然獲得相對優勢，不論是學生與公教人員，許多本省籍人士放棄了自己的母語而服膺國語政策，本省人各族群的母語受

〔註1〕 朱國華，《權力的文化邏輯》（中國上海市：上海三聯書店，2004 年），頁 94～100。

到歧視，自然激起省籍意識的火花。

1987 年解嚴以後，開始見到政府與相關單位對國語政策的檢討，但早在解嚴前黨外人士就已經開始批判國語政策，伴隨著本土化運動的開展，批評國語運動也成為本土化運動的一部份，並進一步思考母語教育的可行性，這時各族群的母語運動也逐漸展開，號召還我母語最強烈者為客家族群群，並於 1988 年 12 月發起「還我母語」大遊行，並積極爭取客語節目與保存客家文化，成為客家「還我母語」運動的新一波高潮，另外，客語運動不僅必須面臨國語政策的綑綁，也仍須面對閩南語所帶來的「福佬沙文主義」的威脅，使客語運動對於民主進步黨等黨外人士發起的「臺灣人意識」，處於尷尬、矛盾的狀態。文學方面，母語文學已經受到臺灣文學作家們的重視，原住民母語文學也能抱持族群的主體性來發展。

解嚴前後，立法院內也一直出現批判國語運動的聲浪，立法委員朱高正曾經激烈表示，國語政策的壓迫直接展現了省籍不平等的問題，認為本省人必須被迫學習標準國語來配合外省人，而外省人使用自己的鄉音卻不遭受到任何批評，激起朱高正委員的不滿，也突顯出國語政策的不平等，也因此產生不少語言衝突，成為國語運動壓抑臺灣方言的明證。

在社會其他領域中，電影製作也逐漸突破禁忌，侯孝賢等國片導演巧妙地在電影劇情中使用臺灣本土多種語言，展現出臺灣的多語環境；電視節目中已經出現客語節目，客語運動也獲得初步成果，而大量閩南語對白的劇情也嘗試出現在八點檔連續劇中，雖然廣電法限制方言節目等相關法令仍未廢除，但方言節目與劇情對白，已經在電視節目的製作中獲得肯定的地位。

批判國語運動後，就開始進入到母語教育推行的時期，母語運動進入了成熟穩定發展的階段。1990 年代初期，已有多位民進黨籍縣長在國中小社團教育中進行母語教育，1990 年代中期以來進行的教育改革運動，促使九年一貫教育政策的推行，其中包含了國中小鄉土語言教學的課程，然而，在此之前，九年一貫以後，鄉土語言教學成為改革的重心之一，本土化、多元化亦成為推廣母語教育的核心價值。

2000 年 5 月，長期以本土化為號召民進黨執政，母語教育也延續九年一貫教育政策來發展，但是母語教育仍有許多問題，例如音標教學無法統一與罕見漢字的爭議，都是母語教育需要克服的問題，母語教育也必須在本土化與多元化的發展原則下進行，但客家語與原住民語的師資仍不足，有些學校

只開設閩南語課程，忽視了客家族群與原住民族的權益。2001 年以來各族群的母語認證逐漸開展，不僅提供了母語教育的師資，對有心升學的原住民學生而言，通過母語認證可以在升學考試中加分，提供了原住民學生學習族語的誘因。

母語運動推展的過程中，電視台的影響佔重要地位，客家電視台與原住民電視台紛紛成立，兩台都以母語播音其重要特色，甚至以恢復族群母語文化為目標之一，雖然如此，根據統計仍然發現，客家族群的母語恢復情形不甚樂觀，許多客家學童仍不善於使用自己的母語，母語喪失的危機仍然存在；原住民族雖然可透過母語認證，作為升學考試加分的優勢，但是此舉陷入漢人文化的價值邏輯中，無法保留原住民母語的深層文化意涵，僅是在使漢化後的原住民保留母語的能力，仍未明顯見到以原住民文化主體為號召的母語運動精神。

戰後臺灣語言政策發展過程中，國語運動在戰後初期結合方言的恢復，消滅本省人民日文、日語的使用習慣，國語與方言相輔相成，中央政府遷臺後對方言的限制轉趨嚴格，逐漸形成獨尊國語而打壓方言的國語政策，種下語言衝突種子，強化了省籍意識的醞釀，國語運動帶著濃厚的「大中國意識」，在校園內與社會各領域中一元獨尊，成為本土化運動興起的背景之一。在本土化的核心價值中，黨外人士到後來成立的民主進步黨開始批判國語運動，也使不少關心本土文化的專家學者思考母語教育的可行性，在解嚴初期的數年間，語言衝突的糾紛不斷，反映了時代的巨變，語言政策的反思也從過去的獨尊國語一元化，朝向本土化、多元化的方向發展，期望能存異求同地發展自身族群獨特的語言文化，不論是閩南語、客家語與原住民各族語言，都能在多元化下的社會中各自發展，成為 1990 年代後期教育改革的核心價值之一，母語教育也在這樣的價值原則中發展。

總體角度俯視兩大運動的發展，可知國語與母語兩大勢力的消長過程，兩種語言在歷史發展的過程中，自然有其獨特的歷史意義，2000 年以後，母語教育隨著政策發展，並不表示國語運動完全消滅，行之有年的國語教育仍是學校內的重要學科，官方公開的標準語仍是以國語為主，年輕一輩不分族群，對於同學、朋友與兄弟姊妹之間，彼此在生活中的交談也是以國語為主，最多只是在家中對長輩使用母語，母語並未完全內化至年輕族群的生命脈絡中。

　　在語言政策發展的歷程中，雖然官方訂立的獨尊國語政策早已是明日黃花，但國語運動留下的烙印不僅深刻存在，國語運動甚至並未眞正結束，原因無他，因爲國語已經充斥在各種平面媒體中，成爲流行文化的主流，在時尚青少年追隨的歌手偶像中，雖然已有少數歌手嘗試以臺語歌吸引年輕族群，但是青少年多半仍是以崇拜國語歌手爲主，客語與原住民母語歌手也是寥寥可數，更遑論得到市場上的青睞。

　　在歷史研究中也發現，國語一直被營造成年輕化且高雅脫俗的形象，母語則等同高齡化與樸質無文的表現，成爲母語運動必須解決之難題。再者，除了部分外省族群的後代以國語爲母語，不少本省族群家庭也忽略了母語的重要，忘記母語是人生來最直接的語言，父母在家若只使用國語而不使用母語時，孩子生下來就在國語環境中成長，原來族群的母語就不具有「最直接語言」之意義，母語對孩子而言自然是陌生的語言，那母語的恢復又有何價值？母語運動的推行又能保留多少文化內涵？成爲值得深思的問題。

　　本研究以歷史研究的角度，對國語運動與母語運動兩大重心的語言政策，進行歷史的呈現與解釋，在 21 世紀多元文化發展之下的今日，以歷史發展的軌跡來回顧兩大運動的發展，進一步思考未來的臺灣語言政策發展方向，提供相關研究歷史之參考。

大事年表

年　代	臺灣語言政策的相關大事	同時期的重要歷史事件
1937 年	日本殖民政府開始推動皇民化運動。	7 月，中日戰爭爆發。
1941 年		12 月，日本偷襲美國海軍基地珍珠港，太平洋戰爭爆發。
1943 年	國民政府成立「臺灣調查委員會」。	開羅會議召開，決議中華民國府在戰爭勝利後收復臺灣。
1944 年	8 月，「臺灣調查委員會」委員丘念台，提出「復臺大計畫管見」，提出光復後臺灣的語言政策之方向。	
1945 年	8 月，日本投降。 10 月，臺灣正式光復接收，臺灣省行政長官公署成立，陳儀任行政長官。	美國於日本廣島、長崎投下原子彈，第二次世界大戰結束。
1946 年	4 月，臺灣省國語推行委員會成立。 10 月，全臺的日文版報刊全面廢除。	國共內戰爆發。
1947 年	2 月，二二八事件爆發。 5 月，臺灣省政府成立。	
1948 年	10 月，《國語日報》在臺北創刊。	
1949 年		中華民國中央政府遷臺。 中共政權——中華人民共和國在北京成立。
1950 年	臺灣省國語推行委員會常委王玉川，開始在國民學校內實驗注音符號教學。	蔣中正總統於臺北復行視事。 韓戰爆發，美國派第七艦隊巡弋臺灣海峽。
1951 年	2 月，省政府公佈「臺灣省各縣山地推行國語辦法」。 臺灣省教育廳電令各級學校，要求在各種集會口頭報告時，必須使用國語。	

1952 年	11 月，臺灣省教育廳訂定「臺灣省國民學校加強國語教育辦法」與「臺灣省師範學校輔導國民學校加強國語教育辦法」要求國民學校教員在校一律使用國語。	
1953 年	1 月，臺中市瑞成書局印行的方言唱本遭受保安司令部查禁。 5 月，「中國語文學會」成立。	韓戰結束。
1954 年	7 月，臺灣省政府下令，禁止教會使用羅馬拼音對兒童傳教。	中華民國與美國簽訂《中美共同防禦條約》。
1955 年	2 月，《國語日報》改組成「國語日報股份有限公司」。 10 月，嚴格取締教會使用羅馬拼音的聖經傳教。	
1957 年	10 月，省教育廳函令各縣市政府，要求外國傳教士應使用國語傳教，傳教文字應加入注音符號。	
1958 年	1 月，新聞局電影檢查處訂立「臺語片攝製方針十一條」。	8 月，金門八二三炮戰爆發。
1958 年	新聞局公佈「四十七年度獎勵國語影片辦法」。	
1959 年	省國語推行委員會歸併至省教育廳。 12 月，交通部公佈「廣播無線電設置及管理規則」，其中第 28 條規定廣播除了特殊任務之外，其播音語言，應以國語為主。	
1963 年	臺灣省立臺南師範學校訂立「加強師範生國語文訓練辦法」、「推行國語運動方案」與「推行國語考核獎懲辦法」，明令該校學生禁止使用日語與方言。 7 月，省教育廳要求各縣市中小學應組織國語推行委員會，主要工作為籌畫、推行、糾察、考核與獎懲，成為懲罰校內說方言學生的法源依據。	
1964 年	1 月，行政院新聞局公佈「廣播及電視無線電台節目輔導準則」，規定方言節目比例不得超過百分之五十。	
1966 年	政府發起「中華文化復興運動」。	中共發起文化大革命。
1969 年	10 月，中國電視公司（簡稱中視）正式開播。	
1970 年	3 月，台視播出黃俊雄主導的閩南語布袋戲「雲州大儒俠」，其主角「史豔文」演出，得到 97% 的超高收視率。 7 月，省教育廳頒發「臺灣省各縣市推行社會國語教育實施要點」，並公布推行國語的參考標語。 11 月，中華文化復興運動推行委員會公佈「加強推行國語辦法」，並由總統批准實施。	

1971 年	7 月，省政府頒布「臺灣省加強推行國語實施計劃」。 10 月，中華電視公司（簡稱華視）正式開播。	中華民國退出聯合國。
1972 年	12 月，三臺召開「淨化」電視節目協議會議，規定每天只能有一小時的方言節目。	
1973 年	1 月，行政院核定「國語推行辦法」，並由教育部公佈實施。	10 月爆發石油危機。
1974 年	6 月，新聞局以「妨害工農作息」與「推行國語」為由，要求台視停播「史豔文」系列的閩南語布袋戲。	開始進行「十大建設」。
1975 年	11 月，立法院第一屆 56 會期第 15 次會議中，立委對於「廣播電視法」草案第 21 條，關於方言節目時段減少一案，激起激烈討論。	4 月，蔣中正總統過世。
1976 年	1 月，台視公佈「台視節目規範」，規定新聞、氣象播音員與兒童節目，都以使用國語為主。 同月，總統制定公佈「廣播電視法」，其中第 20 條規定方言節目要逐年減少。	
1978 年		12 月，美國宣布與中華民國斷交。
1979 年	3 月，教育部國語文教育促進委員會成立。	12 月，美麗島事件於高雄爆發。
1981 年	2 月，教育部國語推行委員會重新恢復。	
1983 年	4 月，公佈「廣播電視法施行細則」第 19 條規定，廣播與電視之國語播音不得少於百分之七十。	
1985 年	教育部國語推行委員會公佈「語言法」草案，引起軒然大波。	
1986 年		9 月，民主進步黨在臺北成立。
1987 年	2 月，本土作家成立「臺灣筆會」，尊重母語文化。 3 月，省議員蔡江淋等人，向省新聞處爭取方言節目。 同月，立委朱高正與行政院長俞國華爆發語言衝突。 4 月，省議員蘇洪月嬌與林佾廷在省議會內發生語言衝突。	7 月，政府宣布解除戒嚴。
1988 年	12 月，台視推出「鄉親鄉情」的客語節目。 同月底，客家族群於臺北發起「還我母語」的客家運動。	1 月，蔣經國總統過世。
1989 年		6 月，北京爆發六四天安門事變。
1992 年	7 月，宜蘭縣政府出版《本土語言篇實驗教材》。	

1993 年	9 月，臺北縣政府出版《台語讀本》。	
1994 年	1 月，「廣播電視法施行細則」第 19 條廢除，該條原規定電視國語播音節目不得低於 55%。 知名的歌仔戲演員楊麗花，籌製閩南語連續劇「洛神」，終於允許在八點檔的黃金時段中上演。 4 月，教育改革民間團體發起「四一○教改大遊行」。 7 月，行政院院會通過「教育改革審議委員會設置要點」（簡稱教改會），由中央研究院長李遠哲擔任主任委員會兼召集人。	
1996 年	4 月，全國原住民教育會議召開。 5 月，民間團體「四一○教育改造聯盟」至教改會拜訪，提出人民為教育權之主體、尊重多元文化之教育。 12 月，行政院原住民委員會成立。	3 月，首次民選總統，李登輝當選總統。
1998 年	6 月，制定原住民族教育法。 9 月，教育部成立「鄉土語言彙編委員會」，開始編輯各族群母語教材。 10 月，教育部公佈「國民教育九年一貫新課程綱要」草案。	
1999 年	5 月，教育部公佈「國民教育九年一貫課程綱要」草案，規定鄉土語言將於國小一年級開始學習。 8 月，新聞局核發「蘭嶼廣播電台」執照，是第一家以原住民語廣播的電台。	9 月，臺灣中部發生九二一大地震。
2000 年		3 月，總統大選，民進黨陳水扁當選總統。 5 月，臺灣史上首次政黨輪替。
2001 年	6 月，行政院客家委員會成立。 9 月，教育部公佈「國民中小學九年一貫課程暫行綱要」，將鄉土語言納入國民小學必選修的科目。 同月，原民會宣布決定未來「原住民文化及語言能力證明」可以在升學考試中加分。	
2002 年	6 月，臺北市政府成立「客家事務委員會」。 12 月，教育部國語推行委員會改聘，各種語言專長的學者納入新委員中。	
2003 年	2 月，教育部公佈廢除「國語推行法」，教育部國語推行委員會委員研擬「語言平等法」草案，但因實際現實問題而遭受爭議，因此只保留反歧視條文，重申官方語言仍以國語為主。 6 月，國立中央大學成立客家學院。 7 月，客家電視台正式開播。 三立電視台閩南語連續劇「臺灣霹靂火」獲得13.31%的高收視率。	

2004 年	9 月，原住民族教育法修正公佈 35 條。	3 月，總統大選，民進黨籍陳水扁連任總統。
2005 年	7 月，原住民族電視台頻道正式開播。	
2006 年	4 月，教育部補助公私立幼稚園推動鄉土語言教學，每所幼稚園最高可補助 7 萬元。 6 月，教育部於各國中小推動「臺灣母語日」。	
2007 年	3 月，行政院原住民族委員會首次辦理「原住民學生升學優待取得文化及語言能力證明考試」。 6 月，行政院原住民族委員會訂定「原住民學生升學優待取得文化及語言能力證明要點」，經語言認證考試合格，才能在升學考試中優待加分 35%。	
2008 年	11 月，解嚴後首次以客語發音為主的電影《一八九五》上映。	3 月，中國國民黨馬英九當選總統。

附　錄

臺灣省國語推行委員會組織規程

（中華民國三十五年四月二日教密字第一五一六號）

第 一 條　臺灣省行政長官公署教育處為推行標準國語，改進語文教育起
　　　　　　見，特設國語推行委員會（以下簡稱本會），隸屬於教育處。

第 二 條　本會設委員十九人至二十五人，除教育處主管國民教育，及民眾
　　　　　　教育科長為當然委員外，餘由教育處遴選語言學術專家，呈請行
　　　　　　政長官公署聘派之。

第 三 條　本會設主任委員一人，綜理會務，副主任委員一人，襄理會務，
　　　　　　常務委員五人至七人，處理日常會務，均由教育處提請行政長官
　　　　　　公署就本會委員中指定之。

第 四 條　本會設左列各組，分掌各項事務：

　　　　　　甲、調查研究組：

　　　　　　　　一、關於國語及本省方言系統之調查事項；

　　　　　　　　二、關於國語及本省方言之聲音組織研究事項；

　　　　　　　　三、關於本省語文教育之研究設計事項；

　　　　　　　　四、關於高砂族同胞語文教育之研究設計事項；

　　　　　　　　五、其他有關國語及本省方言之調查研究事項。

　　　　　　乙、編輯審查組：

　　　　　　　　一、關於國語教材教法之搜集，審查事項；

　　　　　　　　二、關於國語教材之編輯事項；

　　　　　　　　三、關於國語，書報及字典辭書之編輯事項；

　　　　　　　　四、關於國語書籍標準之審查事項；

五、其他有關國語教材之編輯審查事項。

丙、訓練宣傳組：

一、關於各級國語師資之訓練事項；

二、關於各級學校語文教學之視導事項；

三、關於高砂族同胞語文教育之推行事項；

四、關於民眾識字推行事項；

五、關於推行國語之指導，考核事項；

六、關於利用社會教育方式傳播國語事項；

七、其他有關國語訓練及宣傳事項。

丁、總務組：

一、關於文書撰寫，收發，保管，及印信典守事項；

二、關於本會預算，決算之編製事項；

三、關於庶務及出納事項；

四、關於國音，國語圖書資料之印刷事項；

五、關於不屬其他各組事項。

第 五 條　本會設秘書一人，每組各設組長一人，除總務組長由主任委員商
同教育處長，提請行政長官公署派充外，均由本會委員兼任之。

第 六 條　本會設編輯十人至二十人，編審五人至十人，視導八人至十二人，
幹事八人至十二人，辦事員四人至八人，均由主任委員商同教育
處長提請行政長官公署派充之。

第 七 條　本會必要時，得呈請行政長官延聘專家，擔任專門委員或編纂。

第 八 條　本會各組得視事務繁簡分股辦事，股設股長，由主任委員就各組
職員中資深者派兼之。

第 九 條　本會視事實需要，得酌用雇員八人至十人。

第 十 條　本會委員除駐會專任者外，均為無給職；但出席會議時，得酌給
旅費。

第十一條　本會對外行文，以有關技術事務者為限。

第十二條　本會為普遍推行國語，得就本省各縣市設置分會、工作站、推行
所、講習所、調查所，其組織另訂之。

第十三條　本會會議規則，辦事細則，及編制表，另訂之。

第十四條　本規定字公布之日施行。

1958 年新聞局電影檢查處訂立的
「臺語片攝製方針十一條」

第 一 條　描寫直系（包括養父母在收養關係未經正式終止以前之關係），旁
　　　　　系親屬間之犯罪行為，有背我國倫理道德必須刪剪，故以避免為
　　　　　宜。

第 二 條　描寫盜匪流氓或青少年犯罪行為，如殘忍兇殺，聚眾鬥毆，賭博
　　　　　嫖妓，或足以顯示歹徒有英雄氣概，使無知青年發生崇拜心理，
　　　　　誘發模仿作用者，多將予以剪除。

第 三 條　描寫黑社會人物或不法集團（如盜匪及幫會）非法行為過分細膩
　　　　　或揭露社會黑暗面，而缺乏教育意義者，亦將予以剪除。

第 四 條　描寫姦淫行為最好運用暗示手法，其情節應力求短暫，祇須使觀
　　　　　眾瞭解故事發展之印象即可，應避免細膩而近乎淫蕩之描繪。

第 五 條　描寫酒家（公共食堂）妓院之酒女妓女生活環境，除為連絡故事
　　　　　不可少之關鍵情節外，對男女間之猥褻行為，有礙善良社會風俗
　　　　　者，應予避免。

第 六 條　描寫遭遇不幸之男女（如養女、妓女及失戀，失業或受其他刺激
　　　　　之男女等），宜設法避免頹廢墮落自殺等後果，而改以鼓勵其努力
　　　　　向上謀求正當合理出路為結束。

第 七 條　描寫求仙、拜佛、符咒、煉丹入山修道等方法以期達到發財、治
　　　　　病或其他不正當目的者，足能導致愚昧迷信，應盡量避免。

第 八 條　描寫以迷藥、毒藥或其他方法使人失去知覺，而達到犯罪目的者，
　　　　　均應予以避免。

第 九 條　對貧富懸殊足以形成階級觀念之情節，應特別注意處理。

第 十 條　故事背景對現實環境，有無足以發生不良社會反應，應隨時注
　　　　　意。

第十一條　片名及歌詞應力求文理通順，文字以國語為原則，應避免用簡字
　　　　　或方言，致礙國語之推行。

國語推行辦法

中華民國六十二年元月二十二日

臺（62）參字第一九四六號令公布

第 一 條　爲普遍推行國語及注音識字運動，特訂定國語推行辦法（以下簡稱本辦法）。

第 二 條　各級教育行政機關，得聘請專家及熱心人士，組成國語推行指導委員會，負責研究、設計、及指導事項。

第 三 條　地方教育行政機關，得設國語指導員若干人，負責指導轄區內學校及社會之國語及注音識字推行工作。

第 四 條　各級師範學校，應設國語科目，講授並練習及注音符號之應用，並得設國語科或國語專修科，培養國語師資及國語推行人員。

第 五 條　地方教育行政機關，得舉辦國語師資訓練班或國語教員講習會，其科目及期限，視各該區域之教育與語言上之需要酌定之。

第 六 條　各地區應視交通情形，集中或分區舉行國語演講比賽，及其他有關國語推行及注音識字運動之各種比賽、展覽等推廣活動。

第 七 條　失學民眾補習教育，應先教注音符號，所用課本均應加注音符號。

第 八 條　國民小學一年級新生教學，應先教注音符號，以爲學習語文工具。

第 九 條　國民小學各科課本應依其性質，酌加注音符號；國民中學、高中、高職國文課本之生字、新詞均須於注解中，用注音符號注音。

第 十 條　編印兒童讀物及通俗書刊，以用語文體爲原則，並加注音符號。

第十一條　各種大眾傳播工具，均以使用國語爲主，其供民眾閱讀之部分，並視需要，加注音符號。

第十二條　各地方機關、團體、學校等，對民眾公告，以用語文體爲原則，並視需要，加注音符號。

第十三條　各地方街道、車站等名稱，新製或重製名牌時，酌加注音符號。

第十四條　本辦法自公布日施行。

徵引書目

一、基本史料

（一）檔案彙編

1. 李福鐘、楊秀菁、薛化元編，《戰後臺灣民主運動史料彙編（七）、（八）新聞自由》。臺灣臺北：國史館，2002 年。

2. 陳雲林總主編，中國第二歷史檔案館、海峽兩岸出版交流中心合編，《館藏民國台灣檔案匯編》（第 147、149 冊）。中國北京市：九州出版社，2007 年。

3. 秦孝儀主編、張瑞成編輯，《中國現代史史料彙編 第二集 臺籍志士在祖國的復臺努力》。臺北市：中國國民黨中央委員會黨史委員會，1990 年。

4. 秦孝儀主編、張瑞成編輯，《中國現代史史料彙編 第三集 抗戰時期收復臺灣之重要言論》。臺北市：中國國民黨中央委員會黨史委員會，1990 年。

5. 秦孝儀主編、張瑞成編輯，《中國現代史史料彙編 第四集 光復臺灣之籌畫與受降接收》。臺北市：中國國民黨中央委員會黨史委員會，1990 年。

6. 張博宇編，《臺灣地區國語運動史料》。臺北市：臺灣商務印書館，1974 年。

7. 張博宇編，《慶祝臺灣光復四十週年臺灣地區國語推行資料彙編》（上中下）。臺灣臺中市：臺灣省教育廳，1987 年。

8. 歐素瑛編，《臺灣省參議會史料彙編 教育篇一》。臺灣臺北：國史館，2004 年。

9. 薛化元、楊秀菁、林果顯編，《戰後臺灣民主運動史料彙編（九）、（十

一）、（十二）言論自由（一）、（三）、（四）》。臺灣臺北：國史館，2004年。

10. 薛化元主編，《臺灣全志卷四政治志‧民主憲政篇》。臺灣南投：國史館臺灣文獻館，2007年。

11. 魏永竹主編，《抗戰與台灣光復史料輯要》。臺灣南投：臺灣省文獻委員會，1995年。

12. 蕭富隆主編，《走過兩個時代的公務員續錄》。臺灣南投：國史館臺灣文獻館，2008年。

（二）政府與相關單位出版品、公報與實錄

《立法院公報》第59卷第50期（1970.7）～第95卷第17期（2006.4）

1. 毛連塭召集，全國原住民教育會議實錄編輯小組編輯，《全國原住民教育會議實錄》。臺北市：行政院教育部，1996年。

2. 內政部統計處編，《臺灣地區都市原住民生活狀況調查報告》。臺北市：內政部統計處，1996年。

3. 台灣省山胞行政局編印，《台灣省山胞社會發展方案　第二期四年計畫第二（八十三）年度實施計畫　執行成果總報告》。臺灣南投：台灣省山胞行政局，1994年。

《行政院公報》第12卷119期（2006.6）～第12卷237期（2006.12）

4. 洪惟仁主編，《臺灣文獻書目解題（十八）第五種　語言類》。臺北市：國立中央圖書館臺灣分館，1996年。

5. 行政院研究發展考核委員會編，《國語推行政策及措施之檢討與改進》。臺北市：行政院研究發展考核委員會，1982年。

6. 行政院原住民族委員會編輯，夷將‧拔路兒發行，《原住民法規彙編》。臺北市：行政院原住民委員會，2007年。

7. 原住民族月刊編輯委員會編輯，瓦歷斯‧貝林發行，《原住民族月刊》第107期（2007.4）～第113期（2007.4），2007年。

8. 李壬癸撰稿，《臺灣原住民史》。臺北市：臺灣省文獻委員會，1999年。

9. 周玉寇總策劃，台灣五十編輯小組編，《一枝草‧一點露‧台灣五十的故事　深耕篇1‧文化藝術的耕耘者》。臺灣臺中市：臺灣省政府新聞處，1995年。

10. 周玉寇總策劃，台灣五十編輯小組編，《一枝草‧一點露‧台灣五十的故事　深耕篇2‧斯土斯民的時代開創者》。臺灣臺中市：臺灣省政府新聞處，1995年。

11. 林育卉等編輯，《中華民國電視年鑑（2003～2004）》。臺北市：行政院新聞局，2005年。

12. 教育部國教司主辦、國立臺中師範學院鄉土教學研究中心編輯,《鄉土語言種子教師培訓研習班》。臺灣臺中市：國立臺中師院鄉土教學研究中心,2001 年。

《教育部公報》第 121 期（1985.1）～第 360 期（2004.12）

13. 張鈿富總編輯,《中華民國教育年報（民國九十六年）》。臺北市：國立教育資料館,2008 年。

14. 黃建業總編輯,《跨世紀台灣電影實錄 1898～2000（上冊 1898～1964）》。臺北市：行政院文化建設委員會、財團法人國家電影資料館,2005 年。

15. 黃建業總編輯,《跨世紀台灣電影實錄 1898～2000（中冊 1965～1984）》。臺北市：行政院文化建設委員會、財團法人國家電影資料館,2005 年。

16. 臺灣省行政長官公署法制委員會編纂,《臺灣省單行法令彙編　第一編》。臺北市：臺灣省行政長官公署法制委員會,1946 年。

17. 臺灣省行政長官公署法制委員會編纂,《臺灣省行政工作概覽》。臺北市：臺灣省行政長官公署宣傳委員會,1946 年。

18. 臺灣省行政長官公署編,《臺灣省行政長官公署施政報告》。臺北市：臺灣省行政長官公署,1946 年。

19. 臺灣省行政長官公署編,《臺灣省行政長官公署公報》（春字、秋字、冬字）。臺北市：臺灣省行政長官公署,1946 年。

20. 臺灣省政府秘書處法制室總纂,《臺灣省單行法規會編：第一編》。臺北市：臺灣省政府秘書處,1953 年。

21. 臺灣省政府秘書處編輯,《臺灣省政府公報夏字 51 期》～1957 年《臺灣省政府公報秋字 71 期》。臺北市：臺灣省政府秘書處,1950 年。

22. 臺灣省政府秘書處編輯,《臺灣省政府公報秋字 17 期》～1975 年《臺灣省政府公報春字 58 期》。臺灣南投：臺灣省政府秘書處,1970 年。

23. 臺灣省政府新聞處,《臺灣光復三十年：文化建設篇》。臺灣台中：臺灣省政府新聞處,1975 年。

24. 臺灣省議會秘書處編,《臺灣省議會公報》第 58 卷第 23 期～1987 年《臺灣省議會公報》第 59 卷第 17 期。臺灣臺中：臺灣省議會秘書處,1987 年。

25. 陳輝逢研究主持,《台灣客家民眾客語使用狀況調查研究》。臺北市：行政院客家委員會,2002 年。

26. 鍾喬主編,《台語片時代（一）》。臺北市：國家電影資料館,1994 年。

27. 羅肇錦,《臺灣客家族群史　語言篇》。臺灣南投：臺灣省文獻委員會,2000 年。

28. 魏德文發行,臺灣教育會編著,《臺灣教育沿革誌》。臺北市：南天書局,1995 年。

29. 藤井志津枝，《臺灣原住民史　政策篇》。臺灣南投：臺灣省文獻委員會，2001 年。

（三）文集、教材、年鑑與傳記

1. 台灣人權雜誌社編著，《台灣人權問題探討》。臺北市：台灣人權促進會出版，1987 年。

2. 台灣人權促進會編著，《台灣 1987～1990 人權報告》。臺北市：台灣人權雜誌社，1990 年。

3. 王浩威，《台灣文化的邊緣戰鬥》。臺北市：聯合文學出版社，1995 年。

4. 王蜀桂，《讓我們說母語》。臺灣臺中市：晨星出版社，1995 年。

5. 方師鐸，《五十年中國國語運動史》。臺北市：國語日報出版社，1969 年。

6. 方祖燊、鄭奮鵬、張孝裕，〈六十年來之國語運動史〉，本文收於程發軔主編，《六十年來之國學（二）》。臺北市：正中書局，1972 年。

7. 李闡主編，《台視二十年：中華民國五十一年至七十一年》。臺北市：台灣電視事業，1982 年。

8. 李敏勇，《做為一個台灣作家》。臺北市：自立晚報文化出版部，1989 年。

9. 杜正勝，《走過關鍵十年》。臺北市：麥田出版社，2000 年。

10. 吳秀麗主編，《台北縣母語教學教材系列：台語讀本》。臺灣臺北：臺北縣政府，1993 年。

11. 吳秀麗主編，《台北縣母語教學教材系列：台語鄉土讀本　咱的故鄉台北縣》。臺灣臺北：臺北縣政府，1993 年。

12. 何貽謀，《廣播與電視》。臺北市：三民書局，1992 年。

13. 吉野秀公，《台灣教育史》。臺北市：南天書局，1997 年。

14. 林茂生，《日本統治下臺灣的學校教育──其發展及有關文化之歷史分析與探討》。臺北市：新自然主義公司，2000 年。

15. 林繼盛總編輯，《國民小學鄉土語言教材河洛語學習手冊》。臺北市：教育部鄉土語言教材彙編委員會，1998 年。

16. 林繼盛總編輯，《國民小學鄉土語言教材客家語學習手冊》。臺北市：教育部鄉土語言教材彙編委員會，1998 年。

17. 胡忠信，《你願意聽我的聲音嗎　胡忠信、高金素梅對談錄》。臺北市：智庫股份有限公司，2005 年。

18. 洪炎秋，《語言雜談》。臺北市：國語日報出版部，1978 年。

19. 胡元輝發行，《台視四十年》。臺北市：台灣電視事業，2002 年。

20. 陳郁秀編,《台灣音樂閱覽》。臺北市：玉山社出版公司，1997年。

21. 洪惟仁,《台灣語言危機》。臺北市：前衛出版社，1992年。

22. 徐桂峯,《臺灣集會遊行十年記事》。臺北市：自立晚報出版部，1989年。

23. 邱坤良,《真情活歷史　布袋戲王黃海岱》。臺灣臺北：印刻出版公司，2007年。

24. 孫中山,《三民主義》。臺北市：黎明文化事業，1981年。

25. 張天福主編,《華視十五年》。臺北市：華視文化事業公司，1986年。

26. 彭瑞金,《瞄準台灣作家》。高雄市：派色文化出版社，1992年。

27. 黃春明主編,《本土語言篇實驗教材　河洛語教學手冊》。臺灣宜蘭縣：宜蘭縣政府行本土語言教學教材編輯委員會，1992年。

28. 黃仁,《政策電影研究——電影與政治宣傳》。臺北市：萬象圖書公司，1994年。

29. 黃嘉雄,《九年一貫課程改革的省思與實踐》。臺北市：心理出版社，2002年。

30. 黃俊雄,《掌上風雲一世紀——黃海岱的布袋戲生涯》。臺灣臺北：印刻出版公司，2007年。

31. 曾慧佳,《從流行歌曲看台灣社會》。臺北市：桂冠圖書公司，2000年。

32. 韓立群,《中國語文革命》。中國北京市：中央編譯出版社，2003年。

33. 祁致賢,《國語教育》。臺北市，國語日報出版部，1973年。

34. 董彭年發行,《中華民國電視年鑑》。臺北市：中華民國電視學會，1976年。

35. 蔡培火,《臺灣民族運動史》。臺北市：新亞出版社，1971年。

36. 蔡宏明主編,《戀戀島嶼　e世代認同台灣的體驗與分享》。臺北市：台灣日報社，2002年。

37. 湯承業,《吳敬恆述傳（四）》。臺北市：世界書局，1987年。

38. 魏建功著，葉笑春、戎文敏、周方、馬鎮興編輯,《魏建功文集（共五卷）肆》。中國南京市：江蘇教育出版社，2001年。

39. 魏岫明,《國語演變之研究》。臺北市：國立台灣大學出版委員會，1984年。

40. 陳洪、陳淩海,《吳稚暉先生大傳》（蔣枋、許師慎發行）。

41. 陳儒修英文原著、羅頗誠譯,《台灣新電影研究——台灣新電影的歷史文化經驗》。臺北市：萬象圖書公司，1997年。

42. 潘慧玲主編,《教育改革的未來——國科會人文及社會科學發展處教育學門成果發表論文集》。臺北市：高等教育出版社，2002年。

43. 劉紹唐主編，吳稚暉著，《國音國語國字第二集》。臺北市：傳記文學社，1970 年。

44. 劉偉勳總編，《廣播電視年鑑》。臺北市：廣播電視年鑑編纂委員會，1996 年。

45. 戴國煇、葉芸芸，《愛憎二二八　神話與史實：解開歷史之謎》。臺北市：遠流出版公司，1992 年。

46. 羅肇錦，《台灣的客家話》。臺北市：臺原出版社，1990 年。

（四）雜誌與期刊

1. 二毛，〈冷靜地想一想〉，《大學雜誌》第 63 期，1973 年。

2. 中國語文編輯部，〈敬啓讀者〉，《中國語文》第 1 卷第 1 期，1952 年。

3. 中國語文編輯部，〈國語文時代的干擾〉，《中國語文》第 16 卷第 5 期，1965 年。

4. 王景華，〈與電視臺談方言節目——讀電視週刊四八三期一〇八頁「關於方言節目」有感〉，《中國語文》第 30 卷第 6 期，1972 年。

5. 《台灣春秋》編輯部整理，〈「台灣人的台灣問題」座談會紀錄〉，《台灣春秋》第 13 期，1989 年。

6. 瓦歷斯・尤幹，〈語言政策該解嚴了——反思原住民語言文化重建的方向〉，《台灣春秋》第 23 期，1990 年。

7. 田欣，〈「外省人」的運動省思〉，《新潮流》第 7 期，1994 年。

8. 古國順，〈一年來客語教學的觀察和省思〉，《客家文化季刊》創刊號，2002 年。

9. 李進民，〈「打拼」北京話翻成「革命造反」？〉，《民進報》第 26 期，1988 年。

10. 老傑，〈讓電視劇的語言反映社會現實〉，《八十年代》第 2 卷第 3 期，1981 年。

11. 官鴻志，〈橫眉與冷眼——戰後資產階級反體制運動中的客家人〉，《人間》第 39 期，1989 年。

12. 周志宏，〈四一〇教育改造聯盟之教育基本法草案〉，《教改通訊》第 20 期，1996 年。

13. 林亨泰，〈台灣文學的構成與條件〉，《台灣春秋》第 14 期，1989 年。

14. 李萍瑛主編，〈國立中央大學客家學院揭牌典禮紀實〉，《客家文化研究通訊》第 6 期，2003 年。

15. 洪惟仁，〈消失的客家方言島——現在開始拯救還不遲〉，《客家風雲》第 3 期，1987 年。

16. 洪惟仁，〈台語文化的命運與前途〉，《台灣春秋》第 14 期，1989 年。

17. 洪惟仁,〈台語教育的文化問題〉,《台灣春秋》第 23 期,1990 年。

18. 辛平路,〈民代促開播客家電視節目〉,《客家風雲》第 9 期,1988 年。

19. 《客家風雲》編輯部,〈客家風雲發刊詞——確立客家人的新價值〉,《客家風雲》創刊號,1987 年。

20. 《客家風雲》編輯部,〈社論:撤除語言政策藩籬、開放客家廣電節目〉,《客家風雲》第 8 期,1988 年。

21. 林濁水,〈臺灣本土意識的建立(中)〉,《民進報》第 25 期,1988 年。

22. 林玉体,〈台灣的語言文化與教育〉,《台灣春秋》第 9 期,1989 年。

23. 林宜妙整理,〈母語的學習與成長座談會實錄〉,《原住民青年雜誌》第 2 期,2004 年。

24. 胡鍊輝,〈推行說國語的一項好辦法〉,《中國語文》第 27 卷第 2 期,1970 年。

25. 陳天河,〈本省的老年人學習國語有困難嗎?〉,《中國語文》第 5 卷第 1 期,1959 年。

26. 陳伯璋,〈國民教育的「迷思」——談延長十二年國民教育的「合理性」與「合法性」〉,《台灣春秋》第 11 期,1989 年。

27. 邱秀年紀錄,〈台灣語言政策的反省——從客家人的母語運動談起〉,收於《客家風雲》第 15 期,1989 年。

28. 彭鑫,〈破除廣電惡法的魔咒〉,《客家風雲》第 13 期,1988 年。

29. 彭欽清,〈如何用心經營客語文教學〉,《客家文化季刊》創刊號,2002 年。

30. 黃守誠,〈方言傳播——傷害國家、民族及文化的大敵〉,《中國語文》第 30 卷第 6 期,1972 年。

31. 黃千芝、康文雄、李安和,〈國語歌仔戲不倫不類〉,《亞洲人》第 3 卷第 5 期,1982 年。

32. 黃仁,〈台語片勃興的社會背景和影響 兼談台語影史常見的謬論〉,《電影欣賞》雙月刊第 47 期,1990 年。

33. 黃宣範,〈語言、社會與族群意識〉,《台灣春秋》第 16 期,1990 年。

34. 草地人,〈說句良心話〉,《大學雜誌》第 62 期,1973 年。

35. 曾門,〈老師先說國語〉,《中國語文》第 33 卷第 1 期,1973 年。

36. 楊長鎮,〈重建和諧的語言生態〉,《客家風雲》第 13 期,1988 年。

37. 楊國鑫,〈我不是「台灣人」嗎?〉,《客家風雲》第 7 期,1988 年。

38. 董忠司,〈臺灣閩南語母語教學之教材編選〉,《台灣語言與語文教育》第 1 期,1998 年。

39. 趙天儀,〈雙語教育的重要性〉,《台灣春秋》第 11 期,1989 年。

40. 趙敏，〈「外省人運動」補述——回應田欣「外省人運動省思」〉，《新潮流》第 9 期，1994 年。

41. 陸正誼，〈蘭嶼之音—台灣第一家原住民廣播電台〉，《原住民青年雜誌》第 6 期，2005 年。

42. 原住民族部落工作隊，〈尤哈尼要用「功利的箭」搶救原住民族母語〉，《原住民族》創刊號，2000 年。

43. 盧景海，〈原住民的聲音：原住民電視台〉，《原住民青年雜誌》第 9 期，2005 年。

44. 壁光，〈推行國語應求切實做到〉，《中國語文》第 33 卷第 3 期，1973 年。

45. 劉一德，〈講媽媽的話——推廣學前母語教育〉，《民進報》第 4 期，1988 年。

46. 蔡明燁整理，〈「如何保存台灣電影文化的資產」座談會〉，《電影欣賞》雙月刊第 47 期，1990 年。

47. 羅肇錦，〈客家話會消失嗎？——客家話在台灣的命運〉，《客家風雲》創刊號，1987 年。

48. 羅肇錦，〈請善待方言〉，《國文天地》第 4 卷第 2 期，1988 年。

49. 羅肇錦，〈為何要雙語教育？——兼談「還我客家話」之後〉，《客家風雲》第 16 期，1989 年。

50. 羅肇錦，〈台語、國語與文字化〉，《台灣春秋》第 15 期，1989 年。

51. 羅肇錦，〈客家話的滄桑〉，《人間》第 39 期，1989 年。

52. 關曉榮、夏曼藍・波安主編，木枝・籠爻編輯，〈台灣原住民族權利宣言〉，《原住民族》第 3 期，2000 年。

二、專書與論文集

1. 朱國華，《權力的文化邏輯》。中國上海市：上海三聯書店，2004 年。

2. 吳文星，《日據時期臺灣社會領導階層之研究》。臺北市：正中書局，1992 年。

3. 吳文星，〈日據時期臺灣總督府推廣日語運動初探〉，收於國立臺灣師範大學中等教育輔導委員會編輯，《認識臺灣歷史論文集》。臺北市：國立臺灣師範大學中等教育輔導委員會，1996 年，頁 257～321。

4. 杜維運，《史學方法論》。臺北市：三民書局，2001 年。

5. 林央敏，《台語文學運動史論》。臺北市：前衛出版社，1996 年。

6. 施敏輝，《台灣意識論戰選集》。臺北市：前衛出版社，1990 年。

7. 袁家驊，《漢語方言概要》。中國北京市：語文出版社，2001 年。

8. 若林正丈，洪金珠、許佩賢譯，《台灣——分裂國家與民主化》。臺北市：前衛出版社，1994 年。

9. 許極燉，《台灣語概論》。臺北市：台灣語文研究發展基金會，1992 年。

10. 許佩賢，《殖民地臺灣的近代學校》。臺北市：遠流出版公司，2005 年。

11. 孫隆基，〈近四十年來台灣電影裡族群形象「浮」與「沉」——兼論「日治」、「國統」、「解嚴後諸時代在銀幕上的再現」〉，收錄於戴浩一、顏尚文主編，《臺灣史三百年面面觀》。臺灣嘉義：國立中正大學臺灣人文研究中心，2008 年，頁 422～497。

12. 彭懷恩，《台灣發展的政治經濟分析》。臺北市：風雲論壇出版社，1991 年。

13. 陳培豐著，王興安、鳳氣至純平編譯，《同化的同床異夢——日治時期臺灣的語言政策、近代化與認同》。臺北市：麥田出版社，2006 年。

14. 派翠西亞·鶴見（E. Patricia Tsurumi），《日治時期台灣教育史》。臺灣宜蘭：仰山文教基金會，1999 年。

15. 黃英哲，《「去日本化」「再中國化」戰後臺灣文化重建 1945～1947》。臺北市：城邦文化公司，2007 年。

16. 黃宣範，《語言社會與族群意識》。臺北市：文鶴出版公司，2001 年。

17. 黃嘉雄、楊嵐智，〈國民中小學閩南語課程綱要之評析〉，收錄於中華民國課程與教學學會主編，《新世紀教育工程——九年一貫課程再造》。臺北市：揚智文化事業公司，2002 年，頁 321～351。

18. 詹瑋，《吳稚暉與國語運動》。臺北市：文史哲出版社，1992 年。

19. 劉阿榮，《多元文化與族群關係》。臺灣臺北：揚智文化事業公司，2006 年。

20. 戴寶村著，國立編譯館主編，《臺灣政治史》。臺北市：五南書局，2006 年。

21. 鄭梓，《戰後臺灣的接收與重建——臺灣現代史研究論集》。臺北市：新化圖書有限公司，1994 年。

22. 蕭全政，〈臺灣威權體制轉型中的國家機關與民間社會〉，收於中央研究院臺灣研究推動委員會主編，《威權體制的變遷：解嚴後的臺灣》。臺北市：中央研究院臺灣史研究所籌備處，2001 年，頁 63～88。

23. 楊麗祝，〈台灣歌謠與生活〉，收於蕭新煌總編，戴寶村主編，《台灣歷史的鏡與窗》。臺北市：國家展望文教基金會，2002 年，頁 331～338。

三、期刊論文

1. 王爾敏，〈中國近代知識普及化之自覺及國語運動〉，《中央研究院近代史研究所集刊》第 11 期，1982 年。

2. 周婉窈，〈台灣人第一次的「國語」經驗──析論日治末期的日語運動及其問題〉，《新史學》第 6 卷第 2 期，1995 年，頁 120～127。

3. 許雪姬，〈台灣光復初期的語文問題〉，《思與言》第 29 卷第 4 期，1991年，頁 155～184。

四、學位論文

1. 史穎君，〈我國國語運動之研究（1912～1981 年）〉，臺北市：國立政治大學教育學研究所碩士論文，1994 年。

2. 李良熙，〈台灣光復後推行國語教育問題〉，臺北市：國立臺灣師範大學教育研究所碩士論文，1982 年。

3. 李惠敏，〈國族主義影響下的語言政策與華語教學〉，臺北市：國立臺灣師範大學華語文教學研究所碩士論文，2000 年。

4. 志村雅久，〈中華民國台灣地區推行國語運動之研究〉，臺北市：國立臺灣大學三民主義研究所碩士論文，1992 年。

5. 吳美慧，〈解嚴後臺灣語言教育政策之研究〉，臺北市：國立臺灣師範大學社會科學與文化行政研究所碩士論文，2005 年。

6. 卓文義，〈民國初期的國語運動〉，臺北市：中國文化大學史學研究所碩士論文，1972 年。

7. 夏金英，〈台灣光復後之國語運動（1945～1987）〉，臺北市：國立臺灣師範大學歷史研究所碩士論文，1994 年。

8. 唐淑芬，〈洪炎秋的生平和事功研究〉：臺灣臺中市：國立中興大學歷史學系碩士班碩士論文，1997 年。

9. 黃嘉政，〈戰後以來台灣台語教育發展之研究（1945～2002）〉，臺北市：國立臺灣師範大學教育研究所，2002 年。

10. 陳美如，〈台灣光復後語文教育之研究〉，臺北市：國立臺灣師範大學教育研究所碩士論文，1996 年。

11. 陳宏賓，〈解嚴以來（1987～）台灣母語教育政策制定過程之研究〉，臺北市：國立臺灣師範大學三民主義研究所，2001 年。

12. 蔡真宜，〈臺灣母語教育政策之研究──以閩南語教育為例〉，臺北市：國立臺灣師範大學三民主義研究所，2001 年。

13. 鄭惠美，〈台灣光復後語言政策之分析──以原住民為例〉，臺北市：國立政治大學民族學系碩士論文，1999 年。

五、報刊文章

1. 本報訊，〈淨化電視節目　三台共同決議多項〉，《聯合報》第 8 版，1972.12.06。

2. 本報訊,〈黑白集──「台灣話」〉,《聯合報》第 3 版,1987.04.10。

3. 本報訊,〈我有話要說〉,《聯合報》第 16 版,1988.01.02。

4. 王世永,〈郭爲藩:決採六項具體措施推動〉,《中華日報》第 12 版,1993.04.01。

5. 王臺珠,〈郭爲藩贊成母語教學立場〉,《台灣日報》第 3 版,1993.03.16。

6. 中央社,〈教部恢復漢語研究獎補助〉,《中華日報》第 12 版,1995.10.30。

7. 台北訊,〈客語節目明年元旦發音　台視每周日上午播出三十分鐘〉,《聯合報》第 24 版,1988.12.08。

8. 台北訊,〈客家人要「還我母語」　大遊行以「國父領隊」〉,《聯合報》第 3 版,1988.12.27。

9. 台北訊,〈還我母語　客家人走上街頭　立院請願　劉闊才接見鄉親〉,《聯合報》第 4 版,1988.12.29。

10. 何聖飛,〈國小鄉土語言教學　音標擺不定〉,《自由時報》第 12 版,2004.01.06。

11. 洪惟仁,〈鐵公路應實施多語服務〉,《自立晚報》第 4 版,1987.08.24。

12. 夏敏華,〈郭爲藩:政府向未禁止各地方言〉,《台灣新生報》第 5 版,1993.04.01。

13. 苗栗訊,〈客語節目定名鄉親鄉情　陳裕美主播　今起錄外景〉,《聯合報》第 24 版,1988.12.14。

14. 邱榮舉,〈從速謀求挽救客家語〉,《聯合報》第 17 版,1988.01.30。

15. 張翠芬,〈新任省市長教育政策將大幅變更〉,《中國時報》第 16 版,1994.12.07。

16. 黃北朗,〈三電視台響應　減少方言節目〉,《聯合報》第 7 版,1972.04.13。

17. 黃淑鈴,〈母語教學急轉彎　小三以上教拼音〉,《自由時報》第 17 版,2003.06.14。

18. 楊羽雯,〈母語教育　決列入中小學正式教學〉,《聯合報》第 1 版,1993.04.03。

19. 郭碧純,〈國中小課程將重大修訂　強調鄉土教學認識台灣〉,《台灣時報》第 1 版,1993.06.29。

20. 潘東新,〈電視頻道　聽不到客家話客籍團體　發出吼聲〉,《聯合晚報》第 11 版,1988.06.17。

21. 陳香蘭,〈民進黨選將較支持母語教育〉,《中時晚報》第 5 版,1993.11.16。

22. 陳康宜,〈幼稚園教母語　最高補助七萬元〉,《國語日報》第 2 版,

2006.04.10。

23. 陳柔縉，〈週日客語節目　餅屑式施捨？爭取母語遊行照常進行〉，《聯合報》第 4 版，1988.12.28。

24. 霧峰訊，〈各說各「話」怎麼溝通？省議員用方言也起一場風波〉，《聯合報》第 2 版，1987.04.09。

六、網路資料

1. PC home 新聞台 Blog「你不知道的台灣」管仁健，〈台灣的霸權國語與悲情方言〉：
   http://mypaper.pchome.com.tw/news/kuan0416/3/1281895814/20051231154803/（2008/10/12）

2. 民主進步黨網站：
   http://www.dpp.org.tw/（2008/12/05）

3. 行政院客家委員會網站：
   http://www.hakka.gov.tw/ct.asp?xItem=7&CtNode=348&mp=346&ps=（2009/01/02）

4. 行政院客家委員會網站〈96 年度台灣客家民眾客語使用狀況〉：
   http://www.hakka.gov.tw/ct.asp?xItem=41943&CtNode=1680&mp=298&ps=（2009/01/03）

5. 行政院原住民族委員會網站：
   http://www.apc.gov.tw/chinese/docDetail/detail_official.jsp?cateID=A000092&linkParent=30&linkSelf=30&linkRoot=2（2009/01/03）

6. 自由電子報：
   http://www.libertytimes.com.tw/2007/new/oct/4/today-life5.htm（2008/12/25）

7. 客家電視台網站：
   http://www.pts.org.tw/hakka/about.htm（2009/01/02）

8. 客家語言能力認證考試資訊網：
   http://hakka96.nhcue.edu.tw/gist.htm（2008/12/24）

9. 原住民電視台網站：
   http://www.titv.org.tw/（2009/01/02）、（2009/01/06）

10. 高雄市政府客家事務委員會：
    http://w4.kcg.gov.tw/~chakcg/（2009/01/02）

11. 《客家電子報》，第 24 期：
    http://www.ihakka.net/epaper/9402/epaper.htm（2009/01/02）

12. 教育部網站：
    http://www.edu.tw/law_regulation.aspx?law_regulation_sn=225&pages=0&

keyword=%e4%b9%9d%e5%b9%b4%e4%b8%80%e8%b2%ab
（2008/12/17）

13. 教育部國語推行委員會網站：
http://140.111.34.54/MANDR/download_list.aspx?site_content_sn=3364
（2008/12/25）
http://140.111.34.54/MANDR/content.aspx?site_content_sn=12689
（2009/01/01）

14. 《國語日報》網站：
http://www.mdnkids.com/info/news/adv_listdetail.asp?serial=23570
（2008/12/20）

15. 臺北市政府客家事務委員會：
http://www.hakka-lib.taipei.gov.tw/magzine/2004spring/focal.htm
（2009/01/02）

16. 聯合新聞網：
http://mag.udn.com/mag/campus/printpage.jsp?f_ART_ID=68271
（2008/12/25）
http://udn.com/NEWS/ENTERTAINMENT/ENT3/4558686.shtml
（2009/01/03）
http://udn.com/NEWS/ENTERTAINMENT/ENTS2/4579463.shtml
（2009/01/03）